丝路百城传

特立,不独行

# "丝路百城传"丛书编委会和编辑部

**编委会**

**主任**：杜占元

**常务副主任**：陆彩荣

**副主任**：刘传铭

**委员**：（按姓氏笔画排序）

丁　方　万俊人　马汝军　王卫民　王子今

王邦维　王守常　吕章申　邬书林　刘文飞

齐东方　李敬泽　连　辑　邱运华　辛　峰

张　帆　张　炜　陈德海　胡开敏　徐天进

徐贵祥　诺罗夫（乌）　　黄　卫　龚鹏程

阎晓宏　彭明哲　葛剑雄　谢　刚

**编辑部**

**主任**：马汝军　胡开敏

**副主任**：彭明哲　孙志鹏

**委员**：（按姓氏笔画排序）

文　芳　邹懿男　简以宁

# 出版说明

2013年，中国国家主席习近平向世界提出共建"一带一路"的倡议。自提出以来，"一带一路"倡议深刻影响世界，逐渐从理念转化为行动，从愿景转变为现实，建设成果丰硕，得到国际社会热烈响应。

古丝绸之路打开了各国各民族交往的窗口，书写了人类文明进步的历史篇章。共建"一带一路"的实践，为沿线国家和地区相向而行、互学互鉴提供了平台，促进了不同国家和地区、不同民族、不同文化、不同文明的深入交流。

城市是人类文明的结晶。"一带一路"沿线的城市中，蕴藏着人类千年的历史、多元的文化和无尽的动人故事。我们希望通过出版"丝路百城传"，展现每座城市独一无二的历史和性格，汇聚出丰富多彩、生动可感的"一带一路"大格局，增进文化交流和文明互鉴。

这是一次前所未有的出版探索，我们虽竭尽全力，也深知有诸多不足。期待这套丛书能够得到读者的喜欢，也期待更多的读者、作者、专家、学者等各界朋友们对我们的出版工作给予指正。

"丝路百城传"丛书编辑部

THE
BIOGRAPHY
Of
YANTAI

半岛的此在与彼在

# 烟台 传

王月鹏 —— 著

IPG 中国国际出版集团　新星出版社　NEW STAR PRESS

# 总　序

刘传铭

如果说丝绸之路研究让我们洞见了一部全新的世界史，一定会有人表示惊讶与质疑；

如果说城市的创造是迄今为止人类文明进程中最伟大的事情，则一定会得到人们普遍的支持与认同。

"丝路百城传记系列丛书"的策划正是发轫于这样一个历史观的文化叙述：

丝绸之路是一条无路之路；

丝绸之路是一条既古老又年轻，"不知其始为始，不知其终为终"的漫漫长路；

丝绸之路是一条历史时空里时隐时现，变动不居，连点成线，连线成网的超级公路；

丝绸之路是点实线虚，点变线变，点之兴衰即线之存亡的交通形态，那些关山阻隔，望洋兴叹的城市，便如一颗颗璀璨的明珠镶嵌在路；

丝绸之路是一个文化概念，叠加其上的影像曾被不同国家不同民族的人们呼作：铜铁之路、纸张之路、皮毛之路、奴隶之路、铁蹄之路、黄金之路、朝贡之路、宗教之路；

丝绸之路是中西文明交流与传播、邦国拓展、民族融合之路，也是西方探秘中国、解码东方之路，更是我们反躬自问"我是谁？我从哪里来？我向何处去？"的寻根之路、回家之路；

丝绸之路是今日中国走向世界的新起点、新思路，是"一带一路"中国倡议走向人类命运共同体的未来之路……

无可否认，一个世纪以来，丝路研究之话语为李希霍芬、斯文·赫定、斯坦因、伯希和、大谷光瑞、于格、橘瑞超、芮乐伟·韩森、彼得·弗兰科潘等东西方人所主导。然而半个世纪以来的大国崛起，正在使"夫唯不争"之中国快速走向文化振兴。我们要将《大唐西域记》《真腊风土记》的传统正经补史、继绝往圣、启迪民智、传播正信，同时也将丝绸之路城市传文学以实为说、以城为据、芳菲想象、拒绝平庸的创作视为新使命、新挑战。让"城市传"这样一个文学体裁开出新时代的鲜花。

凭谁问：昆仑巍峨、河源滔滔、玉山储秀、戍堡寂寞；

凭谁问：旌节刻恨、驼铃悠远、琵琶起舞、古调胡旋；

凭谁问：秦汉何在、唐宋可甄、东西接引、前路正新；

凭谁问：八剌沙衮今何在？罗马的钟声谁敲响；

凭谁问：撒马尔罕的金桃今何在？帕米尔上的通天塔何时建成、何时倾倒？

凭谁问：伊斯兰世界的科学造诣何时传到了巴黎和伦敦；

凭谁问：鉴真大师眼中奈良和京都的樱花几谢几开；

凭谁问：乌拉尔河上何时传来了伏尔加河的纤夫号子；

凭谁问：杭州湾的帆樯何时穿越马六甲风云……

诗人说：这条路是唐诗和宋词的吟唱，是太阳和月亮的战争；

军人说：这条路是旌旗卷翻的沙漠，是铁骑踏破的血原；

商人说：这条路是关涉洞开的集市，是金盏银樽的盛宴；

僧侣说：这条路是信仰鲜花盛开的祭坛，是生命涅槃的乡路……

一个个城市的前世今生，一个个城市的天际线风景，一个个城市的盛衰之变，一个个城市的躁动与激情，一个个城市的风物淳美与人文精彩，一个个城市的悲欢离合，一个个城市的内动力发掘与外开拓展望，一个个城市的往事与沉思，一个个城市的魅惑和绝世风华……

从长安到罗马（大陆卷）和从杭州湾到地中海（海洋卷）是卷帙浩繁的"丝路百城传记系列丛书"的框架结构。也是所有参与写作的中外作家和编辑们共同绘制的新丝路蓝图。《尚书·舜典》有"浚咨文明"之句，孔疏曰："经纬天地曰文，照临四方曰明。"《论语·雍也》曰："质胜文则野，文胜质则史，文质彬彬，然后君子。"又《易经·贲卦·象辞》曰："刚柔交错，天文也；文明以止，人文也。观乎天文，以察时变；观乎人文，以化成天下。"故文化乃"人文化成"而以文教化"圣人之教也"。"周虽旧邦，其命维新"，丛书编纂与出版岂非正当其事，正当其时也！

读者朋友们，没有踏上丝路，你的家就是世界；踏上丝路，世界才是你的世界、你的家园……唯祈丛书阅读能助君踏上这样一个个奇妙无比的旅程。

丝绸之路从远古走向未来，我们的努力也将永无休止。

戊戌谷雨前五日于松江放思楼

## 第一章　半岛

芝罘 / 3

贝丘 / 7

莱山 / 10

牟子国 / 13

所城 / 18

海界 / 21

石语 / 23

栈 / 25

## 第二章　古登州的港与航

此地蓬莱 / 31

徐福东渡 / 34

"循海岸水行" / 38

消失的与留存的 / 41

仙境中的兵营 / 44

东方海上丝绸之路 / 48

沉船 / 51

## 第三章　胶东异人

百家争鸣中的"隐语" / 57

与山对话 / 61

状元之死 / 64

一言止杀 / 68

铁头御史 / 72

隐士 / 76

南陈北崔 / 82

书痴 / 85

甲骨文之父 / 88

古今无两 / 93

## 第四章　烟台开埠

偶然或必然 / 99

东海关 / 102

与"洋人"打交道 / 105

辫子与网 / 108

登州文会馆 / 111

盛宣怀 / 115

最后的时光 / 118

灯塔 / 122

## 第五章　港与城的变迁

海漕避风港 / 129

中转站 / 133

烟潍铁路 / 137

海坝工程 / 141

港与城 / 145

西港 / 149

## 第六章　从开埠到开放

镜像"开发区" / 155

向"风车"宣战 / 157

文化的力量 / 160

隐喻之路 / 163

## 第七章　渔灯

渔灯节 / 167

渔民说 / 171

初旺船厂 / 176

渔港 / 178

渔村婚礼 / 180

房前屋后 / 182

网 / 184

渔市 / 187

"挑担水" / 189

老船长 / 191

**第八章　张裕：一滴酒里的世界**

神奇的力量 / 199

有生命的酒 / 203

"让人民多喝一点葡萄酒" / 207

慢生活 / 210

年份的怀想 / 212

节制的成长 / 214

"发表" / 216

色与味 / 218

漫步葡萄园 / 220

**第九章　民间记忆**

蚕与茧 / 225

食与味 / 230

匠心与规矩 / 235

大秧歌 / 240

红苹果 / 243

　　万松浦 / 249

　　牟氏庄园 / 253

　　海事 / 255

**第十章　城与海**

　　海边一棵树 / 265

　　老人与海及其他 / 274

　　点灯的人 / 286

　　另一种桥 / 295

**烟台大事记 / 303**

**后记 / 307**

The
Biography
of
YanTai

# 烟台传

这是一方神奇的土地。作为地理意义上的半岛，更像是一个精神空间，三面环海，与周边世界始终保持了一段距离。在半岛，适于扎根生长，也适于扬帆远航。这个地方与世界的关系，就是不断走近、不断抵达、不断融入的关系。

一些看似不可能的事，曾在半岛发生过。从那些散落的遗迹中，可以看到烟台的历史，更好地理解这个城市的今天和明天。

第一章 半岛

CHEFOO. - Au pied des Falaises. — *At the bottom of the cliff*

芝罘湾

# 芝罘

  芝罘，古称"转附"，秦汉时称"之罘"，明代演变为"芝罘"。这个命名的转变，据说与芝罘岛状若灵芝有关，从空中远远望去，整个小岛就像一棵漂浮在海上的灵芝。史书记载的"之罘"，指的就是今天的芝罘岛。大约六千多年前，芝罘岛曾是一座孤岛，由于长期的海浪冲蚀，大量岩块和泥沙在海岛的一侧堆积延伸，日渐形成了一条连岛沙坝。后来，因为夹河带来的泥沙，加上一些填海工程，原来的连岛沙坝越来越宽，渐渐变成了伸向海里的陆地，芝罘岛成为一个陆连岛。

  在很多外国文献中，是称烟台为芝罘的。而在当地，芝罘已成为烟台的中心区，与芝罘相关的地名，如芝罘村早已更名为大疃村，芝罘岛也被当地人称为"北岛"。当我们谈论一个城市时，通常都会强调它的历史如何悠久，其实，所谓"悠久"通常属于一个共有的时间概念，关键要看悠久之中有什么不同于别处的东西。芝罘这个地方，有着特殊的文化积淀，解读这个地方的历史，才会意识到这里的不同。

  芝罘是"八神"之一的阳主所在地，秦皇汉武都曾来过这里。秦始皇统一中国以后的十年间，曾三次登临芝罘，最终死在东巡的路上。他是来芝罘寻求长生不老药的。他死在寻求长生不老药的路上。关于"芝罘"二字，民间有一种说法，"罘"字由"四"和"不"组成，秦始皇三次东巡芝罘，在返回咸阳的路上驾崩，"罘"有"三次为满，第四次不能来"的意思。这个解释，也许更多的只是一种民间态度。《资治通鉴》载，过去皇帝所到之处，经常有地方官员自杀，只因承担不起巨大的接待任务。

汉武帝也曾数次来过芝罘，他比秦始皇更痴迷于求仙，直到晚年才醒悟，对自己的行为有了理性认知。还有一种说法，秦皇汉武登临芝罘，所谓寻仙可能只是一个方面，甚至只是一种表象。历史就摆在那里，不同的人从中可以看到不同的东西，产生不同的理解。《史记》记载，秦始皇"登之罘，立石颂秦德。""之罘刻石"和"两观刻石"，都已不见了踪迹，据说是因为历代官绅频频来此探寻古迹，百姓不堪其扰，再加上痛恨秦始皇的暴政，就把石碑掀进了海里。清末国子监祭酒王懿荣曾专门到芝罘岛，花重金请人潜入大海寻找石碑，结果无功而返。

有形的石碑在芝罘消失了，完整的碑文却在《史记》中留存下来。还有"芝罘"这个名字，也与《史记》里记载的两段碑文一起流传了两千多年。按照今天的理解来读这些碑文，无非就是向世人宣扬秦始皇的信义，以及统一海内的丰功伟绩。这些大词，如今看来越发显得空洞。民间盛传秦始皇东巡芝罘，是为了祭神求仙，在当地至今仍有始皇道、射鱼台、阳主庙等遗迹可寻。但在秦始皇留下的之罘刻石、东观刻石中，却找不到颂天、崇神、求仙之辞，他念念不忘的是如何巩固政权，如何扬威颂德与开疆拓土，包括他亲自在海中射杀大鱼，也不过是在宣示他威服海内的力量和决心。有一种研究认为，秦始皇是有海洋意识的，他之所以数次登临芝罘，是为了向大海对面的朝鲜和日本诸国宣示自己的政治主张。这个说法，究竟在多大程度上成立，我并不知道，"我们"也未必确切地知道。对政治的理解，大抵如此。

秦始皇统一中国后，曾五次出巡，其中有三次是向东走的。东方，对他来说是一个巨大的召唤。他们从遥远的都城咸阳一路向东，历时数月抵达东海之滨，一路劳顿可想而知。千古一帝，最终死在寻求长生不老药的东巡途中，这是莫大的讽刺。他死后，遗体被运回咸阳，葬在了渭河平原上，他的陵寝是坐西朝东的，已经挖掘出土的兵马俑，也是神情肃穆面向东方。还有汉武帝，东行巡海七次，为了求得仙药，他甚至也想像徐福那样亲自东渡，经群臣苦劝，才放弃了。

秦皇汉武都曾长途劳顿，来到东方，来到芝罘岛上。这个半岛，远离"中心"，被视为蛮夷之地，时常出现海市蜃楼，古时没法解释这种现象，都觉得很神奇。在一片浩渺海水的尽头，是什么？这让人充满了向往。对水的探索，伴随了半岛的整个历史；而生活在陆地的人们，常从半岛的发展中获得启迪。不像如今人们对半岛的了解越来越多，交通也便利，这里成为一个充满诗意的地方。在险境与诗意的转换之中，可以看到历史的脉络，时代的变迁。无论时代如何发展，人类对于大自然的敬畏之心是不可缺失的。大自然的伟力，远非我们所能抗衡。懂得谦逊和节制，是一种美德。

生活在半岛，三面环海，想象自己脚下的土地，状若犄角探入海中，而通往外面世界的，除了一条陆地通道之外，就是海水了。水是可以随物赋形的，所以一片巨大的水就藏匿了更多未知的可能性。海洋与陆地相比，更显得神秘，充满了危险。经常出海打鱼的人，对于生活和生命的态度，更为直截了当。这从渔民的性格中可以看到一些痕迹，如及时行乐，不憋屈自己，大口吃肉，大声说话，等等。这种性格特点，与他们对生命充满了不确定性的理解有关。

半岛之于我，并不仅仅是一个地理概念，更是一个精神空间。我从半岛与大海以及陆地的关系中，更多地看到了自身的境遇，看到了作为一个人的精神与肉身、理想与现实的冲突。我甚至隐约觉得，我的前世今生都与半岛有着某种关联，我对半岛的理解，其实也是半岛给予我的滋养和启迪。

一片岛屿，向着大海挺进，却不奢望抵达所谓的彼岸。这是半岛的"性格"，也是半岛人与大海相处的方式。而我们生活在半岛，常常忘记了半岛的这种地理状貌，觉得自己脚踏大地，与其他内陆并无异样，只是身边多了一个海而已。这是一滴水对于一片海的理解，也是一个人对于更为广大的人群的态度。

# 贝丘

胶东半岛有太多的贝丘遗址，最具代表性的当属白石村遗址、邱家庄遗址、北庄遗址和杨家圈遗址。从那些在地下沉睡了数千年的贝壳和鱼骨，可以想象半岛先民的史前生活，他们靠海吃海，食后的贝壳堆积成山，高达数米，且以牡蛎为多，由此可知牡蛎应是当时食用的主要贝类。在出土的贝丘中，发现了黑雕的鱼骨，这是一种生活在深海里的鱼，可见当时的捕捞技术已经具备了一定水平。在邱家庄遗址，还出土了红鳍东方鲀的颌骨。红鳍东方鲀的肝脏、卵巢和皮肤含有剧毒，即使在今天看来，食用这种鱼也是一件危险的事，必须精心除去内脏和鱼液，在烹饪过程中还要遵循诸多讲究，方可安心食用。这种鱼骨的大量存在，可以推测半岛先民在那时就已经懂得了红鳍东方鲀的特殊吃法。

观察胶东半岛的贝丘遗址，会发现一个共同的地貌特点，就是三面环山，一面直接朝向大海，且距海岸线大多在三公里以内。这意味着，胶东半岛的贝丘人对于居住场所的选择，是充分考虑了自然环境这个因素的，他们依海为生，却始终与大海保持一段必要的距离。这个距离，有理性的成分，也有对于未知事物的敬畏。

考古资料证实，烟台早在20万年前的旧石器时代早期就有人类居住了。在辽东半岛和朝鲜半岛，曾经发现了与胶东半岛同样的文化遗存，由此可以推论早在远古时代，两地之间是有往来的。问题是，那时的半岛先民如何穿越茫茫大海，这几乎是一件难以想象的事。这种穿越大海的往来，直到二十世纪才被考古学家发现和认知。

邱家庄遗址中曾发掘出一件罕见的陶制吹奏乐器，最初这可能只是一种狩猎时可以发出哨音吸引野兽的器物，后来逐渐改进，演变成为一种吹奏乐器，而且造型讲究，制作精美。我觉得这是一个有着特殊意义的"演变"，贝丘人开始从生存状态中解放出来，对器物的理解也渐渐超越了单纯的功能意义，开始注入审美元素。

莱阳有个名叫北泊子的村庄，出产一种鱼化石，当地人称之为"鱼儿石"。在一个朋友那里，我曾见过这种鱼化石，不规则的石块，表面斑驳，鱼鳞隐约可辨，鱼的形体稍有变形，似乎仍在挣扎。不难想象，在亿万年前的地壳运动中，一条鱼突然被泥沙包裹，经过高温高压，泥沙板结成石，再经过漫长时光的风化，鱼的形态渐渐显露，成为今天我们所看到的鱼化石。它是宇宙演化过程的亲历者，更是自我生命形态的固守者。历史，以这种方式定格，并且呈现给后来的我们。我们所看到的，就像这块鱼化石一样，永远只是历史的一个截面，一个局部。诗人艾青曾经写过一首《鱼化石》，结尾是这样写的："凝视着一片化石，傻瓜也得到教训：离开了运动，就没有生命。活着就要斗争，在斗争中前进，即使死亡，能量也要发挥干净。"我对诗人的这种认知是不甚认同的。那么漫长的时光，那么沧桑的巨变，被他理解得浅了。我从一块鱼化石中，更多看到的是一条鱼的宿命，以及作为石头的巨大沉默。这种弥漫于天地间的沧桑和丰富，被我们装进自己适用的器具，塑造成了我们所能理解和愿意理解的那个样子。其实所有的"理解"都是如此,包括我在此刻的书写,也是同样的一种有限理解和有限交流。

记得那年夏天我到渔村采访,在街头见到了小山一样堆积的贝壳,旁边是埋头劳作的人。对于渔村,我只是一个过客,我以审美眼光看待小山一样堆积的贝壳,想象渔民的生活。这种所谓的审美视角,把那些更为具体的日常生活过滤和遮蔽了。我没有体味到他们的艰辛,他们的无奈和无力,我只看到了小山一样堆积的贝壳,甚至从这种对我来说完全陌生的场景中看到了一种美,一种所谓的浪漫。后来,读过一些关于贝丘文化的史料,回想小山一样堆积的那些贝壳,恍然之中我把自己推到了数千年之前。这种时光的跃动,秩序的颠覆,让我产生恍惚之感,试着想象后人眼中的此刻生活,就像我们曾经遥想数千年前贝丘人的生活一样。所有的事,都会以某种方式留存下来,获得后人的某种解读和认知。这也是人类文明传承的一种方式。我们对于昨天的理解,对于今天的把握,以及对于明天的梦想,都会有某种与之对应的方式,留下来。

从史前的贝丘遗址,我们可以想象先人的生活;千年之后,后人从我们遗留下来的"贝丘"中,又会如何想象我们此刻的生活?

# 莱山

莱山既不高大，也不险峻，却是秦汉时期的八大名山之一。《史记》载："华山、首山、太室（嵩山）、太山（泰山）、东莱（莱山），此五山黄帝之所常游，与神会。"这是古代帝王祭祀莱山的最早文字记载。莱山拥有如此崇高的历史地位，既与齐地八神之一的月主设在此山有关，也与先秦古国莱国有关。莱国原是东方大国，最初的辖区至少包括胶莱平原和胶东半岛，中心区域应在胶莱平原昌乐一带，后来建都临淄的齐国不断蚕食莱国，莱国被迫东迁。位于龙口的归城遗址应是莱国东迁后的都城。归城遗址就在莱山脚下。

西周时期，周武王分封了为数众多的诸侯国，姜太公封在齐国，国都在营丘。关于营丘的确切位置，众说纷纭，现在一般认为是在昌乐一带。姜太公所得到的齐国封地，起初的面积不大，大约也就是营丘周围方圆百里的地方。当时，位于齐国东部的莱国是东夷大国，占据了山东半岛的大部分土地，而且齐国的封地"营丘"，被封之前也属于莱国的地盘，周武王把这个地方封给了姜太公。齐文化最终根深叶茂，有一个很重要的原因就是吸收了莱文化的营养，正如《史记》所记载的："太公至国，修政，因其俗，简其礼，通商工之业，便鱼盐之利，而人民多归齐，齐为大国。"齐国开国之初，姜太公尊重当地民风民俗，推行通商开放的治国之策，得到了人民的拥护，齐国迅速强大起来。在齐都博物馆，有一段记载，大致的意思是：带4匹马1辆车来的商人，免费吃住；带12匹马3辆车的既免费吃住还免费供给饲料；带20匹马5辆车的除了上述优惠政策以外，还专门配备5个服务人员以供使唤。

这条"招商引资"政策距今已经2600多年了，我们不得不惊叹于齐王的远见卓识。正是有了这样的一系列改革，齐国经济迅速发展起来，成为一方霸主，最终灭掉莱国，强令夹在齐鲁之间的牟子国东迁。按照齐鲁文化研究学者王志民先生的说法，齐国是在不断东扩伐莱、灭莱中发展壮大的。莱国当时是富庶之地，盐业非常发达。春秋后期，齐国灭了莱国，整个胶东半岛尽属齐国所有，齐国成为称霸东方的强国。

如果当年没有莱国，齐国可能成就霸业吗？如果灭六国的，是齐国而不是秦国，那么历史又该如何走向？

历史没有"假如"。历史上的莱国，更多地被历史本身遮蔽了。

我们去到莱山的时候，山脚下的梨花开得正好。因为前些日子天气骤寒，花期比预想的要晚一些，并未完全绽放。这样也好，花看半开，酒至半酣，正是最好的状态。梨花是同样的梨花，只因长在不同的地方，也就有了不同的意味。登山，脚下并没有路，山是原生态的，如同内心的秩序一片茫然，走着走着，渐渐也就理出了一条路。而这条路，却与大海相关，与我内心的路，以及与之相关的彷徨和忧虑，有着一种隐秘的关联。

对历史的回望，可以让我们更好地理解和把握当下的现实。莱山因其特有的文化属性，在我的心目中成为一个时间坐标。站在莱山脚下，思绪一下子就与春秋战国接续到了一起。清晰的历史事件，混沌的现实感受，若即若离的关系，渐渐各就各位变得清晰起来。

仁者乐山，智者乐水。古代的智者，寻山逐水而居，与山水对话，把自己融入山水之间，这是一种境界。现代人与山水的关系发生了很大改变，他们游山玩水，到此一游，然后很快复归城市，并没有真正与山水对话，山水只是他们的一个临时出口。他们对着山水倾诉之后，却没有聆听山水的耐心。他们匆匆而来，匆匆而去。

聆听莱山。巨大的沉默里，我听到了历史的回声。

这座山一直在这里。除了时光的手，没有任何外力可以真正改变它。

从莱山走下来，我们去到著名的归城遗址，那是当年莱国东迁后的都城，可谓当时胶东半岛的政治、经济和文化中心。古城分外城和内城两部分，"外城"沿山围筑，周长十公里，环抱着现在的归城姜家、和平、南埠、曹家等八个村庄。"内城"略呈长方形，城墙用泥土层层夯筑而成，至今尚存一处遗址，村人称之为"点将台"。

我绕着归城遗址走过。身边是村庄，炊烟袅袅，如同那些历史的烟尘。手抚泥墙，转头看一眼旁边的村庄，遥远的历史与日常生活在同一个平面出现，我是一个介入者，我同时看到了它们；或者说，历史与当下，同时进入我的内心，在我的内心掀起波澜，然后很快就复归平静了。那段神秘历史与日常生活，可谓咫尺之遥。再神秘的历史，老百姓也是通过日常生活的瞳孔来看待的。有些东西被过滤掉了，这是一种局限，也可能是一种幸运。他们按照自己的方式和自己的逻辑来生活，历史却在他们的方式和逻辑之外化为一堆黄土，孤零零地留存在村庄的不远处。

某年某月的某一天，我以外来人的身份闯入这里，看到，并且写下了这些。

# 牟子国

在一片庄稼地里，隐约可见一截黄土夯成的残墙。如果不是同事介绍，我根本不相信这就是当年的牟子国故城。

烟台已故文史专家王焕理先生曾经撰文对牟子国故城做过如此描述："从故城北门进入城内直达南门，再登上保存基本完好的南城墙，整个城池尽收眼底，只见四周城垣犹存，气势雄伟，东、南、北门痕迹清晰。细观城内，可看出昔日布局，南北有条中央大道，西南系宫殿区，西北有监狱遗址，东北为商业区，有冶炼作坊遗址，东南角设炮台。经测量，牟子国国都故城呈不规则四方形，东西宽550米，南北长523米，城墙为夯土构筑，现存城墙根部宽20米，顶部宽16米，高度6—8米不等。故城遗址，虽未进行过考古发掘，二十世纪六十年代农民整地时，已有钱范、刀币、铁犁、石磨、瓦当、陶器和冶炼残渣等出土，足以证实，当年牟子国国都，人烟稠密，手工业发达，商业繁荣。历经两千多年的牟子国国都故城遗址，能完整地保存下来，在胶东半岛绝无仅有。"

在牟子国遗址，我所看到的，仅仅是一截残墙。因为诸多原因，这处遗址至今尚未发掘,千古之谜,湮没地下。当地很多人并不知道他们的脚下曾是一个神秘古国,在他们眼里,这片被称为故城的地方,不过就是一片庄稼地,跟其他的土地并无异样。有点不同的是,碎瓦块遍地都是,下地劳动的时候,时常可以捡到刀币、瓦当和陶器。没有人认为这些碎瓦片就是历史,也少有人认为历史是与他的现实生活相关的。他们对于故城的了解,更多地来自民间传说,他们觉得所谓传说,与他们曾经的生活,以及此刻的生活,甚至将来的生活,都是无关的。他们更乐意把民间传说的关注点,集中在对于财富的谈论和想象上,当地有个说法"古城里有眼井,能值山东半个省",足见当年这里的富庶。相传牟子国是黄帝一脉的后裔,周初受封于当时的东夷地区,故城在今山东莱芜东25里。春秋时代,牟子国是介于齐国与鲁国之间的一个小国,倘若在两国之间画一条线,牟子国基本就在这条线的正中位置,距离齐国和鲁国差不多都是两百里左右。齐鲁开战,牟子国时常就成了他们的战场,著名的"长勺之战"和"艾陵之战"就是在牟子国的地盘上展开的。在两个大国的战争夹缝里,牟子国的生活自然不可能安稳,他们被迫两度东迁,一次是向东北迁至营丘边缘地带,第二次是东迁至黄海之滨,也就是现今的烟台开发区三十里堡村南的丘陵坡地上。至于牟子国东迁的具体时间,史料并无确切记载,据推测,可能在齐国东征灭莱国时。莱国的故都位于龙口市的归城遗址,始建于西周时期,一直被齐国视为强敌,前567年,被齐灵公所灭。齐国的疆土从此东扩到胶东半岛,牟子国才迁徙到此。

牟子国的臣民从内陆来到海边,当时这里是荒蛮之地,自然生存条件并不好,需要面对很多来自大海的危险。他们被动地逃难至此,为的是远离战争,至于自然环境的恶劣,则是可以通过人的努力改变和适应的。牟子国的臣民根据这里的地理与气候环境,迅速调整原有的生产方式,开盐田,兴农业,习捕捞,饲家禽,过上了300多年的安定生活。

这里依山傍海。山是磁山，海是黄海。民国二十年《福山县志》载："浮栏海口在县西北四十里，八角口东，今废。"这个废弃的浮栏海口，正处于牟子国故城所在地。紧邻牟子国故城有个村庄，村名叫作"灶户头"，后改为"皂户头"。齐国时的制盐生产点被称为盐灶，从事盐业生产的人是灶户，管理这些灶户的人则被称为灶户头。牟子国故城周围有好多村子前面都冠有"牟城"二字，俗称牟城十八村。如今，这些村落大多拆迁了，村址上盖起了楼房，海边修建了观光大道，这里崛起一座被称为"开发区"的新城。我曾听一个老船长说过，他们当年打鱼，海上有风，船经常就漂到滨海路这一带，有时候一个浪头，就把船打翻了，因为天冷，很多人就冻死在岸边。当时海边荒无人烟，很少有人从那里路过。那个老船长故地重游，忍不住流下了眼泪。我记得他讲述这段历史时的表情，一个走过了将近一个世纪的老人，一个懂海的人，他的潸然泪下，令人动容。

一座最能代表烟台城市渊源的古都，历经数千年风雨，最终以"开发区"的面貌出现。

遥想当年，在两个大国之间生存的一个小国，被迫迁移到了荒蛮之地，在那里开辟新的生活。时光到了二十世纪八十年代，这片曾经收留过牟子国子民的土地，同样经由一批迁徙者的落户和努力，在短短三十多年间就建起一座被称为"开发区"的新城。时隔两千多年，这两个"点"之间的内在关联是什么？不管是当年的牟子国，还是如今的开发区，都是移民的结果。这片土地，因为流动而有了生机和活力，有了更多的不确定性；而所有创造的原初，其实都是与不确定性有关的。在流动的过程中，终将有些东西沉淀下来。可惜的是，那些沉淀下来的东西，在很多地方被误认为是多余物而被清除了。

两千多年过去了，牟子国已被解读成了烟台这个城市的"根"。那些最初的跋涉，寻找，以及落户，在人力的角逐和杀戮中，他们保持了对大自然的敬畏，逐水而居，开辟出一种新的生活。一个小国，在历史的夹缝里，在大国的光环下，求生，度过属于自己的300年历史。如今，在牟子国曾经存在的这片土地上，又有多少人能够说得清楚这个国家的出现与消失？这个本该成为常识的问题，似乎成了研究者的专业问题，隐遁历史深处。作为后来人，我们说不出关于他们的更多细节。

很多细节，都被有意或无意地疏漏了。而后人一直在路上，终将有人沿路遇到和捡起那些曾经被疏漏了的细节，还原最为真实的历史。

回望这座城市走过的高速发展之路，遥想当年牟子国的子民浩浩荡荡迁徙而来的情景，他们跋山涉水，走过漫长的路途，一直走到了他们以为安全的这方蛮夷之地。这条道路史书并无记载，没有人能够说清他们曾经走过的路。如今，高速公路、铁路、航空、海运，将这里与世界联结到了一起，出发和抵达只在瞬间……在快与慢、逃离与固守之中，我感受到了更多的东西。

当年的牟子国都城，已经成为如今的"开发区"。换言之，这片叫作开发区的工业城区，曾是一片有历史、有文化、有故事的土地。轰轰烈烈的工业化和城市化，遮蔽了这些。历史与现代经济以这种方式在这片土地上交集，真是让人百感交集，想象我们的先人在此地的生活，那些原初的想象，以及生活的必需，让我对当下有了更多理解。在工业化和城市化的潮流中，牟子国遗址就像一种沉默的固守。没有太多人愿意停下来解读或者倾听。他们都活在自己的事务里，活在工业化的高速运转的秩序里，活在大家共同追求的那种"正确"的生活里。

谜一样存在的牟子国，没有标准答案。忽略或误解，都没有什么，它已经在漫长的时光中承受了太多的忽略和误解。作为后人，我们理应对它保持足够的敬畏，这是对于历史的态度。生活在这个城市的人，很少有人知道牟子国究竟是怎么回事。他们似乎不关心这些。他们更关心他们认为重要的那些事。他们每天活在信息世界里，高效运转，按照当代的规则做事。

牟子国遗址，曾经的气势早已没了踪影。我时常去到那里。我只看到一截黄土。在钢筋混凝土的城市里，这堆黄土具有别样意味。

这里曾是烟台的"根"。

已经很少有人具备这种"根性"意识，很多东西都被理所当然地忽略了。在新一轮的城市开发热潮中，牟子国遗址的存在，像是一个宽厚的提醒。

# 所城

　　曾经有段日子，我经常去到所城，一个人穿过宽窄不一的街巷，就像置身于老家的屋舍之间。那些年我在烟台这个城市漂泊，无法真正融入这里的生活，所城更像是一个与老家有着同样气息的村庄，让我有一种说不清的亲切感。那年的冬天很冷，我一次次穿过所城的街巷，去探望暂时居住在那里的亲人。我觉得所城的街和房屋是熟悉的，路上遇到的人也似曾相识。只是，走进所城，我从没体味到别人文章中所写的那种浪漫之感。我的亲人住在那里，每日的生活是具体的，甚至是艰辛的，我是这种日常生活的亲见者和亲历者。关于所城的那些文字，比如街巷，比如房屋，比如院落，凡有浪漫底色的记叙，我都视之为矫情。这里的一砖一瓦，一草一木，都与日常生活有关，并不是用来观赏与抒情的。有些人之所以从中看到了浪漫，只因过客的身份。他们无意于介入这里的生活，自然也就缺少了一份真正的理解。

　　后来，我再也没有去过所城，时常在报刊看到一些消息，大多是统一的格式，标准的说法。明洪武年间，朱元璋批准在胶东沿海设"四卫二所"。"四卫"是威海卫、成山卫、大嵩卫、靖海卫;"二所"是宁津守御千户所和奇山守御千户所。其中的奇山守御千户所,即是今天的所城。守军在所城北部海边一个叫作"熨斗山"的小山上设狼烟墩台,每遇敌情,则点火升烟,传递报警信息。时日久了,当地人把"狼烟墩台"简称"烟台",并称那个小山为烟台山。"烟台"原本是民间通俗的称呼,这个名字在官方文件最初出现,是在1862年1月总理衙门大臣奕䜣、桂良等人向清廷所上的奏折中,当时的外国文献里称烟台为"芝罘"。

　　围绕这样的说法,衍生出了太多的文章。我有一种错觉,觉得那些记述好像是与所城无关的。我甚至从来没有觉得所城曾是一座城。这哪是一座城呢?不过是一个城中村而已,破落,凋敝,有一种说不出的惆怅,也不断听到关于改造所城的消息。某日,我从某篇文章中看到这样一个细节:二十世纪五十年代,所城城墙已所剩极少,城门破烂不堪,政府将其拆除了。600年的所城,拆掉了城墙和城门,从此不再是一座完整的"城"。拆下的城砖,大部分用来填了海,有的居民把一些残砖捡回家垒了鸡窝。所城老张家的后人特意捡了两块完整的方砖,带回家珍藏起来。

　　这个细节,撼人心魄。那个保存了两块完整方砖的老张家的后人,是真正懂得所城的人,他把历史以这种方式留在了自己家。这是一个人的仪式,胜过所有语言。我甚至萌生一个想法,想要找到这个人,听他说说话,不设任何的主题,仅仅是说说话,说说那两块方砖。那两块砖,凝聚了一个人对先人的理解,对历史和对现实的态度。当年他的先人张升调任奇山守御千户所以后,用十年的时间把这里建成一座壁垒森然的城池。这座城,四面皆有城门,城墙内侧是环形马道,可供人马直接登城巡逻或出城御敌。整个所城占地面积接近10万平方米,距离所城北门不远处,即是三面环海的烟台山。

　　如果说1398年朱元璋颁旨建卫所是烟台的历史起点,那么1655年则是烟台历史的又一个节点。这一年，清朝"裁废卫所"，官兵就地解甲，大多从事渔农工商，所城从一座军事城池，变成一个居民区，"市"的味道越来越浓。商号、货栈、钱庄随处可见，木匠铺、铁匠铺传来锯木声与叮当响，街上卖小吃的吆喝此起彼伏，夹杂着送水车吱吱扭扭的车轮声，还有骡马牛驴的嘶鸣声……这里的生活气息越来越浓了。如今住在所城的人，大多并不知道老房子建于哪年哪月，也不知晓所城的来龙去脉，他们更愿意关注所谓诗与远方，对于脚下的土地知之甚少。

所城是被后来的城层层包裹了的。

所城的古建筑留了下来。青灰色的砖墙，残缺的瓦片，磨得光滑的台阶，还有棱角分明的石，肆意疯长的树。这样的建筑，与冰冷的钢筋混凝土是不同的。房与房相望，屋与屋牵连，巷子越发显得幽深。潮湿的青石板，凝结了一层层暗色油污，好似历史风尘都沉积在这里。大红灯笼高悬木门之上，一株株老态龙钟的树，自墙内探出新芽。我一次次从那里走过。街巷始终是一幅凌乱的、很生活化的样子。偶尔可见的几个摊点，稀稀拉拉地摆着一些古旧字画。旁边，原本新鲜的盆栽花草，在它们的映衬下，平添了一些沧桑味道。所城人有一搭无一搭地卖着它们，冬日不怕冷，夏日不嫌热，对询价的买主，他们不但没有商人的那种热情，反而常是一副爱理不理的样子。冬日暖阳，就像他们若有若无的表情。很少有人留意到，他们的皱纹里收藏了一缕阳光。

后来的城仍在继续拓展。所城被保留下来，烟台人像珍视自己的童年一样，珍视这里的一砖一瓦，一草一木。

## 海界

　　海是阔大的。有什么东西，可以成为海与海的界限？

　　在长山列岛的南端，有一俗称长山尾的"S"形沙脊蜿蜒入海，黄海与渤海就是以此为界分开的。长山尾一部分裸挂岸上，一部分探进海里，像一把利剑将海劈为两半，沿着海的伤口，一脉雪浪向南直奔蓬莱阁方向。在长山尾的尾端，双脚踏两海，两耳听双涛，有一种说不出的感觉。这样的感觉并非每个人都能体会到，这需要一个人同时理解两个海。

　　长山列岛是由32个大大小小的岛屿组成的。岛上，鸥鸟的巢穴在断崖陡壁上密密麻麻，每年四五月间，成千上万只海鸥在岛上筑巢安家，产卵育雏，倘有"外族"入侵，海鸥就会发出"呕——呕呕"的报警声，同伴们听到呼救声，无论远近急速赶到，很快就遮天蔽日、蔚为壮观了。于是一场由鸥鸟制造的羽翼风暴在天空一样的黄渤海面匆匆滑过。

　　我曾亲眼见过这样的场景。我告诉自己，你此刻所在的位置，正是黄、渤海的交界处。或许，这仅仅只是一种感觉，不是外界的某事某物在动，而是因为"心动"。是"我"的这种感觉，对两个海进行了所谓界定和区分。现在我所面对的，是一个海与另一个海。而这两个海，本是一片相互融合的巨大的水。海水漾漾的，我看到它们的相遇和相融，就像两种力的相遇，对抗，然后交融，只留下一条浅浅的印痕，更像是某种幻觉。因为当地朋友的现场解说，我才留意并且确认了那种作为海界的存在。我的理性提醒我，所谓的两个海，不过是按照人的意志来区分的。对于大海来说，它们只是水，若干的水汇聚到了一起，才成为海。而我们，一直在以自身的局限，去界定和言说这世间的事物。

在不同的场合，我们都在探讨艺术的边界；我们探讨艺术的边界，是为了寻找更多更大的可能性。所谓边界，不过是一种虚设，在我们的认知中其实是未知的，所以它也就具有了若干的可能性，且以言说者所以为的各种方式出场。当我站在海边，听同行者谈论大海的边界，内心涌动的是另一番感受。这样的一个界限，它是真实的吗？它究竟分开了什么？

我的眼中，只有一片浩荡的水。

水中的人与船，都试图以自己的方式，将水割出一道长长的伤痕。而水却有着巨大的自我愈合能力，很快就波平如镜。

站在蓬莱看长岛，与置身长岛看蓬莱，感受是不一样的。长岛是一个休憩站；而蓬莱，却是岸边。身处两地，心态明显不同。遥想当年，先人借助长岛这一休憩站，横穿大海，然后"循海岸水行"，抵达日韩地区。他们穿越的不仅仅是大海，也穿越了自我对于世界的认知；他们向大自然的挑战，也是对于自我的挑战。

海与海的相遇，是否正如人与人的相遇？

对于大海的命名，大海并不知晓。把大海当作比喻，那是人类的事，大海也不知晓。

# 石语

我们辗转去到砣矶岛，只为寻访传说中的奇石。这个北方小岛，以奇石闻名。大约一千年前，一位叫作吴子野的老人登上砣矶岛，采集十二块风景石，千里迢迢运往南方家乡。这件趣事记叙于《北海十二石记》中，苏东坡在文章最后忍不住慨叹："近世好事能致石者多矣，未有取北海而置南海者也！"在交通和运输并不发达的宋代，入海取石，北石南运，是一件艰辛又浪漫的事。对石头，苏东坡也有特殊情缘，他曾写过"我持此石归，袖中有东海"的诗句。这是一个心中可以容纳大海的人。他从一块石头念及整个海，在一块石头身上赋予了别样的人生寄托。

一种可以制作砚台的石头，产于砣矶岛西部悬崖的泉眼处，隐在大海中的小岛仅有这个方寸之地出产这种特殊石料。那个最初的发现者是怎样穿越波浪登临小岛，采石，加工成砚，置于案头之上。如今太多人涌入岛上滥采滥伐，一片热闹。人的欲望无孔不入，纵然一座孤岛，也难逃被过度开采的命运。

究竟一种什么样的力，让石头成为石头？

捧一块石头紧贴耳边，我听到石头体内的汹涌涛声和隐秘风暴。斑斓石纹，是岁月结痂的伤痕。用这种石头制作的砚台，端放案头，整个书房就多了一抹霪气。这真是无法言喻的感觉。午夜时分，一个人伏案写作，倘若身体是半饥饿状态，氤氲气息中，常有一种与天地沟通的感觉，肉身和精神完全打开了。这种时候，思维异常活跃，想象也是奇异的，就像与高处的某个人在对话。我对我说出的话，常有惊愕之感，因为它超越了日常的思考和言说，带给我一种意想之外的兴奋。我知道，那是创造，是我孜孜以求的生命状态。

在莱州，有一个特殊的节日：石头节。这个地方盛产花岗石、大理石和滑石，当地人以采石为业，石头成为他们的经济来源和生活支撑。每年到了石头节这天，他们会举行盛大仪式，向石头表达敬意。在生态环境不断遭到破坏的当下，这样一份敬畏之心，是颇有深意的。我一直觉得，石头与石头之间是有语言的，它们操持着人类听不懂的话语，在低声控诉与密谋。每一块石头，都是一个随时准备出击的坚硬存在，都在固守和找寻属于自己的命运。女娲补天用过石头；精卫填海用过石头；西西弗斯无休无止推动的，也是石头。当一块石头被制成砚台端放文人墨客的书桌，当它见证了一个人彻夜难眠的伏案书写，当墨汁经由砚台和笔形诸作品，我相信砚石也参与了其中的表达。

众声喧哗中，人类应该善于聆听和尊重"石头"的表达。一块石头身上，收留了太多风浪，以及大自然和人类的秘密。

海中的小岛，我更愿视之为一块不甘沉沦的巨石，它在大海里昂起倔强的头颅，抵抗被淹没的命运。

# 栈

　　我忽略身边的海已经很久了。一支作为景点的锚默立海边，斑斑锈迹留下太多风浪的痕迹。游人熙来攘往，很少有人在意或理解它的存在。谁愿停下身来，听一支锈迹斑斑的锚的诉说？

　　海是不可解释的。可以感受，可以想象，唯独不可解释。

　　滨海路沿着海岸线蜿蜒前行。落日在海天交接处静静地浮着，海在脚下涌着温和的浪。咸涩的晚风，将我满身的疲惫一层层剥落。薄薄雾气中，隐约传来海的沉吟，宛若一抹最本真的召唤。曾经丛生的礁石消失了，栈桥依旧。一对恋人撑着小花伞，相依相偎在栈桥上踱步。相对于彼岸，栈桥的意义在哪里？我喜欢栈桥，喜欢它的欲言又止的样子。我一次次地走向它，走向这段并不遥远的"桥"，这段让人身心宁静的"路"。没有人会希望通过栈桥到达彼岸，它只是把你送到距离美和感受更真切的一个地方，将彼岸定格在视野与想象之中。这是它与别的桥的区别所在。独立栈桥，迎着海风，我不知道是海水充盈着沉默，还是沉默充盈着海水。夕阳已经沉没，海的余温让人心动，让人想象晨曦是怎样地再次托起这个城市。懂海的人，此刻应该是沉默着的。

　　我曾在大海深处的一个小岛上度过数日。那天我们驱车赶到海边已是日暮时分，薄雾蒙蒙，只觉海天一色，渐渐地便从海浪声中辨出机帆船的声音。大家于是雀跃起来，岛上的人应约驾船来接我们了。一阵忙乱之后，船在海中稳稳地漂了约半个小时，然后停泊在一个小码头。下了船，便爬坡，坡势不陡，却挺长。我们背着行囊，走走停停，气喘吁吁，好久才遥遥地看见躲在树丛中的村落。村子不大，不足百户人家，屋舍若隐若现，藏在山的半腰，看上去不甚规整，却与这岛的风格极为相仿，显得格外和谐。岛人热忱地接待了我们，住处是两间古旧屋舍，屋后有树，树下有石桌石凳。大家围着石桌坐下，把酒临涛，其乐融融。岛人常年饮用积蓄的雨水，借风力发电，日出而渔，日落而归。生活在北京的友人，高楼大厦车水马龙习以为常了，陡然来到这里，远离尘世的喧嚣，好似进了世外桃源。我注意到一株默立于芳草青藤之间的树。那是一株黑枣树，树皮是龟裂的，树枝上挂满红色吉祥物。岛人说，自从有人在岛上居住，就有了这树，如今至少已有四百年。那夜，我们一伙人坐在小岛码头的台阶上，聊着一些与文学相关的话题，不知不觉间，海潮悄然涨到了我们脚底下……

　　我在栈桥上徘徊，回想一些与海相关的事。夜色缓缓罩了下来，越来越紧。城市淡远了。烟台山与海相依相偎。没有了想象，只剩下海，这巨大的水簇拥着栈桥，包围着我。我说不清自己，就像看不清这海一样。生活有着若干的可能，心里装不下这海，就不要说已经懂得了生活。

　　栈桥附近，有一个叫作月亮湾的地方。那是一片深月形海湾，一道宽约一米、长二十余米的海堤，静静地探进海里。这是我心中另一种形态的栈桥。在它的尽头，是一座不锈钢制的月亮老人雕塑。这里成了青年人谈情说爱、海誓山盟的地方。这片深月形的海湾，与冰心老人的童年紧密相连。二十世纪初，月亮湾南面的山坡上是一座清朝海军的训练场，它隶属于烟台海军学堂，校长是一位参加过甲午海战的军官，他的女儿时常独自一人来到月亮湾，听着生生不息的涛声，看着由远而近的一排排浪花，静静等待父亲的归来。这个小女孩后来在《忆烟台》中这样写道："我童年时代的烟台，七十年前荒凉寂寞的烟台，已经从现代人们的眼中消逝了。今日的烟台是渤海东岸的一个四通八达的大港口，它朝气蓬勃、容光焕发地正忙着迎送五洲四海的客人。它不会记得七十年前有个孤独的孩子，在它的一角海滩上，徘徊踟蹰，度过了潮涨潮落的八个年头。"

潮起潮落。近在咫尺的海，是一个遥远的存在。

海不是隐喻。海究竟记住了什么，栈桥深深地懂得。

The
Biography
of
YanTai

# 烟台传

古登州的港与航　第二章

"登州"自唐高祖武德四年（621）始设，到1913年撤府为止，作为一个行政单位在历史上存在了1293年。

神秘的海边，以及更为神秘的海的另一边。人类最初是如何穿越风浪，蹚出一条海路的？这是一个千古之谜，留给后人无尽的想象。

古登州见证了东方海上丝绸之路的兴衰史。

古船

## 此地蓬莱

在胶东一带，古时有"三神山"的传说，认为海中有蓬莱、方丈、瀛洲三座仙山。他们这样讲，是有他们的"现实"依据的，因为胶东一带常有海市蜃楼奇观，在科学不发达的年代，人们无法解释这个现象，只能借助于想象。再者，距离登州不远处，是庙岛群岛，再远的还有日本诸岛。当时渔民出海，一定是见过这些岛屿的，他们在向别人讲述的时候，对于其中解释不清的部分，难免就赋予了一些神秘色彩。在上古之人眼中，大海是一个充满了黑暗恐怖的地方，他们认为中国四周有海环绕，所以称中国为"海内"，称外国为"海外"。"三神山"的传说，包含一种拓展了的对于世界的认知，他们觉得大海的彼岸还有很大的疆土，属于另一个同样的现实世界。后来，在方士们的讲述中，便将海中岛屿演化成了"三神山"。但在现实中，所谓三神山，关于方丈和瀛洲的具体记载很少，人们谈到仙境，更多的是指"蓬莱"。

蓬莱，作为神山的名字，最早见于《列子》《山海经》等典籍；作为确切的地名，始于西汉。汉武帝刘彻走到这里，寻访神仙而不遇，便筑起一座小城，冠之以"蓬莱"，于是有了蓬莱这一地名。因为秦皇汉武的求仙传说，"蓬莱"从出现的那一天起，就与神仙结下不解之缘，成为"仙山"和"仙境"的代名词。所谓仙境，是对于现实而言的，或者说，它是对于现实的一种认知，一种态度，一种言说。人们对仙境总是寄寓了美好的难以实现的诉求。从唐初开始，作为军事建置的"蓬莱镇"和行政建置的"蓬莱县"正式成立，由"神山蓬莱"落实到了"人间蓬莱"。到了宋代，蓬莱的丹崖山上建起蓬莱阁，虚无缥缈的仙境成为一个具体可感的所在。

东夷海边是神秘之地。每天生活在这里的人，并没有觉得神秘，日常的生活将神秘感消解得几近于无，当习以为常的生活被外力打破时，那种神秘又会以一种更加神秘的方式显现，面孔竟然变得越发清晰起来。

1085年8月，苏轼在被贬五年后，朝廷重新起用他担任登州知州。他抵达登州任上才五天时间，又接到朝廷任命他为礼部员外郎的诏书，匆匆离开登州，踏上进京之路。就是在这么短的时间里，苏轼深入了解民情，两次登临丹崖山，连上两道奏章，写下了著名的《登州海市》。

一个人与一座城的相遇和相知，留下千古佳话。他的苦闷，他的旷达，他的对于登州这个地方的理解，以诗文的方式流传下来，成为这座城市历史文化积淀中最耀眼最有分量的一部分。

因为工作关系，我每年都要数次陪伴外地客人去到蓬莱。他们对蓬莱充满了向往。或者说，他们对烟台这座滨海城市的印象，很大程度上来自蓬莱神话。他们去了，然后离开。同样的一个蓬莱阁，同样的一片海，同样的历史遗迹，他们眼中所见各有不同，心中所想肯定也是不同的。我从来没有主动与他们交流过这方面的感受。我知道有些感受是难以言传的。我从他们的表情中，常会看到淡淡的失望，这是对于传说与现实之间的落差的失望，是历史与现实同时在一个人的内心的互为纠缠。有的人，除了空洞的感慨，一脸的漠然，他们看不到这片古建筑中沉淀下来的历史烟云，它们已与蓬莱的缥缈传说汇聚成了另一种现实。

此地蓬莱。所谓虚无缥缈的仙境中，其实隐藏着最为真实的历史和现实。

# 徐福东渡

徐福故里是经常可以看到海市蜃楼的。

徐福后来选择了用海市蜃楼一样的想象来应对最严酷的现实，而雄才大略的秦始皇也臣服于这个来自齐国的方士所描述的想象。在盛行方士的东莱，徐福有着与他的方士同行们不同的大构想，他既不满足于作为一个方士所期待的那种被欣赏被器重，又不畏惧当时最为恶劣的社会环境和政治压迫，他以勇气和智慧去解除自己的困境，践行自己的抱负，使自己与其他方士区别开来，甚至，使自己所创造的避乱世于一隅的"小环境"与当时动乱的社会大环境区别开来。与徐福同时代的方士，还有卢生、侯生等人，他们不仅通晓方术，而且熟知天文地理及航海知识。他们抓住秦始皇性格中的某些弱点，以入海求仙为名，骗取巨量钱财，大肆挥霍。他们知道找不到长生之药将会面临什么样的后果，却没有为自己准备一条切实可行的退路。在找不到仙药的情况下，卢生、侯生等人采取了各种欺骗手段跟秦始皇周旋，甚至诽谤秦始皇，为了逃避惩罚，他们狼狈逃亡。与他们相比，徐福更决绝，更具智慧，更有远见和胆识，他没有给自己留下后路,他漂洋过海,从海上开创了一条路。

他是最早探索海洋出路的人。

一直向东走。在那个遥远的年代,人们常常止步于海边。而徐福,是突破大海的第一人。依靠简单的航海工具,他在波浪之间寻找路,在海的尽头开拓了另一个空间。这是一次伟大的出走,比郑和下西洋和哥伦布发现新大陆都早了一千多年,他走过的是一条前人没有走过的路,甚至可以说,是一条前人不曾想过的路。

之前,他的先人曾经走过一条东迁之路。关于莱国东迁路线,史书并无记载,大约该是沿着海边走的。因为海边有很多河流的入海口,有水可供人畜饮用,还有丰富的海产可以充饥。那时很多地方根本就没有路,沿着海边走,起码不至于迷失方向。到了后来的徐福东渡,不仅路线扑朔迷离,就连出发地和落脚地至今还存有争议。关于这次出走,《史记》是有明确记载的,但是从哪里启航,最终去到了哪里,并无详尽记叙。"得平原广泽,止王不来。"寥寥数语,留给后人无尽的想象。据考古发现,日本和朝鲜都发掘出了中国春秋时期的大量古物,这说明2700多年前,已有人走过通往朝鲜半岛和日本的航路。

在大海之上,他蹚出了一条路。

出走是艰难的。更为艰难的是,出走以后再该如何?徐福要克服路上的问题,抵达目的地后还要重建新的生活。这牵扯很多具体的问题,是一件高风险的事。作为一名方士,徐福对此显然是知晓的,他对于自己的去向,有着理性的认知和缜密的谋划。一个对国家和社会现状具有清醒认识,且知道自己该干什么、能干成什么的人,即使在当下也是大智者。徐福以寻仙求药为由,率三千童男童女,加上百工和弓箭手,大约要在万人以上,浩浩荡荡名正言顺地从秦始皇眼皮底下出走了。其实,仅从这支出走队伍的结构和组成来看,移民倾向是很明显的。徐福把这些缜密周到的准备，归结为祭献神仙的需要。这个理由契合了秦始皇追求长生不老的心思，获得他的信任。秦始皇因为寻求长生不老之药，已经上当受骗很多次了，按照他的警觉，对徐福的大动作理应有所质疑。但他最终选择了信任。他迫切寻求长生不老的药，恰恰反证了他当时的身体状况，这是他最大的心病。他是有些急切的，以至于死在寻求长生不老药的途中。

距离徐福最后一次出海70多年后，汉武帝也派人到东莱郡寻仙求药，并且先后八次亲临东莱郡，方士少翁、栾大等人设置了各种骗局，最终被识破，搭上了性命。汉武帝最终"刹车"了，宣告中止求仙活动。他没有像秦始皇那样死在寻求长生不老药的路上。

徐福东渡是当时皇帝关注和参与的大动作，涉及数千童男童女，船队浩浩荡荡。就是这样的一段史实，开头和结局却是扑朔迷离的，究竟从哪里启航，究竟去到了哪里，这都成为千古奇谈，不解之谜。直到今天，后人还在争论徐福东渡的出发地。其实，汲取徐福东渡的精神启迪，或许比所谓出发地的争论更有意义。在那样的社会环境中，作为一个能够洞悉社会秘密的人，究竟可以做些什么，能够做些什么，这或许更有意义。他做了一件同时代人无法理解和想象的事。不但当时的人无法想象，即使是在千年之后，他的出走仍然是一个谜。

历史的神秘性，既有其自身的神秘，亦与后人的赋予有关。倘若层层剥去所谓神秘性的外衣，最终裸露出来的，却是言说者之所以言说的最初动机。徐福东渡，既完成了对秦始皇暴政的抗争和逃避，同时客观上也在出走的过程中实现了对大海的探索，走过一条前人没有走过的路，具有双重的意义。

前人所走过的路，直到现在依然需要我们不断地拓展自己的想象力，才会尽可能地与其吻合。那些被时光模糊了的路，在后人那里不断地被想象和还原。这是现实中的路。还有精神之路，那些经典的著作，对于后来的读者有着诸多的进入路径，不同的进入路径可以从中发现不同的美，一直有着阐释不尽的魅力。对于先人所走过的那些路，不管是现实之路还是精神之路，我们只是一个追随者、观望者、慨叹者，甚至猜想者。这也是他们之所以伟大的一个根本原因。他们在起步的时候，对自己所走之路的认知和理解，就已经把他和众人区别出来。这种区别，无论时光如何漫长，始终是有效的。

他们不甘心把生命囿于一处。他们在行走的过程中，建构与世界的联系，同时也完成了对于道路的发现和拓展。

如今，人们大多不再关注走路的轨迹了。高铁，飞机，从一个地方，去往另一个地方，都是瞬间的事，不再有跋山涉水的艰辛。与此相对应的思维，就是越来越看重抵达的结果，而忽视了行走的过程。其实，有些意义和不为人知的快乐，是在行走过程中的。

当我们走路的时候，也要想到后人将会如何看待我们，我们所走过的路与后人将要走的路，是一种什么样的关系？我们在研究和想象前人所走过的路的同时，也要对我们自己正在走的路有一种自省意识：这样走下去，经得住后来者的关注和追问吗？

看大海，我总会看到徐福的背影。

## "循海岸水行"

登州的历史沿革，行政区划分分合合，再加上命名变来变去，感觉很是有些缭乱。在齐国灭亡莱国之前，登州一带是属于莱国的，当时的莱国都城，大约在今天龙口的归城，古登州的前身距离此处不远。唐高祖武德四年（621），胶东半岛的东莱郡改称莱州，文登县、观阳县从莱州分离出来，设置了登州。时过六年，唐太宗撤销登州建制，登州所属重新并与莱州。武则天时代，莱州再次被分为莱州和登州二州。新设立的登州，管辖范围大致相当于今天的烟台和威海地区。到了1913年，民国政府取消前清府、州建置，登州从此退出历史舞台。

登州与明州（宁波）、泉州和广州，并称中国四大古港。登州的特殊性，与庙岛群岛有很大关系。庙岛群岛距离蓬莱的最近距离不足4海里，距辽东半岛的大连老铁山也就22海里。若干个散落海中的岛屿，像一条链状桥梁，把两个半岛联系起来，也把海路分割成了若干段，在航海技术尚不发达的年代，这让最初的远航成为可能。考古已证实，早在4000多年前的龙山文化时期，山东半岛就通过庙岛群岛与辽东半岛和朝鲜半岛有了文化往来。一叶扁舟,从登州北行,庙岛群岛的许多岛屿既可视为海上地貌标识,又可作为天然的"休憩站",进入辽东海域以后,再"循海岸水行",沿朝鲜半岛西海岸南下至日本九州岛,船上的视野始终不离陆岸,不易迷失方向,一旦遇到风暴或紧急情况,还可尽快靠岸避险。

845年7月,日本圆仁和尚一行到了楚州,也就是今天的江苏淮安,想要在那里搭船回国,却被地方官员以楚州"未是极海之处"为由拒绝,要求他们必须到登州办理手续。不仅如此,他们在楚州的停留时间也受到了限制,只好沿海岸线北上。他们到了海州(今连云港)州治所在地朐山县,到县衙要求"从此发归本国"。县衙答复说,近期有新罗僧也想从这里过海归国,没有得到州里批准。圆仁和尚一行又到海州请示,也没有获得批准。他们只好继续长途跋涉,折腾了一个多月,终于到达登州,办妥出关手续,又在登州等待了两年时间,才搭上归国船只,回到日本。

这是日本圆仁和尚在他的《入唐求法巡礼行记》中的记载。圆仁是高僧,他的师傅是广智,广智的师傅是道忠,而道忠的师傅就是著名的鉴真大师。圆仁在中国求法十年,足迹走遍半个中国,他所写下的《入唐求法巡礼行记》,与中国玄奘和尚的《大唐西域记》,意大利旅行家马可·波罗的《东方见闻录》,被称为"世界三大旅行游记"。从圆仁的这部著作记载来看,他在登州的活动范围主要涉及蓬莱、牟平、黄县和文登四县,他路经登州的活动及见闻,我们据此可以看到一个"外来者"眼中的唐代登州社会状况。他在书中详细写下了在中国的经历,文字客观冷静,有些地方难抑好感,但在归国问题上,他在沿海地方连续三次被拒,以至于在登州等了两年时间,才最终搭上新罗商人的船。这也映照了另一个史实,在唐初,登州港是中国北方唯一的通关口岸。当时国家对外的通关路线主要有七条,而海路只有两条:一条是南方从广州出海到南洋诸国的,另一条就是北方从登州出海至辽东半岛和朝鲜半岛的"登州海行入高丽、渤海道"。

高丽，当时拥有朝鲜半岛北部及辽东半岛部分区域。渤海，指渤海国。唐朝时，渤海国在今丹东、长春、哈尔滨以东地区，包括今朝鲜、俄罗斯部分疆土。

　　这条海路大约一直延续到了北宋。1000年，高丽人的一艘船，坏在了明州，宋真宗下诏将其交付登州，遣送回国。明州和登州都属中国四大古港，船在明州出了故障，却需要转送登州办理归国，可以看出登州的特殊地位。从朝鲜半岛过来的船只，通常是从登州靠岸上路，经青州、兖州、曹州（菏泽）、汴州（开封）、洛阳，最后到达长安。这是隋唐至宋代，朝鲜半岛的高丽、百济、新罗与中国官方往来的主要路线……

　　正如鲁迅先生所说的那样，世上本没有路，走的人多了，也便成了路。陆路如此，水路亦然。春秋时期齐国开辟的这条从今天烟台地区北部沿海起航，途经庙岛群岛，东通朝鲜半岛的海上通道，后来成了著名的"东方海上丝绸之路"。登州作为始发港，是基本可以确定的。当然也有争议，各地都在争夺历史文化资源，"始发港"自然成为一个话题。不管如何，庙岛群岛的地位是谁也不可否认的，当年的东方海上丝绸之路，不管是在蓬莱启程，还是从龙口、琅琊或荣城出发，都要途经长山列岛。一座座岛屿，既是海中航行的参照，也是一个中转之地，船在这里停靠，修整，补充食物，然后再出发。遥想航海技术并不发达的年代，我们的先人驾一叶独木舟，乘风破浪，穿越渤海海峡，靠一个个的岛屿，串联起了整个漫长的航程。这是"天意"。他们把"天意"归结于神助，这也是一种理解方式。

## 消失的与留存的

　　开元寺已经不复存在。清朝《登州府志》记载："在城内西南隅，唐开元建，明永乐八年、天顺间、国朝顺治十七年累修。"民国时期，开元寺呈东西走向，为三进院落式建筑，主要建筑有山门、钟亭、鼓亭、大雄宝殿、诵经堂、藏经阁等，为蓬莱城内最大的佛寺。开元寺是在1938年抗日战争中被焚毁的。这个地方，留下关于东方海上丝绸之路的太多记忆。一座不复存在的佛寺，以无形的方式留存于历史，留存于后人的想象之中。近年不断地有人建议，这么重要的一处遗址，应该恢复重建。

　　唐代的文化繁荣，吸引着朝、日使者纷纷"循海岸水行"，从登州上岸，入唐学习。这些使者到了登州，开元寺是暂住之地。日本名僧圆仁在《入唐求法巡礼行记》中记载："二日，平明发，行廿里，到安香村庭彦宅斋。行廿里到登州，入开元寺宿。""登州都督府城东一里，城西南界有开元寺"，"城下有蓬莱县开元寺，僧房稍多，尽安置官客，无闲房，有僧人来，无处安置。"圆仁在中国求法期间，有三年是在蓬莱开元寺居住的。

　　当时的登州，是中国北方第一大港，既是新罗、渤海、日本等国进出唐王朝的必经之路，也是中国北方与海外贸易交流的主要集散地，颇有"日出千杆旗，日落万盏灯"的景象。那么多的人从登州登陆，有的继续出发，从陆路去到长安朝贡；那些没有资格入朝的随从服务人员，就留在了登州。史书记载，仅入朝的人，就有293人之多；随行的水手、杂役人员，应该是高于这个数字的，少则几百人，多则数千人，都留在登州待命。从登州进京，往返需要好几个月，这样一来，留守在登州沿海码头的随行人员，就有了充分的时间与当地人打交道。他们除了带给皇帝的贡品之外，还携有大量物品，用于跟当地人交换。这就促进了登州的商业和贸易。这种私下贸易愈演愈烈，明代的朝鲜使团就因为在登州进行私下贸易而耽搁了进京朝贡时间，有些本末倒置。买卖终究是双方的事，由此可以看出当年的热闹情景，浩浩荡荡的船队停泊在登州海口，使者上岸接受当地官员的迎接，水手和杂役人员忙着搬运进贡物品，壮观的场面可想而知。登州这个海边小城，为之悸动。这里的人，以异样的眼光打量这些外来人。

这么多的人，如何解决食宿问题，对登州来说显然不是一件容易的事。朝廷在八角海口设了专门的接待机构，并且拨专款，作为接待费用。古登州不仅建有新罗馆、新罗坊，还有一个专门管理新罗人贸易的机构叫作"勾当新罗押衙所"，足见当年古登州的新罗人之多。他们归国返程的时候，朝廷还要回赠物品，且有一种普遍的心理，不能让远方的客人吃了亏。所以给他们回馈的物品，往往远远多于朝贡物品，以至于苏轼曾经专门上疏，对这种现象提出质疑，他认为朝廷给他们的回赠太多了，于国于民都没有什么好处。

这种朝贡贸易，其实是以国家之间的外交为目的，是中国历代王朝与周边附属国所奉行的一种外交手段，也是当时国家之间的主要贸易形式。《新唐书》记载，新罗以各种名义向唐派出使节126次，唐王朝以各种名义向新罗派出使节34次，双方共计160次。这些往来活动，主要是通过登州。而回赠使节的大量物品，是在出关时，由当地按朝廷旨意给予，这样也就免除了从京城到港口的运输之苦。回赠物品就地取材，且数量巨大，这必然对登州当地物产是有所促进的。

开元寺是一个见证。后来，日本圆仁和尚在开元寺的斑驳墙面上，辨认出了当年日本遣唐使的题名留念，历史在那一瞬间由模糊状态一下子变得明朗，先人曾经走过的路也变得确切起来。那些斑驳的字迹，那样一个相认的瞬间，在若干年后的这个阅读者和书写者的心里，像一束闪电，瞬间即逝，却留下难言之感。而这种难言之感，是幽微的，它原本尘封在时光里，却在转瞬即逝的一刻，被唤醒，被点亮，被深长地怀念。

## 仙境中的兵营

　　登州港的特殊地理位置，也决定了这里是一处军事要地。隋唐时期对朝鲜半岛的海上用兵，史书记载有十多次，登州港是军船出入的海口。唐初，朝鲜半岛的高丽、百济、新罗三国不和，常起纠纷，实力弱的一方便会请大唐皇帝来主持公道。643年，高丽要攻打新罗，唐太宗出面劝阻，希望他们和睦相处，互不侵扰，但是高丽王没有听从。第二年，唐王朝第一次向高丽用兵，4万精兵，500艘战船，经登州海道北上，浩浩荡荡，讨伐高丽。660年，百济侵扰新罗，新罗王向唐王求救，唐朝派出水陆十万大军，从山东半岛渡海援助新罗，这就是历史上著名的白江口唐倭军海战，以唐军大胜、倭军惨败而告终。浩浩荡荡的战船，与昔日徐福东渡已经不是同一回事了。如此规模的兵马，粮草供应自然是一个大问题。战前修造船只，战时供应粮草，大多是在古登州完成的。比如造船，造船兵夫被官吏监督着，昼夜在水中作业，以至于腰部以下都生蛆了，很多人死在水中。在登莱地区，至今还有用磨盘铺成的街巷，这些磨盘据说正是当年用来给军队磨制粮食的。

从北宋中期开始，登州港的功能从港航转向了军事，主要还是因为这里的特殊位置。登州隔海与北方的辽、金政权对峙，成为必争的战略重镇，根据战备需要，朝廷将登州港改建为"刀鱼寨"。

"刀鱼寨"这个名字，是因为当时登州港内停泊战船的外形酷似刀鱼，狭而长，每船可载百余人，速度快且灵活，适用于海战。可以说这是世界上存在较早的军港之一。刀鱼寨落成之后，登州港的性质发生了历史性的转变，这里常屯重兵，教习水战，限制商船出入，商业活动日渐萧条。1085年，出任登州知州的苏轼在《登州谢上表》中直言，登州已经变得"地瘠民贫"，"百姓离乡，去为盗贼"，经济一蹶不振。

到了明代，朝廷实行海禁，登州这个充满神秘色彩的仙境，变为兵城。主要原因是，东部的海岸线，昔日被称为"天尽头"的偏远之地，明代以后竟然成了海上交通广场。引起国人警觉的，是"倭寇"，他们从海上零散入侵，疯狂抢掠财物，焚烧村庄，杀害了很多无辜百姓。朝廷不得不在沿海一线调兵遣将，广筑城池，军事要害之地设卫，次要之地设所。明代洪武九年（1377），登州升州为府，同年设立登州卫，府卫同城，后又置登州营，并在北宋刀鱼寨的基础上，修筑备倭城，也就是今天的蓬莱水城，这是我国保存最完好、时间最早的古代军事基地。蓬莱阁与水城密切结合，共存于登州海滨，神仙胜境与军事防御设施同框出现。这是内在的悖论。历史的悖论。登州港从繁盛到衰落，在仙境中建起了兵营，直到这里开始禁海，封闭，变得萧条。历史以这种方式，宣示新的一页即将翻开。海洋时代到来了。

其实，哪有什么仙境？仙境不过是对于现实的曲折反映，是一种难以实现的向往。矛盾无处不在，冲突随时可见。倭寇的侵扰越演越烈。朝廷采取了"筑小城建卫所"的军事防范策略，仅在登州境内就有登州卫、威海卫、成山卫、靖海卫、宁海卫、大嵩卫。"奇山守御千户所"就设在宁海卫辖区，第一任正千户是张升，他率军与倭寇作战，牺牲在了茫茫大海里，家人只好把他用过的长枪和穿戴过的盔甲下葬，这就是后代口传的"衣冠冢"。

1544年，年仅17岁的戚继光世袭了登州卫官职，担起抗倭使命。第二年，他写下"封侯非我意，但愿海波平"的诗句，因为拥有这样的雄心与壮志，他的军事才能日渐彰显，最终挑起了戍守山东海防的大任。新官上任，他接手的是一个烂摊子。战船破烂不堪，有的船板因为长年泡在海水里，几乎变成了朽木。号称6万兵力，实际上只有4000多人，而且老弱病残占了很大比重。军队纪律涣散，游手好闲、聚众赌博的现象屡见不鲜。加上水兵多年没有训练，船在风浪里稍有颠簸，有人竟然呕吐不止，晕倒在船上，战斗力可想而知。戚继光上任后，先从官员调整入手，撤换了一批，严惩了一批，当然也重用了一批，在登州卫造成一场人事地震。有个千户患有寒湿疾病，占着位子却不能履职，他倚仗朝中有人，假意递上一份辞职书，试探虚实。戚继光毫不客气，当场就宣布免了他的职。空出来的职位，登州卫提供了三个人选，戚继光没有论资排辈，大胆启用其中一个务实能干的人。

在登州卫，各种人事关系盘根错节，有的豪绅势力很大，他们拉帮结派，聚赌成风，把登州卫搞得乌烟瘴气。有些士兵经不住诱惑，也跟着赌博，输了就干起偷鸡摸狗的勾当。有两个豪绅在赌博时发生冲突，联手把一个赌徒打死了。官兵到场后，他俩态度强硬，拒不承认与此案有关，领头的军官知道他俩财大势强，不敢多说什么，只好逮了他们的一个手下当替罪羊。戚继光知道后，严惩了那个领头的军官，派人把那两个豪绅捉拿归案，依法处置。戚继光就此说明，以后再遇此类案子，如果登州卫不敢动手的话，要速报备倭公署，否则严惩不贷。备倭城里，水师操演时常有士兵迟到，戚继光下令：迟到一次者，重打二十军棍，再犯加倍。有一天他的舅舅迟到了，戚继光毫不留情，照打不误。那些刺头见状，从此收敛了许多。

戚继光一手整肃兵马，一手修建水陆工事，重点疏浚了备倭城里的小海。小海南北狭长，是屯泊战船的水域，东西两岸屯兵，称为东营、西营。在两营之间铺设木质吊桥，这样东营和西营就构成了掎角之势，互相照应，木质吊桥又可随时升起，舰船往来十分方便。小海南岸有一个平浪台，可减弱从水门涌入潮水的冲击力，使小海保持平静。水门东西两侧分别设置一座炮台，用来封锁水面。戚继光还把城墙加固了，水城的北墙建在丹崖山绝壁，很是险峭。他在这里训练水师，打算逐渐用民兵来代替客兵，用山东人守卫山东的土地，于是号召沿海百姓参加军队，教他们掌握各种武器的使用方法。他的足迹遍及山东沿海，每到一个卫所，都仔细视察防倭设施，对于一些损坏的地方及时扩建和维修，构筑起了最为牢固的防线。

戚继光带领戚家军从登州起步，横扫南方，立下显赫战功。他的威严与勇猛，后来也成为政敌弹劾他的理由，他们诬陷他没有造反的证据，却有造反的能力。戚继光最终被罢官，一代名将在落寞中与世长辞。

# 东方海上丝绸之路

中国最早的丝绸纺织,是从莱国开始的。莱国是莱夷建立的古国,畜牧业、渔业和盐业都很发达,一度给齐国造成威胁。相传当年姜太公到齐国上任途中,旅店主人见他行动迟缓,就说东边的莱侯要来与你争国,你却睡得挺安稳啊。姜太公听了这话,连夜收拾行装赶往封地,天亮时刚到营丘,恰好莱侯的军队也到了,双方开始了争夺营丘的战争。

前567年,齐国灭了莱国。有的研究者认为,齐国的强大,与它吞并莱国是有很大关系的。莱国物产丰富,是最早的丝绸发祥地,还发明了炼铁术,拥有世上最大的粮仓和最多的骏马。齐国老百姓穿着华丽的衣服,其他国家需要的布料和丝帛基本上都靠齐国供应。汉元帝永光四年(前40),牟平一带的野蚕茧收获了万余石,制成很多丝絮,史书上也当成一件大事来记载。考古发现,养蚕和丝绸在秦汉时就已经传播到朝鲜与日本。在朝鲜平壤的1000多座汉墓中,曾出土了大量中国丝织品。

在古代,以中国为起点的丝绸之路主要有三条。第一条是陆路,从长安出发,沿河西走廊西行,一直通向中亚细亚,最后到达地中海东岸。这条古道，是中国在汉唐时期开辟的一条重要商路，南方海运兴起之前，它是中国和西方进行政治、经济、文化交流的唯一通道。第二条是南方海上丝绸之路，也叫陶瓷之路、香药之路，经由杭州、宁波、泉州、广州等处出海，通向琉球、南洋、印度、中亚和欧洲等地。这条丝绸之路在唐代初步形成，随着指南针的发明，以及郑和率船队七下西洋，海上丝绸之路得到了延伸。第三条丝绸之路向东，以胶东半岛北部沿海为起点，经庙岛群岛、辽东半岛入朝鲜半岛直至日本。这条丝绸之路多半以朝贡和外交为主，素有"贡道"之称，大概形成于商末周初，被史学家称为"东方海上丝绸之路"。这个称谓，意味着中国最初与朝鲜、日本的文化交流和经贸往来，是以丝绸为媒介的。无论官方还是民间，在这条海路上向外输出的，大多是丝绸类纺织品，还有养蚕、缫丝、织绸等生产技术。据日本《姓氏录》记载，仁德天皇曾把移入的秦人安排到各个郡县从事养蚕织绸业，当地的养蚕和丝绸技术由此得到很大发展。日本想要通过发展丝织业来改善民众生活，所以很重视从事这一技术的秦人和汉人。这在很大程度上刺激了更多懂得养蚕织绸技术的烟台百姓移居日本。

中日两国之间直接的丝绸朝贡贸易始于三国时期。239年，日本女王首次遣使到洛阳"朝献"礼品，魏明帝回赠了精美丝织品，无论是品类还是数量和质量，都远远超过日本的贡品。这是中国丝织品作为外交上的交换礼品而传入日本的最早记载。

隋王朝结束了近300年的南北分裂局面，开始注重加强与周边邻国的交往。唐代，中外交往日趋频繁，而且层次越来越高，规模越来越大。这一时期，日本掀起了学习唐朝文化的热潮；新罗统一朝鲜半岛，结束了高丽、百济、新罗三国鼎立的局面，和唐朝的来往越加密切。新罗的商船，经常就开到了登州港。烟台地区与朝鲜、日本文化交往的广度和深度都超过了以往。

蓬莱水城清淤时，发现四艘大型海船，其中两艘是宋代的货船，同时发现了大量宋元明清时期的瓷器和高丽瓷器、日本瓷器。可以想象，往来于北宋与高丽之间的这条海上通道曾是多么的繁忙。

明太祖朱元璋主动与周边国家交好，明确反对元朝以武力征服他国的那种做法，特将朝鲜、日本等周边15个国家列为"不征诸国"。高丽也主动维持和明朝的友好关系，不仅逢年过节遣使朝贺，还派遣贵族子弟过来学习文化知识。朱元璋很体谅他们，多次下诏减少朝贡的次数，贡物也不要太奢侈。从朝鲜《李朝实录》的记载看，仅洪武年间高丽使者到登州就有几十次，可见当时官方往来之频繁。

明朝初年，由于元朝的残余势力还占据辽东，中朝之间的往来多经胶东半岛的登州。但高丽入华希望走陆路，因为陆路既没有海上风浪的危险，又可避免海上倭寇的骚扰，朱元璋没有同意，只许他们由登州上岸，再由陆路到南京。明朝定都北京以后，这条古老的海上航线几经变迁，直到明亡之前，它一直都是中朝官方交流的主要路线。明朝对朝鲜的朝贡采取了"厚往薄来"的政策，回赐物品的数量和价值都大于他们带来的贡品，这一做法几乎延续整个明代。除此之外，还对他们私自带来贸易的物品采取了免税政策，有人建议对他们携带的私货应该征收税款，朱元璋不同意，不仅不征税，而且对他们携带中国物资出境也不限制。当时，中朝之间无论官方还是民间的贸易往来，丝绸和棉布占有很大比重。朝鲜的布料细密柔软，深受明朝人欢迎，不仅获准输入明朝市场交易不限，也成为历年进贡的大宗，列在贡单首位，多达百匹，甚至上千匹。

清朝时期，因东北到朝鲜的陆路畅通无阻，再加上实施海禁，通过胶东沿海与朝鲜官方的往来被迫停止，但是民间交往从未间断，他们以捕鱼、采药的名义进行贸易活动。由烟台先民开创的这条"东方海上丝绸之路"，走过了两千多年的时光。

## 沉船

清康熙年间的《福山县志》记载："无字钟，铸佛像若干，无字，俗传从海中浮出，原悬在县前钟楼。楼废，悬于大门右楹。明天启五年，本府推官王应麟署县事，移悬于东城楼上。国朝康熙五年，有二人睹其下。钟无故自落，一人覆内，一人击死。"

这个无字钟，真是让人浮想联翩。一口漂洋过海的大钟，运输的船只遇险，大钟在海里漂浮，后来被福山人打捞上岸，运往县城，挂到了县衙门前。这个神秘故事里，因为大钟的无字，故事本身变得越发神秘，被赋予太多的想象和阐释，甚至具有某种寓言色彩。其实，这世间的很多沉船，都是"无字"的。因为无字，留给了后世太多的谜。时光淡化了沉船中的那些生死挣扎，却把关于航行，关于命运的思考，留给了我们。

人类是逐水而居的。生活在海边，有诸多便利，也随时面临溺水的危险。他们后来发明了浮筏，将若干树干扎在一起，置于水中，用来应对水中作业。再后来，发明了舟。在杭州萧山跨湖桥遗址博物馆，陈列着"中华第一舟"，比河姆渡还要早1000年。那是一根独木凿成的小舟，如今只剩一块木头的遗骸。再后来，人类开始远航，关键在于学会了应用风帆，把不同的季风作为驱动力，人的力量与大自然的力量结合到了一起，借此穿越茫茫大海。遥想当年的一艘船，载着某种使命，同时也掺杂着一些私心，开始启航。他们在大海里开拓了一条路。接下来，诞生了航运、旅游、商贸……人类踏水而行，生存空间越来越大，各种欲望与日俱增。

在地球的总面积中，海洋占了70%以上。据联合国教科文组织统计，全世界海洋中约有300万艘未被发现的古沉船，这些沉船大多集中在历史悠久的海上要道。仅在中国海域，中外考古学家就发现了200多处古代沉船。每一条沉船都隐藏着悲壮的故事，而更多的悲壮，都沉入水底，并不被更多的人所知道。

《废铎呓·舟沉》中讲述了这样一个故事：一艘船在登州港附近沉没，两个幸存者游到了岸上。据这两个人讲述，船上有一百多人，都是去长白山采人参的，他们把采到的最大的人参私藏起来，因为害怕被雇主发觉，就一起逃到海边，雇了一条船返乡。船沉了，那些人参都用油布包着，很难透水，他俩愿意带人下水打捞。岸上的人一听，觉得来了发财机会，就召集一些水手，乘着小船跟随那两个人去了，行至舟沉处，他们跳下水，却一个也没有上来。又过了一年，有渔船经过此处，海水忽然变清，海下沉船依稀可见。船上的人纷纷跳入水中寻宝，这时海水突然变得浑暗，那些人全都葬身大海。

《废铎呓》是清朝荣成县文人林培玠所作，作者年近七旬才谋得阳谷县掌管教育的一个小官职，离职后把平时搜罗的"街谈纪闻"整理修订，取名《废铎呓》。这个书名从字面理解，即是一个官场不得志者的梦呓。这当然是作者的自嘲。他对自我命运显然是不满意的。书中记载了胶东地区狐魅鬼怪、奇闻逸事，被称为胶东版的《聊斋志异》。

倘若把海上航程视作一个目标，一次行动，那么沉船作为一个强行介入的意外，使这个目标和行动戛然而止。通过剖析这个意外事件来发掘其中隐含的某种必然，呈现它，并且放大它，让更多的人从中获取教训，这是我们早已习惯了的思维。可是在我看来，沉船更多地是来自某种不确定性，这取决于大海的不确定性。记得一个老船长说过，下海是要听天由命的。大海比农田具有更多的不确定性，农田四季分明，春种夏耕秋收冬藏，遵循季节规律劳动就可以了。而海洋风浪无情，更需要应对的智慧，所以有"能上山不下海"一说。

引发我的类似思考的，还有一个关于沙漠古船的故事。纳米布沙漠是世界上最古老最干燥的沙漠之一，位于纳米比亚的安哥拉境内。1909 年，在这片沙漠里发现了一条大船的残骸。经鉴定，这是一艘货轮，应该是触礁沉没后，被风浪冲到海边，然后又被龙卷风抛上天空刮到了沙漠里。一艘船，一艘沙漠里的船，这是我们所见到的事实。更多的事实，却需要依靠想象来完成。这世上很多不曾亲历的现实，其实都是借助我们的所谓经验和想象来完成的；而经验和想象，有时候是靠不住的。

我想说的是，那些被我们附加于沉船之上的各种所谓道理，时常遮蔽了更为真实的风和浪。面对一艘沉船，风和浪是真实的，那些垂死挣扎和巨大恐惧是真实的。唯有把自己切换到沉船的身份，才会体味到这样的一份真实。

The
Biography
of
YanTai

# 烟台传

即使放到更为漫长的历史中,他们依然是"异人",是可以从茫茫人海中被辨认出来的人。

他们的"异",如今看来更像是一份超越了时代的先知与先觉,是当今最缺乏也最珍贵的一种品质。时光终将把他们的名字擦得越来越亮。

胶东异人

第三章

烟台奇观： 石船与石帆

## 百家争鸣中的"隐语"

胶东民间至今流传着这样的说法：莱州人的鬼，黄县人的嘴，蓬莱人的腿。说的是莱州人精明，黄县人能说会道，蓬莱人勤于奔走。

黄县，也就是今天的龙口。这里的很多方言，是颇有一些古意的。比如，他们会说"夜来""唉饭""能矣""甚好"这种土语，称山林为"岚子"，向日葵为"转莲"，晴天下雨是"晴天漏"，把人的去世表述为"老了"，把人与人之间的矛盾说是"反目"，等等。这些方言土语，其实文雅得很。而说这话的人，可能并没有读过多少书，甚至连字都不识，这没关系，当地的文化早就以土语的方式融入他们的血液，成为他们自己都难以意识到的东西。这种文化感，跟那些伪装出的文绉绉的形象一下子区别开来。

淳于髡是黄县人。"髡"是先秦时的一种刑法，指剃掉头顶周围的头发，带有侮辱的色彩。《史记·滑稽列传》记载，淳于髡是齐国的"赘婿"。按照春秋时齐国的风俗，家中的长女不能出嫁，留在家里主持祭祀；倘若想要结婚，只能招婿入门，于是就有了"赘婿"。作为赘婿的淳于髡，出身卑微，身材矮小，却怀有大才，深得齐国几代君主的器重。他善说隐语。这种表达方式，即使在今天看来，也是很有策略性的。因为含蓄和委婉，说话的人没有急于求成的火气和躁气，听话的人自然也就有了考虑的空间或余地，反而更容易达到预期效果。齐威王刚继位时，沉湎酒色，不理朝政。群臣不敢进言劝谏，淳于髡站了出来，他问齐威王："一只大鸟三年不飞不鸣，这是为什么？"齐威王是这样回答的："此鸟不飞则已，一飞冲天；不鸣则已，一鸣惊人。"淳于髡的隐语，齐威王听懂了。

不得不说到稷下学宫，那是中国学术思想史上蔚为壮观的"百家争鸣"景象。稷下学宫在兴盛时期，汇集天下贤士多达千人，其中有孟子、荀子、邹衍、鲁仲连等名士，当然也包括淳于髡。这些人围绕各种话题展开激烈争辩，可谓盛况空前。那是一个百家争鸣的年代。稷下学宫成了战国时期的文化圣地，直到齐被秦灭亡之后才消失，历时大约150年。

淳于髡是稷下学宫的代表人物。他的被重视与被尊重，固然与齐国的人才环境有关，但根本原因还在于他具有超常智慧，他的敢说与会说。在那个百家争鸣的年代，他说隐语，通过浅显的比喻，就说出了很深刻的道理。一个人的遭遇，除了时代环境的因素之外，还有很重要的一条就是自己的思维。我们每个人都活在自己的思维里，并且在自己的思维主导下做事。能否做成事，仅有主见是不够的，还要懂得去交流和沟通。特别是在被误解和有隔膜的时候，沟通显得尤为重要。淳于髡不仅有学问，而且懂得交流和沟通的艺术，即使与人辩论，表达截然不同的观点，他一般也不会硬来，而是说"隐语"，给对方留下余地。我们观察一下在现实中这样说话的人，往往都有举重若轻的特点，再紧迫的形势，再复杂的事情，再难言的苦衷，在他的讲述中，可能化为一个比喻，既形象又生动，且有奇效。

淳于髡被齐威王立为"上卿"，多次代表齐王出使诸侯。有一次他到楚国，特意带了一只天鹅作为送给楚王的礼物。谁知刚出城门，天鹅就飞了。淳于髡托着空鸟笼，前去拜见楚王，他说齐王派我来向大王献天鹅，我不忍心天鹅饥渴，就放它出来喝水，谁知它竟飞走了。我想要自杀，又担心别人非议大王因为一只鸟的缘故致使士人自杀。我想买一只相似的鸟儿来代替，又觉得那是欺骗大王。我想逃到别的国家，又怕齐、楚两国君主之间的通使就此断绝。所以我这样前来服罪，请求大王责罚。

这番话，可谓一波三折，智慧尽显。站在楚王面前的这个人，由此变得越发真实。诚实是最高明的技巧。淳于髡以这样的语言，向对方传递了语言背后的东西，同时也完成了自我推介，生动，可信。

淳于髡向齐王推荐贤才，一下子就推荐了七个人。齐王对这种推荐产生质疑，他觉得方圆千里之内能找到一个贤才就很不错了，淳于髡一天之内竟然推荐七个人，太不严肃了。淳于髡解释说，人以群分，物以类聚。同类的鸟总是栖息在一起，同类的野兽也总是行走在一起，我向来与贤士为伍，我的朋友个个都是才智非凡的人，大王您找我寻求贤士，这就像在河里舀水，在火石上取火一样，轻而易举，取之不竭，您怎么能嫌多呢？我身边的贤士还有很多，岂止这七个人？今后我还要继续向大王推荐呢。淳于髡的这番话，使齐王心服口服。

齐国将要攻打魏国。淳于髡对齐王说：齐国和魏国，一个是跑得快的狗，一个是狡猾的兔子。狗和兔子你追我赶，跑得精疲力尽，最后都累死了。一个农夫走过来，毫不费力就把它们装入自己的囊中。他说眼下齐国和魏国如果打起来，秦国和楚国在后面等着坐收农夫之利。齐王于是打消了伐魏的念头。这些比喻，在今天看来有些普通，但在那个时代的那种境况中，说出这样的话是需要有大智慧的。

我们强调言行一致，其实这也反证了通常状态下言与行的矛盾和冲突，特别是善言之人，往往很容易在行动力上有所缺欠。淳于髡并不仅仅能说会道，他也有果断的行动力。他不只会说隐语，也说直白的有气概的话，临危不惧。齐王派他出使楚国，楚王看到他身材矮小，就说难道齐国找不出一个像模像样的人了吗？派你来，你有什么特长？这次淳于髡没有使用"隐语"，他的回答直截了当：我并没有什么特长，只有腰中七尺长剑，是用来斩杀无状之王的。楚王见状，赶忙解释说刚才不过是开个玩笑罢了。这个身材矮小的人，在楚王面前爆发出了令人不可小觑的力量。

遥想当年的稷下学宫，百家争鸣，群星璀璨。在那样一个百家争鸣的年代，淳于髡这个有大学问的人，却习惯于说隐语。隐语作为一种表达，并非含混、模糊与歧义，而是一种更为有效的表达。

据史书记载，淳于髡得享高寿，他去世时，有三千多弟子送葬，可谓门徒众多，德高望重。他是有著作的，可惜都遗失了。今天我们只能从散见各处的史料，来了解这位稷下高士的风范。

## 与山对话

郑道昭不是胶东人。他曾在胶东为官，为胶东留下了一座书法名山。

云峰山在莱州城南十五里，远看就像一座笔架。北宋开国皇帝赵匡胤来到此地，看到此山，脱口说出了"笔架山"三字。

或许，上帝在这里安放一座巨大的笔架，是想书写一些什么吧。

真正深谙此意的，是北魏光州刺史郑道昭。他从京都洛阳出发，来到光州担任刺史那年，已经55岁了。此前，因为亲人伏法，他受到了牵连，被罢免官职。看到国家不振，自己的政治抱负得不到施展，他陷入极度苦闷。

他到光州以后，为当地百姓做了许多实事，深得他们拥戴。

他走遍光州的山山水水。赋诗题字，择崖刻石，大大小小的山头都留下他的足迹和刻石，单是云峰山就有碑刻二十余处，其中郑文公碑可谓稀世珍宝，至今依然完整地保留在山上。史载，莱州自魏始，好学重教成风，名人辈出，仅明清两代考取进士近百人，为全国仅见。明代莱州人又做高官又写好字的毛纪、赵焕、刘耳枝更同魏碑有着很深的渊源，临摹魏碑都是他们成功的发端。清代著名书法家翟云升，家居城东南隅，从小看着云峰山长大，尤喜云峰魏碑石刻，后来干脆在离云峰不远的地方筑屋而居。

当下书法家临摹古人，很多是停留在技术层面而已，古人那种忧国忧民的情怀在他们身上极少看到。我们更多看到的，常常是哗众取宠，沉迷于小圈子；抑或掉书袋，读几本古书，用老眼光来看待和解释当代问题，即使行不通，也不回头，不愿正视现实的和自我的局限。

所谓书法是一个人的思想与观念的流露，个性与气质的表达。单纯沦为一种技术的书法，是没有出息的。

郑道昭在官场的遭遇，让他爱上了山中生活。他在山中流连忘返，以这种方式消解关于官场的记忆，把失意都交付给了这座山。刻在石上的字，是我们所看到的；我们难以想到的是在这些石刻之外，他曾与这座山有过怎样的独自对话。我留意到这样的一个记载：郑道昭在山腰写下"九仙"，然后五个山峰分别留了一个，缺少四个，以至于游山的人，遍寻不见。直到进入二十一世纪，当地人修路时才发现了被埋在地下的四块刻石。对此，不同的人有不同的解读，倘若联系他的官场遭遇，也就不难理解。我个人更愿视之为郑道昭对自己被埋没被遮蔽的命运的一种寓意。

刻石是他的一种表达方式。即便世道坚硬如石，他也要以自己的方式刻下属于自己的印痕。

山是普通的山，石也是当地的石头。一个文人，做了一篇很好的结合文章，他把自己的诗文，与当地的石头，以及石匠资源很好地结合到一起，结果做出一件超越岗位职责的大事，在历史上留下了名。当朝廷不理解他的时候，他转向民间，开辟了一条实现自我价值的路径。他为自己找到一条路。这条路，超越了当时的官场，也超越了当时的艺术，被后来的人越来越认同。

后来，赵明诚携妻李清照畅游云峰，被魏碑的精湛书法艺术震惊了，他们决定把郑文公上下碑收入正在著述的《金石录》里。为了让世人早知云峰摩崖刻石，他们加快研究速度，每过一段时间，便有一卷成册，李清照亲为束上黄带，依序放好，夫妻二人最终实现了在莱州成书刻印的愿望，以自己的方式向云峰魏碑致敬。

一个官场失意的人，一个流连山间的人，一个在同道们的价值认同之外独辟另一种方式的人。他寄情山水，与山水对话。他对一座山实施了改造工程，在石头上刻字，让石头拥有生命，让整座山拥有了文化气韵。这是了不得的举动。我时常想，当他做这些的时候，他的同时代的同行们是如何看待这件事的？他以自己的方式，成就了文峰山，使之与其他的山区别开来。

## 状元之死

王俊民是烟台历史上唯一的文状元。可惜的是，他考中状元后的第二年就去世了。《招远县志》记载，王俊民自幼勤奋好学，北宋嘉祐六年（1061）中状元，授徐州节度判官，充任应天府发解官。得狂疾，于贡院中对一石碑呼叫不已，又取书册自裁及寸。病势渐平后，他去太湖县省亲。翌年，在徐州任上就医，误服金虎碧霞丹，致上吐下泻，于嘉祐八年（1063）去世。

25岁中了状元，27岁猝然而逝，这给后世留下太多悬念和争议。后来的《王魁传》《海神庙王魁负桂英》等戏剧作品，把王俊民视作王魁的原型，进行了各种演绎。关于他的死，有的说是因为他中状元后抛妻弃父，遭了雷劈；还有的说他与娼妓私定终身，中了状元后，忘恩负义，遭厉鬼缠身而亡。他在抵达人生巅峰时突然死去，世人无法按照常规来解释他的死，而且这也不符合他们对于奋斗与成功的理解，就将之归结为因果报应，以此来警示世人。甚至就连王俊民的出生，也被附加了各种想象，有一种说法是他的母亲生他时难产而死，下葬后，他在棺材里出生。有路人经过墓地，听到啼哭声，打开棺材发现是个孩子，就收养了他。这个传说有些荒诞不经，却契合了古人"不凡之子，必异其生"的看法。关于王魁之事，唐末陈翰的《异闻集》已有记载，王俊民是宋朝人，不可能成为王魁的最初原型。这种穿越现象在文艺作品中发生了，胶东第一个文状元王俊民被塑造成了负心汉的形象。当年王俊民暴毙而亡，可谓海内震惊，这个本属历史的严肃话题，最终被演绎成了一场风花雪月的事。

王俊民祖上世代为农，他的父亲中了进士后出仕，因为性格耿直，得罪了权贵而屡遭贬谪。等到王俊民长大成人，他亲自查明了父亲蒙冤的真相，开始为父申冤叫屈，他写的状纸几经辗转到了当时的宰相手中。在宰相的亲自过问下，其父沉冤昭雪，复得重用。

王俊民中了状元后，与程颢、朱光庭、苏轼、苏辙、王介等名臣雅士齐名。当然也有不同的说法，比如对他中状元的事，有人是持质疑态度的。这与"更换状元"的风波有关。当年的详定官，是王安石与杨乐道。按旧制，殿试举人，设立初考官，先确定等级，再密封好，送给审查考官，再定一次等级，然后交付详定官。初考官所定的等级和审查考官定的等级如果相同，就不再变动；若不同，则要审核进呈的文章，确定是按初考还是审考所定的等级，但不能另定等级。那一年，初考和复考所确定的状元人选并非一人。王安石认为取此二人皆不当，主张另选他人。他择定的是王俊民，却遭到了另一位详定官的反对，两人商议不决，谁也说服不了对方。这时有人说道，你们两位都不要争执了，坊间早就传说这次的状元是王俊民。王安石与杨乐道向皇上各陈己见，皇上采纳了王安石的意见，王俊民成为状元。这段"插曲"，既可说明王安石慧眼识才，又可说明王俊民确实才华出众，但同时也让他的状元身份有些"名不正言不顺"，招致很多讥讽。

现在看来，我更愿意相信这段更换状元的"插曲"，让王俊民卷入了当年的政治旋涡。力推他的王安石是主张改革的，他以初考和复考的第一名人选不同为由，力排众议点中王俊民为状元，想必是因为王俊民契合了他心目中的人才标准。这个标准，是建立在对科举弊病的革新之上，他希望把有真才实学的人才选拔上来。对于王安石的意见，保守派未必心服口服，他们极力反对王安石的主张，也把矛头对准了受他青睐的王俊民。王俊民卷入政治斗争，成为一枚"棋子"。

中了状元之后，王俊民出仕，两年得到三次晋升，可见他的才干与政绩当属上乘。两年后，他竟暴毙而亡。史书记载很简单，也就"得狂疾，免出试院，终以不起，年二十七卒"寥寥数语。关于他的死，民间有各种猜测与不解。后来似乎是艺术作品填充了世人的这种不解，给出了他们所以为的合理解释。有的剧目一开头，就点明了主人公的身份："那秀才姓王，名魁，字俊民。"戏剧的大意是，落魄书生王魁，科举落第后到妓院消愁解闷，碰到一位色艺俱佳的妓女桂英，两人一见倾心，私定终身。此后，王魁一切读书花费，皆由桂英供奉。等到中了状元以后，他却忘恩负义，另娶高门千金，抛弃了桂英。这位苦待青楼的坚贞女子，怨愤自杀，死后变成冤鬼，去找王魁报仇，要了他的性命。

后来还有一种说法，戏剧中的王魁其实并非具体人名，"魁"字乃是状元的别称。王俊民的同窗好友初虞世，曾为他死后的遭遇奔走呼号，辩诬辟谣，并亲自撰写文章，为其正名。他是这样评价王俊民的："性刚峭，不可犯，有志于学，爱身如冰玉。"初虞世曾和王俊民同窗读书，又是挚友，他的说法应该可信。当他听到王俊民精神失常的传闻后，曾去看望过他。他眼中的王俊民，起居与饮食尚属健康，只是精神严重压抑。王俊民缘何闷闷不乐，这才是问题的关键。初虞世没有记录。这个问题成为千古之谜。

其实，联想到王俊民在官场的遭遇，一切也就不难解释。

初虞世离开不久，就传来王俊民被药死的消息，他误服一种叫作金虎碧霞丹的药，搭上了性命。

初虞世的辩解太微弱了，在谣言的汪洋中难以力挽狂澜。当时光渐去，当泡沫终于消散，一些真实的东西日渐显露出来。初虞世当初的发声，留下了历史的另一种说法，供后世分辨。到了明朝，有人新编《王魁不负心》和《焚香记》等戏，开始为王魁正名，为王俊民洗冤。

争论并未停息。很多人认为王俊民得的是精神疾病，他的精神疾病来自巨大的精神压力，来自他无力解决的心疾和隐事，这似乎是他突然死去的原因。他的精神失常，被世人解读成了一种所谓的"因果报应"，他们把冤情附会到了他的身上，甚至有的文章把他描写成了"杀人犯"，编造各种故事。创作的主旨与历史的真实，民众的愿望与期待，以这种方式相遇。他们对于士子成功后抛弃糟糠之妻这种行径的厌恶，对于王俊民暴毙而亡的难以解释，让一个负心汉的形象被塑造出来。王俊民的面貌于是模糊难辨。

而在王俊民的故乡招远，乡亲们并没有忘记他。他的墓地，在今天的招远市齐山镇状元头村，至今尚存。招远人修建了"魁星楼"，也称"状元阁"，纪念这位家乡的状元。

# 一言止杀

那天我们沿着白洋河逆流而上。湿地,芦苇,不知名字的鸥鸟,连绵的山,正在修建的河堤,齐整的树……这些不断闪现的意象,组成我们在栖霞境内的行旅。那天的炙热阳光,成了我们一路上看水和理解水的背景。

白洋河是烟台的母亲河,发源于胶东屋脊栖霞。白洋河与艾山的自然水汇合之后,在栖霞境内形成了一片浩大的湖泊。湖的名字叫长春湖,长春真人丘处机的道观太虚宫就建在湖边。这片浩荡的湖水,被山兜着,波澜不惊,像是一面高处的镜子。山与树,还有岸边的人,都在湖的折光中看到了天空,看到了天空下的另一个自己。我喜欢这样的水中倒影。追求阳光的人,大约身后总会有阴影的。然而这水中的影子,没有尘世杂念,没有这样或那样的欲望,它有一种被水润泽、洗涤过的简单和简洁。

关于丘处机,我最初是从胶东民间传说中获知的,后来读了一些史料,对丘处机和全真道有了更多了解。年少时,我是从磨炼意志的角度来看待和理解他们的,他们那么决绝,义无反顾,这是成就一番事业的根本。人到中年，我对世事和自我的困惑越来越多，觉得肉身越来越承载不动那么多的情绪和不解，必须找到一个出口，一个理由，一个与外部世界和解的方式，为自己减压。这种心境下，重读丘处机，对他向苦而行的选择，对他的人生态度，对他所做的一切，突然有了另一种理解。

比意志更重要的，是对于世事的通透理解。看到并且把握好这两者之间的内在联系，对我个人来说具有格外重要的意义。或者说，我后来是从人生修行的层面来理解丘处机的。人生是一场修行，在修行中解决所有的精神问题。一个在精神上从来不产生问题的人，是一个未曾真正介入现实生活，也未必真正认识自我的人。而这种精神问题的解决，最终还是要依赖于自我解决。对于精神问题而言，自我解决才是真正的解决。

因为曾经深陷精神困境之中，这让我越来越厌弃那些所谓高蹈的精神，觉得它们只不过是一种姿态，一种幌子。唯有那些有"根"的精神，才可能滋生出真正有生命力的东西。

丘处机生于栖霞滨都里村。村前有滨水河，村北是公山，可谓背山临水。在公山，有一块被荆棘环绕的陡峭岩石，村人称之为"摸钱岩"。这个名字，与丘处机修炼的传说有关。据说他入道前，夜晚独自来到这个巨岩之上，把一枚铜钱丢进沟底，然后再到沟底把铜钱找回来。这里荆棘丛生，漆黑不见五指，他的寻找，几乎是在黑暗中的摸索。在巨岩上丢钱，到巨岩下摸钱，然后再丢，再摸……动作简单，周而复始。这个动作，让人想起西西弗斯永无休止地推石上山。丘处机常年坚持，从未松懈，后来铜钱从岩上丢下，他在漆黑的夜里凭着感觉就可轻易把铜钱找回来。

这种磨炼，简单的动作里有着最深的信仰。村人对他的行为，自然是难以理解的。他在这种简单的常人难以理解的行为里，寄寓了信仰的力量。后来，丘处机在陕西磻溪修炼六年，穴居在一个小洞中，日乞一食，行则一蓑，人称"蓑衣先生"。他在《无俗念》中，描述了当时的生活状态，山里没有烟火，只好到山下沿街乞讨，用讨来的残渣剩饭填肠塞肚。到了冬天，寒风彻骨，长夜无眠。天不亮，就得外出讨饭，沿着结冰的山路小心行走，手脚几乎冻僵了。

在修行的路上，丘处机选择了这样一份常人难以吃下的苦，最终抵达了常人难以企及的境界。

丘处机的师傅王重阳，曾在终南山挖一深坑，住在里面，自称"活死人墓"，且在四周各种海棠一株，曰："吾将使四海教风为一家耳。"他在深坑里修道三年，始终胸怀使四海教风为一家的宏愿。这种身居洞穴、心系天下的情怀，在丘处机身上也得到传承。王重阳在胶东三州（登州、莱州、宁海州）招收了全真七子，最后在昆嵛山修成正果。全真七子中第一个拜王重阳为师的是丘处机，他对全真道的发展贡献最大，把全真道推上了极盛之路。皇帝在他的家乡栖霞赐建太虚观。丘处机身居胶东，金、宋、蒙古三个帝王先后向他发出邀约，他拒绝了金、宋，却对成吉思汗的召见慨然应命，时人均不理解。金、宋统治者当时都崇尚道教，而成吉思汗不但不信奉道教，且杀戮成性，再加上语言不通，稍有沟通不畅，就可能招致杀身之祸。丘处机以73岁高龄，历尽千辛万苦，穿越沙漠、雪山，行程万里，去见成吉思汗。这个选择，既有他对天下大势的预测，亦有他对平息战乱、拯救苍生的心愿。他的内心所想，写在了《复寄燕京道友》一诗中：

十年兵火万民愁，
千万中无一二留。
去岁幸逢慈诏下，
今春须合冒寒游。
不辞岭北三千里，
仍念山东二百州。

穷极漏诛残喘在，

早教身命得消忧。

在《中秋以诗赠三太子医官郑公》中，他写下这样的诗句："我之帝所临河上，欲罢干戈致太平。"

历时三载，丘处机到达大雪山，也就是今日的阿富汗兴都库什山，见到了成吉思汗。接下来就是著名的雪山论道了。丘处机劝诫成吉思汗停止杀戮，敬天爱民，推行孝道，得到成吉思汗的器重。临别时，丘处机拒绝成吉思汗馈赠的金银财宝，只领受了免除全真教徒赋税的圣旨，把全真道推向鼎盛。

丘处机的"欲罢干戈致太平"，让他成为一代伟人。乾隆皇帝盛赞丘处机有"一言止杀"的奇功。一言止杀，这是善的力量，爱的力量，修行的力量。

那天在长春湖，我们上了船。船在湖上漂着，岸边的青山缓缓向后移动，一条鱼蹿出水面，扑通一声割破了湖面的平静。这湖很快就恢复了安静，一条鱼，让我看到水面下的涌动和挣扎。这片浩渺的水，隐藏着一种神秘的不可言说的力量。

听当地人说，为了保护长春湖不受污染，他们做出很多的努力，甚至关停一些工业项目。这是需要勇气的。船与山，始终保持着一段无法逾越的距离。我感觉到了船底下涌动的逆流。这是一艘溯流而上的船。我们在船上谈论着岸边的风景。

我生活的城市与长春湖相距并不遥远，一直以为自己是了解那里的。其实不然。当我从长春湖返回的时候，我觉得我是从一个很遥远很陌生的地方，回到了另一个很遥远很陌生的地方。虽然，两地近在咫尺。

# 铁头御史

翻阅郭宗皋的经历，他多次被廷杖，被夺俸，被发配边塞。这个人的仕途可谓坎坷，遭受了太多的磨难和屈辱。而造成这些磨难的，是因为他的直言。所有的这些磨难，都没能改变他的直言，连皇帝最后都觉得这样对待他有些不公，称他是"铁头御史"。他不畏强权，敢说真话，撞了南墙也不回头。他官至高位，算是官场的一个异数。但他已经无意于官场了，在仕途最辉煌的时刻抽身退出，归隐田园。

明嘉靖十二年（1533）十月，星陨如雨。在旧时，日食和星陨之类的自然现象，被视为朝政衰败的征兆。没过多久，皇太子去世，大同军队发生动乱。满朝文武都避论此事，唯独郭宗皋不怕这些，上疏劝嘉靖皇帝"惇崇宽厚，察纳忠言，勿专以严明为治"。皇帝大怒，责令廷杖郭宗皋四十大棍。

挨了打，被当众羞辱，郭宗皋并没有就此改变，仍旧"不识时务"，眼里揉不得沙子。朝中有人讨好权臣，推荐提拔重用某人，群臣大多随声附和，唯独郭宗皋站出来唱反调，毫不客气地指出那人的劣迹，有理有据，惹得龙颜大怒，被罚俸两月。

嘉靖二十九年（1550），蒙古派兵进攻大同，把精兵埋伏在沟壑里，以老弱骑兵诱惑明军。大同总兵张达轻敌，在没有禀报总督郭宗皋的情况下，仓促率领二百骑兵出城追击，蒙古伏兵四起，箭矢如雨，张达被击毙。等到郭宗皋派出的援军到达，蒙古骑兵已经撤退。郭宗皋与巡抚陈耀都受到了朝廷的责罚，后来有人觉得追责力度不够，说此战是数十年来从未有过的耻辱。嘉靖帝听后大怒，责郭宗皋与陈耀各杖一百。这一百大棍，一般人是经受不起的，陈耀当场被杖毙，郭宗皋被打得白骨绽露，幸亏他的好友精通医术，亲为施药，才捡回一条命。等到康复后，他被谪戍陕西靖虏卫。

靖虏卫，也就是今天的甘肃靖远县，地处大漠边缘，自然条件十分恶劣，是明朝的重要边塞。郭宗皋到了这个地方，住着不蔽风雨的破房，靠自己的劳动养活自己，饥寒交迫。有的官员怜惜他，要给他修建新房，提供衣食保障，郭宗皋婉言谢绝。有人同情他的境遇，想要赠点银子，让他改善生活，郭宗皋依旧辞谢。劳作之余，他研读医书，为靖虏卫的百姓看病施药。他常与生员们遍论群经，遇到士子请教，都做到耐心交流，悉心传授。这个在官场被边缘化了的人，有着强大的内在主体性，他没有屈从于外部的环境与人情，依然坚持自我，哪怕并不体面，也决不放弃尊严。被打，被砸饭碗，被贬到恶劣的环境中，都没能改变他。

郭宗皋在靖虏卫戍边时，家人希望他早点回乡，就在福山县城郭北园修建了一座草堂。郭宗皋后来辞官回到家乡，给草堂起名"澡训堂"。之所以如此命名，与他的父亲曾建"澡身亭"有关。"澡身"之语，出自西汉《礼记·儒行》，意思是保持自身的洁净。郭宗皋的父亲以"澡身"自警自励，这成为家训，影响了郭宗皋的做官和为人。

郭宗皋祖籍江西，后来因为抗倭，他的先祖驻守登州卫福山所，成为福山人。可能是出于同乡之谊，郭宗皋与江西籍的官员夏言、严嵩关系不错，特别是在他们两人尚未发达之前，三人时有来往。等到夏言官至高位，巴结他的官员络绎不绝，郭宗皋看不惯这些，对夏言疏远起来。后来，夏言与严嵩同时入主内阁，权倾一时，郭宗皋索性断绝了与二人的来往，在一些公开场合也不给他们面子。夏言与严嵩联手，寻机在皇帝面前诬陷他，郭宗皋被革职处分。第二年，夏言事发，身败名裂，郭宗皋才得以复职。他在陕西靖虏卫戍边时，有人多次向朝廷举荐他，希望把他召回做官，都被严嵩挡住了。当年被郭宗皋疏远之事，他依然怀恨在心。

郭宗皋在靖虏卫一待就是十七年。

直到隆庆元年（1567），他才被赦免，调回京城任用，后被晋升为南京兵部尚书。就在当年，他辞官回到福山老家，开始投身农事。朝廷下旨请他重新出山，他都不为所动。返乡时，他从南方带回了一个制作水车的木工，一个种植水稻的老农，他在外为官时，特别留意到了各个地方在盐碱地里实行水田耕作的做法，想用这种方法改变老家的那片盐碱地。在家乡柳行庄的盐碱地里，他亲自下地，带领乡亲建成水田40亩，试种水稻。当年收成甚微，第二年增长了一倍，第三年增长数倍。收获的日子，他邀请地方官员和亲朋好友一起庆祝，并写下了这样的诗句："瘠土变为泽园田，清流时借以诗泉。老农东路三千里，雇值青趺半万钱。六月莲塘花正开，稻翻新雨碧云堆。江南有客曾倾盖，笑向何人缩地来。"

郭宗皋试行水田耕作，目的在于"导民"。他撰文《柳行庄水田记》，并刻碑记之。他的"试验田"，开创了烟台水田耕作的先例，成为一段佳话。这个试验，是知识分子的切实行动，越是胸有大志的人，他们往往更懂得选择一个小切口来践行自己的主张，并且对这种主张进行自觉的检验、校正和补充完善，最终实现在更广范围内的推广与普及。这是知识分子对待知识的一种可贵心态，大志向与小切口的有效结合，并不是每个人都能理解和做到。郭宗皋是有大胸怀和大自信的。

他做过什么官，已经不重要了。他的高洁品格留了下来，成为家乡人的骄傲。这个历尽磨难和屈辱的人，在老家安度人生最后的二十年时光，九十岁去世。在那个年代，这属于高寿了。

# 隐士

《登州府志》卷十五《钓者》："自言东海蓬莱乡人，常棹舟鄂渚，每将鱼市酒，人逐之不可近。"在我看来，这个钓者形象，大约该是一个隐士。

秦汉时期胶东这个地方盛行方士。徐福东渡以后，当秦始皇意识到这是一个骗局，很多方士必然四散，或者就地隐藏起来，所以也就不难判断，胶东这个地方当年是有不少隐士的。想想看吧，在三面环海的僻远之地，一个人倘若经受住了大海的历练，再隐到大山的皱褶里，更容易沉潜下来，成就大事。比如龙口的莱山，有著名的黑虎洞和闭关洞，相传就是隐士修炼的地方，如今成了莱山的标志性景观。再如昆嵛山的烟霞洞，是王重阳修炼的地方。金庸的武侠小说中，曾写到王重阳与《九阴真经》、"活死人墓""全真教七子"的恩恩怨怨，这些并非小说家杜撰，历史上确有其事。王重阳是陕西人，他在当地创立了全真道，七八年却只收了两三个弟子。后来他到了昆嵛山，在胶东这片土地上发现和培养了七位弟子，即"全真七子"，把全真道推向鼎盛。胶东一带最著名的隐士，当属王重阳。说是胶东这方水土成就了王重阳，并不为过。他的成功，跟他选择在胶东一带修炼和传道，是分不开的。自秦汉始，这里的仙道文化就很盛行，以至于秦皇汉武为之倾倒，亲临胶东寻仙问药。按照鲁迅先生的说法，真的隐士大抵是不为人知的。那些被人知晓了的隐士，还算真正意义上的隐士吗？不管是出于他人的或是自身的什么原因，这终究与隐士身份是不相符的。这时的所谓"隐士"，也许仅仅是一个表象，其中往往包蕴了太多难言的东西。

胶东一带，还有一个著名的隐士，名叫董樵。他是莱阳人，明末清初爱国诗人。顺治五年，山东境内爆发了"于七起义"，隐居的董樵是这次农民抗清起义的重要策划者。这次起义失败后，董樵再次隐居起来。他隐居的地方，在荣成境内的王家山村附近，那里有一座菩萨庙，村人称为东庵。董樵隐居在那里，写了很多诗作，可惜流传下来的并不多。因为长期隐居，他名字鲜为人知，诗作流传也不广。

董樵的父亲董应雷，宋琬《董广文应雷墓志铭》称其"少怀奇气，有大略，虽老未尝少衰。"明崇祯四年，孔有德叛乱，翌年据登州，围莱阳，地方深受其害，董应雷"徒步走京师，欲上书请救"。事平后，他当上了地方小吏，家族中很多人死于清兵侵袭莱阳之难。董樵的原配左氏是左懋实的女儿，左懋第是她的族叔。左懋第也是莱阳县人，他拒绝清廷的威胁和收买，宁死不屈，被誉为"明末文天祥"。还有董樵的姐夫姜采，明亡之后也隐居起来，莱阳知县数次邀请他出来做官，都被拒绝。董樵的哥哥考虑到家门凋零，就写信劝董樵出仕做官，并说姜采已经做了清朝的官员。董樵闻讯，对姜采的人品产生怀疑，后来听说姜采并没有变节出来当官，很是感动，徒步去见姜采，大哭。

董樵的表兄宋琬，以及跟他一起隐居在山中的赵士喆，还有世交宋继澄、宋琏父子等，都曾名重一时。董樵与清初诗人王士禛也有交往。

朝代更迭，时事变迁，看似历史的必然。但是对于置身那个时代的人来说，却是天塌地陷的特殊时期，很多东西值得研究。在明末清初，有不少像董樵这样的遗民诗人是参加过抗清斗争的，等到新朝政权稳定之后，他们才壮心消退，转归隐逸。比如徐夜。

徐夜生于名门望族，也曾参与抗击清军的战斗，国仇家恨使他拒绝功名仕进之路，过起了隐居生活。他开始更名"夜"，取思明向明之意。后来，山东有司两次举荐徐夜出仕，王渔洋也数次推举，但他"志在沉埋，力以老病辞"。

所谓隐士，就是隐居不仕之士。一个"隐"字，大抵与山水相关，同时也很难脱离庙堂这个参照物。天生就对公共事务毫无兴趣，且把隐逸始终如一地当作价值追求的人，不能说绝无仅有，最起码大多是不可置信的。人的出生与成长过程，本质上就是一个不断融入公共话语空间的过程。我更愿意从策略的层面，或者说从"进"与"退"的角度，来看待所谓隐士。一种是"以隐为退"，比如陶渊明，在官场遭了挫折，开始视名利为浮云，彻底归隐田园，堪称古今隐士所追求的理想境界。另一种是"以隐为进"。内心渴望功名，由于时运不济或条件不成熟，只好暂且归隐山林，静观时势变化，等待机遇降临。最典型的恐怕当属姜太公吕尚，当年他隐钓于渭水之滨，为的是钓上姬昌这条大鱼，施展自己的政治抱负。还有诸葛亮，在遇到刘备之前，他躬耕于南阳，过了十年的"隐居"生活。

同为隐士，董樵和徐夜不像陶渊明那样，有着"悠然见南山"的情怀。他是一个没有生活保障的隐士，过得很困窘，甚至要靠向友人乞贷来维持生计。他是一个隐士，但又不仅仅是一个隐士。在"隐士"这件外衣之下，其实隐藏着一颗不安的心。他无时不在关注国事，关心抗清斗争的形势。他的潜隐于山水，更多的是一种不合作的姿态。他坚持着自己的信仰，并且为信仰而牺牲了现世幸福。他不会不明白守望的无望，希望的渺茫。但他仍然在守望着，拒绝融入自己所处的那个时代。似乎唯有山水是理解他的。他在山水中寄寓自己的忧思。

隐士之为隐士，很大程度上是因为"庙堂"的存在。无论是董樵还是徐夜，都是与王渔洋有交往的。在很多人眼中，王渔洋是一个御用文人，是陪康熙皇帝玩诗的那么一个角色。作为清初诗坛盟主、一代正宗，是很容易沦落为所谓意识形态诗人的。然而他没有。这得感谢他的"神韵说"。对于这个"神韵说"，有人从艺术上指出了这样或那样的问题。与其说"神韵"是一种艺术，我更愿意以为这是一种智慧。不仅是艺术的智慧，更是政治的智慧。在一个盛行文字狱的年代，身在宦海的王渔洋选择这种书写方式，让他有效地避免了艺术和政治上的双重局限。虽然，他最终还是没有逃脱因诗获罪的结局。他在康熙身边待了二十六年。对于一个诗人，这确实是一个并不短暂的时间。

他一方面在被动地与皇帝说话，一方面又在主动地与山水说话。他在这样的两种说话中平衡着自己。

一个处在主流意识形态领域的诗人，往往是很容易"短命"的。诗人的本质与美相关。而美，大抵总是瞬间的事情。一个诗人要想禁得住历史的检验，就得超越瞬间的美，超越当下的是非得失，去面对历史。这让我想起古今中外的那些抒写政治情怀的诗人，其差异居然是如此之大。比如诗人米沃什，他在故乡遭遇战争的时候写下田园短歌《世界》，在恐怖之中写下了轻柔的诗歌，难道这与热爱无关？难道可以依此指认他的对于故乡的冷漠？他以自己的方式完成了对宁馨家园的希冀。同样地，他从大使馆参赞职位上出走，然后在异乡对故乡的怀想，使他绕开所谓乡愁，在另一个层面完成了对故乡的怀想与确认。

当我们要达到某种事物，必须通过另一种方式，甚至可能是截然相反的方式的时候，这是一种悲哀。

王渔洋即属此类。他的寄情山水，实质上是一份貌似轻松的沉重选择。他始终徘徊在自然与社会之间，既"入乎其内"，又"出乎其外"。入世与出世在他身上是矛盾的，也是统一的。这样的处世哲学，让他避开了很多的算计，也陷入另一些险机。他曾作过一首题为《盆鱼》的诗，诗中描写了环境的幽静，鱼盆的精致，以及盆鱼的美。在王渔洋看来，盆鱼是幸运的，可以避开渔人的围捕，在清澈平静的盆水中逐虫戏草，优哉游哉。要想解读这种心态和向往，不能忽略他的官场身份。而徐夜的一首《放鱼》，则表现出了与王渔洋截然相反的观点："不识海天大，宁知瓯盂窄。谁知细小躯，已具江湖魄。"在徐夜看来，鱼被养在盆中，是莫大的悲哀。观点的不同，与他们不同的处境相关。王渔洋身处宦海，貌似自由实则危机四伏，故向往鱼盆的保护；而徐夜隐居山林，才华无施展之地，所以向往更为宽广的空间。

"朱夏辄复变，深绿日以肥。感彼生物勤，节侯曾不违。清晨荷锄出，田间人尚稀。观物适自然，时见朝鸠飞。不惜筋力疲，但恐坐食非。作劳有时息，高春行来归。端坐抚素琴，可以理朝饥。"这是徐夜的《初夏田园》。一个隐士的田园。一个荷锄劳作的诗人，他日出而作，日落而息。他把渴望与无望都埋在心底。他相信山水是理解他的。他向山水倾诉，把渴盼化作赞美，把焦灼化为平和，外表越是平和，内心越是激烈。他在燃烧自己，他需要给自己一个交代。他心有不甘。这是草根的呼吸和守望。

王渔洋跟董樵和徐夜都有交往，这在当时是有些不合时宜的。一个是有反清复明倾向的隐士，一个是备受清廷器重的达官显贵，他们相遇，并且惺惺相惜。王渔洋曾数次向徐夜索取诗稿，意予刊刻，但终不能得。徐夜死后，王渔洋将自己收集到的二百多首诗付梓，并为之写序。这是一个诗人对另一个诗人最素朴的情感。

王渔洋也曾写过一首《送董樵归成山旧隐》:"白社何年别威辇,相逢飒飒鬓毛苍。飘零楚客纫兰佩,萧瑟无且剩药囊。隐处神山邻九点,愁来兵气动三湘。水仙操罢扁舟去,海水天风万里长。"这首诗,是王渔洋送董樵归隐所作。朝代更迭,时事变迁,董樵依旧不改隐士高风,令人心生敬意。

# 南陈北崔

倪瓒站在峰石之下，注视着仆人用水冲洗梧桐树叶上的灰尘。这是《云林洗桐图》所呈现的画面。

倪瓒"洗桐"，成为文人洁身自好的一种象征。这让人想起《高士传》中记载的"洗耳"故事：尧想把帝位让给许由，许由拒绝了，连夜逃进深山，隐居不出。尧以为许由谦虚，于是派人去请他，跟他说如果坚持不接受帝位，愿意出来当个"九州长"也好。许由听了这个消息，更加厌恶，立刻跑到河边去洗了一下耳朵。

与许由洗耳相关联的，还有一个巢父饮牛的故事，说的是正当许由洗耳时，巢父牵着牛过来饮水，问明原因后，巢父深恐洗过耳的水再污染牛口，就把牛牵到上游饮水。

巢父与许由都是《高士传》中所列的高士。《高士传》的立传标准，用编撰者皇甫谧自己的话来说，就是"身不屈于王公，名不耗于终始"。

《云林洗桐图》的作者崔子忠，亦有高士之风。他是莱阳人，明代画家，年轻时考中秀才，因"为文崛奥"，不合科举八股的要求，参加了几次乡试都未考中，便放弃了。他为人孤高，自甘清贫，家里只有简陋的柴门和土筑的墙壁，每日洒水扫地，很是清洁；妻子和三个女儿也穿戴简朴，一家人诵读诗文，安然自得。他的傲世之志，都寄托到了画作之中。当时很多达官贵人喜欢与他交往，一些读书人仰慕他的人品，专程前来拜访，崔子忠大多婉拒不见。

崔子忠少年时代的同窗好友宋玟考中进士，担任谏官，屡次向崔子忠求画，他都不给。某日，宋玟把崔子忠请到家中，关上大门，对他说今天别怪同窗无礼，如果不给我作画，我就不放你回家，不出十天半月，你家里养的鱼、栽的花，就都枯死了。崔子忠无奈，只得画了一幅，出门后又派人回去取画，理由是有树石略简，需要增润数笔。宋玟理解他对画作的严苛态度，把画交给来人带回，崔子忠当即撕碎，扬长而去。宋玟哭笑不得，却又无可奈何。

崔子忠的昔日学友史可法，崇祯后期已经名满天下，有一天他路过崔子忠的家门口，看到老友生活困苦，就把自己骑的马留给了他，然后徒步离开。崔子忠把那匹马卖掉，钱全都用来买了酒，招呼朋友过来，一天就喝光了。他跟朋友们说："这酒是史道邻所赠，清清白白，不是来自盗泉的。"崔子忠的豪爽狂放，大都类此。钱谦益称他："形容清古，望之不似今人。"明末文坛领袖董其昌给崔子忠的评价是："其人、文、画，皆非近世所见。"

崔子忠与同时期的陈洪绶在人物画方面都以"奇""怪"闻名，世称"南陈北崔"。陈洪绶是浙江诸暨人，号老莲。崇祯皇帝任命他为宫廷画家，他抗命不就。相传一位官员为骗取陈洪绶的画，声称自己有件古画，请他到船舱鉴定一下。上了船，那位官员却拿出了笔墨，想要陈洪绶为他画画。陈洪绶破口大骂，转身就要往水里跳，弄得那人只好作罢。

陈洪绶当然也有"软肋"。有钱人拿了大把的银子恭恭敬敬来求画，他都不理不睬。但是如果有酒、有女人，他就变成了另一个样子，可能主动找来笔墨作画，哪怕求画者的身份再卑微，也是有求必应。清人毛奇龄《陈老莲别传》有段记叙，1646年夏天陈洪绶在浙东被清军所掳，"急令画，不画。刃迫之，不画。以酒与妇人诱之，画"。

"南陈北崔"在艺术上有很多共性，在生活方式上却有极大差异。崔子忠淡泊名利，极少应酬，所以存世画作很少，不足二十件，皆为稀世国宝。他对隐逸君子的崇尚，其实正是他作为明末文人走投无路、徘徊苦闷心态的真实反映。他身居京师，却过着清苦的"隐居"生活，宁愿饿死，也绝不寄人篱下，侍奉新主。关于崔子忠的辞世，有史料记载：崇祯十七年春，李自成农民军入北京，在兵荒马乱之际，体弱贫病的崔子忠夫妇困坐家中，双双冻饿而死。

崔子忠是孤傲绝俗的。他宁愿饿死，也不愿把画卖给不识货的庸人，绝不降低艺术标准；他宁肯饿死，也不愿接受无礼者的援助。一介文人，在以个人之力，抵抗他所处的时代，这是令人敬重的。他与他的艺术，向死而生。而与他同处一个时代的，那些如沐春风、宾至如归的人，因为曾经追逐与契合了现实的功利尺度，却在时光的流逝中渐渐露出破绽。他们最终难以经得住更为长久的时间的考验。

# 书痴

郝懿行的一生,是与书相伴的。这个历史上著名的"书呆子",每天手不释卷,活在书的世界里,木讷,呆板,不愿与人交往,若遇亲友来访,他陪伴坐饮,有时半天不说一句话。倘若谈起经学,他就像变了一个人似的口若悬河。真正博览群书的人,是会发现和打通很多东西的,包括世间万物之间的联系,当然也包括他的内心世界与他所处的时代之间的关联,他会为自己的精神空间找到一个"点",把那些不被理解的经验和智慧凝缩其中。往往是过了若干年,人们才渐渐发现和明白了这个"点"。在我看来,《记海错》《蜂衙小记》《燕子春秋》《宝训》这四部书,即是理解郝懿行的一个又一个的"点",我们从中可以看到一个有识有趣的人。比如,他写蜜蜂,写海物,写农事,写燕子一年中的生活规律,既有趣味,又富真知。这个行事谨严的人,内心自有万千波澜。当他埋首案前,他是严谨且严肃的;当他面对自然万物时,内心泛起更多的生机。这个名副其实的"书呆子",他的关于自然科学的研究文章,写得那么动人,足见他的敏感与丰富。

晋朝有位名士叫郝隆，辞职归隐故里，每年的七月七日，当地有晒衣服的风俗，家贫的郝隆却在这天解开衣扣袒胸露腹晒太阳，人问其故，答曰："晒书。"郝隆是郝懿行的先祖。"郝隆晒书"的典故，对郝懿行的影响很深，他从小就明白家有藏书固然重要，把书读到肚子里才可能成为大学问家。他给自己的堂号起名"晒书堂"，把读书视为一种生活方式。他曾与父亲这样探讨命运："命不可强，无如何也，晚矣。何如安心读书，其具在我。新奇之书悦目，义理之味养心。不奔走而劳形，不忧戚而役志。面拥百城，心醉六经，亦云乐矣。此而愈前途茫茫争不可知之命者相权衡，果孰得而孰失耶？"这是一个真正懂书的人才可拥有的理解，这是一个真正从书中获得了乐趣的人才会说出的话。

一个有智慧的人，最懂得维护自身的能量，不轻易把这种能量消耗到无谓的事物上，有时候从表面看他在做一些无关紧要的事，其实这早已经被他纳入某个自觉的运行系统中了，它们会按照计划在他手中得到转化，把看似无谓的事物转化为自身的一部分能量储留下来。这是一种了不得的功夫。郝懿行的日常生活，始终是以读书为核心的，读书是他的生活和生命的支柱。他和妻子王照圆时常"以诗答问"，天长日久，积累起来，竟成《诗问》七卷。王照圆是王懿荣的姑母，现今烟台开发区古现河北村人，文坛上把郝懿行夫妇和江苏高邮的经学世家王念孙、王引之父子相提并论，有"高邮王父子，栖霞郝夫妇"之说。

郝懿行一生著述虽多，身后却很凄凉，家里除了藏书别无他物，连下葬的钱都需要去借。同乡牟庭在郝懿行的墓志铭中写道："古云金满籯，不如遗一经。今日抱书编，不如一囊钱。平生但信古人言，哭死方知事不然。不可生无书，哪可死无钱。呜呼！古人一瞑百不见，长使今人泪如霰。"这个嗜书如命的人，这个一贫如洗的人，他给后世留下了巨大的精神财富。他的代表作《尔雅义疏》，历经14个寒暑成书，曾数易其稿，直到晚年才最后修订定稿。《春秋说略》三易其稿，历时20年成书，《四库全书》总纂官纪晓岚给予极高评价，称其"划尽千秋藤葛"。郝懿行的著作生前多未刊行。他去世后，妻子王照圆"归里，整理先生遗书，以求彰显于世"。

郝懿行考中进士以后，按说可以当官了，但是当时的官僚队伍已经非常臃肿，实在无缺可补，只好做了个在户部挂名的"额外主事"。直到20多年后，年已66岁的郝懿行才奉旨补缺，任户部江南司主事。对于官场，他并未在意；对于自己的一官半职，他也没有放在心上。他超越了所谓官职，把自己沉浸到古典文献的整理与研究中。他一生履行这样四句话：在家，以读书为孝爱；做官，以读书为忠勤；修身，以读书为卓德；立名，以读书为奇勋。"读书"是贯穿他的生命始终的最为重要的事。这种生命方式，让他比那些跟他同时代的仕途得意如沐春风的人，拥有了更为长久的"生命"。数百年之后，我们依然在谈论他，研究他。那些与他同代的人，早已被历史烟尘埋没了；而他的价值，越来越凸显出来。

鲁迅先生曾将郝懿行的《蜂衙小记》《燕子春秋》《记海错》三部著作辑校整理。周作人评价郝懿行的学术思想"切实而宽博"。胡适则盛赞《尔雅义疏》《山海经笺疏》是"前无古人，后无来者"的好书。郝懿行的著作已成为训诂学的经典，必将流传下去。

## 甲骨文之父

　　1899年，北京城里传出一个消息：国子监祭酒王懿荣高价收购带字的"龙骨"。王懿荣身居显位，又是著名的金石学家和鉴藏家，他的这个举动在民间很快就刮起了"旋风"，大家纷纷效仿，收藏龙骨，以往寻常入药的龙骨不再被捣碎入药，成为古玩市场的收藏珍品。其实，早在若干年前，安阳农民耕地时就发现了这种骨片，不知何物，称之为龙骨。世人将其当作药材。唯有王懿荣，发现龙骨上刻有文字，第一个鉴定了甲骨文。

　　这是真正意义上的"发现"。正如李学勤先生所言："甲骨文的发现研究，重新确定了殷商一代的历史，把中国的文明追溯上推千年，并导致了殷墟的调查和发掘，使现代考古学在中国生根发育，这不仅是中国考古学史，而且是世界考古学史的重大事件。"

　　这样的一个事件，以看似偶然的方式发生。王懿荣从青年时起，就对金石古物极有研究，应该说在当时是京城最负盛名的金石学家，由他发现甲骨文并非偶然。这一发现，把中国有文字记载的历史提前了一千多年。

　　一瞬与千年，以这种方式发生关联。此后的现实，可谓悲壮。1900

年，也就是王懿荣发现甲骨文的第二年，八国联军入侵北京，他作为京师团练大臣，率兵作了最后的抵抗，兵败后，投井殉国。早在中日甲午战争爆发时，王懿荣就上书请缨，回胶东老家兴办团练，誓与日寇决一死战。后因《马关条约》签订，王懿荣壮志未酬，被迫遣散团练。王懿荣殉国后，他的次子王崇烈为了还债，将部分藏品卖给父亲生前的几个好友，甲骨文1000余片卖给了刘鹗。据王懿荣研究专家吕伟达先生记载，1976年4月，山东福山县古现镇李家村在整修水利时，发现了王懿荣次子王崇烈之墓。村民打开棺木，发现王崇烈身上放一全壳龟甲，上面写满文字。可惜的是，当时场面混乱，龟甲被村民踩碎。

王懿荣学识渊博，有发现甲骨文的眼力，当然也不会看不清筹备团练对于维护国家安全作用的微渺。他明知微渺而从之，这是一种悲壮。在悲壮无路时也不退却，做自己能做的事，宁为玉碎，不为瓦全。他的整个人生都是在追求和成全另一份"完整"。他是为了这份"完整"而赴死的。

一个赴死的人，对现实会有怎样的理解？

他所面对的，既有属于他自己的现实，也有属于时代的现实。有些事，是可以自主的，有些事注定无能为力。王懿荣在国破之时的选择，不管如何决绝，他一定比别人有着更多的忧思。二十多年前，我初到烟台开发区工作，此地是王懿荣的故里，他在我心目中是一个关于爱国与气节的符号。二十多年过去了，再读王懿荣，我对他似乎有了更多理解。他是一个立体的人，丰富的人。我们只是放大了我们所需要的那一部分，让一种判断在很大程度上遮蔽了其他的解读可能性。他有投井殉国的决绝，亦有发现甲骨文的眼睛，他一定还会看到他所处的时代和社会的一些什么吧。我们想要真正理解他，就要看到他的复杂性，走近他的复杂性，最大限度地理解他的复杂性。在这方面，恰恰是作为理解者的我们，有着太多的局限。

王懿荣自幼即有神童之称，9岁破格考中秀才，名震登州府，此后的科考之路却一波三折，可谓坎坷。直到1880年，王懿荣考中进士，授翰林院编修，官至国子监祭酒。王懿荣回想夫人黄兰伴他寒窗苦读十几年，与他一起分担科场落第的酸楚，等到终于金榜题名时，最深爱的人却已离世多年。当年黄兰最怕听到唱卖题名录的喊叫声，觉得那声音像秋风一样凄厉。如今，街上的题名录，叫唱着王懿荣的名字，黄夫人却再也听不到了。想到这些，王懿荣忍不住悲从中来。他以前时常与黄夫人谈及古籍文物，那时家境并不富裕，黄夫人总是鼓励他买回来。有时家中无钱，她便将自己的首饰拿去典当，支持丈夫。

对王懿荣深有影响的，还有他的老师周悦让。周悦让是山东莱阳人，时任礼部员外郎，是一个造诣极深、性情耿介的人，李鸿章很尊重他，多次向他致意问候，但他始终不曾回拜。1860年英法联军进攻北京，咸丰皇帝逃往承德，在京官员也争相逃避，礼部衙门几乎成为空壳，唯独周悦让固守岗位，恪尽职守，坦然如同平日。王懿荣16岁即拜周悦让为师，他的风骨深受老师影响。

翁同龢身为两朝帝师，与王懿荣私谊甚厚。在《翁同龢日记》中，王懿荣是一个高频出现的名字，从那些看似琐碎的记叙中，可见二人惺惺相惜，情深义重。1885年，朝廷举行试官选拔，王懿荣因病未能参加考试。翁同龢和潘祖荫听到消息后，前去探望，还专门请了一位良医为他看病。这人就是时任江西巡抚的潘霨。这个潘霨，曾经接替过烟台开埠后的首任东海关监督崇芳，把当时棘手的外交纠纷处理得很是妥当，可以说具有超常的政治才能。王懿荣服了潘霨的药后，疗效甚好。早在七年之前，他给陈介祺的信中就多次谈及，他身染伤寒，疟疾，头晕目眩。此后，这病一直没有根除，让他饱受苦痛。他曾在诗中写道："可怜一病成秋境，满耳蝉声两眼花。"潘霨的医术果然名不虚传，此后十多年，王懿荣此病再也没有复发，直到1899年，他旧病复发，煎药时，却发现了甲骨文。再说翁同龢，戊戌变法时，被慈禧太后"开缺回籍，永不叙用，交地方官严加管束"。翁同龢离京那天，朝中大臣无一人敢去送行，唯独王懿荣坦然送翁同龢出了北京西门。

福山古现是王懿荣的家乡，王懿荣的幼年和少年时代是在福山度过的。15岁时，他随母亲移居北京，与在京为官的父亲团聚。此后，他长住北京，直到出仕为官。他的第四个儿子崇焕出生时，他写下这样的诗句："京曹岁月太匆匆，二十八年一梦中。但愿此儿能长大，半耕半读作村翁。"他不希望自己的后代再做官为宦了，希望他在福山老家过一种田园牧歌式的生活。在《即事偶感》中，他曾这样写道："昨夜乘风破浪去，满山灯火是烟台。"可以看出他对家乡的念念不忘。

1880年，新科进士王懿荣回乡探亲祭祖。他从北京启程，一路上了解风土民情，抵达福山古现村已是岁末。此时父母远在四川，妻子黄兰已经过世，他借住在本门兄弟家里，那是他幼年读过书的地方。他去蓬莱，去福山城里，也去了烟台街，走亲访友，考察古物，购买了很多古籍。在老家过完春节，出了正月，他就踏上返京的路程。途经潍县，他住到隐居此地的金石学家陈介祺家里，他们亦师亦友，年龄相差三十多岁，书信交往八年之久，可谓一对忘年交。这是他们第一次会晤，也是唯一的一次见面。两人深度交谈，切磋对金石文字研究的见解。可以说，这次相见与相谈，对王懿荣以后发现甲骨文是有影响的。

中日甲午战争爆发时，初任国子监祭酒的王懿荣请缨奉旨回家乡兴办团练。他直赴登州，只用短短十多天的时间，马不停蹄巡察了登州所属的十多个县，每到一处，只留一日，就连自己的家乡福山也不例外。莱阳知县徐桂宝出于对王懿荣抗倭的敬佩，特将自己珍藏的戚继光宝刀赠送给他，王懿荣很是振奋，写下长诗答谢。遗憾的是，这把戚继光宝刀未及用到前线杀敌，就传来李鸿章签订《马关条约》的消息。王懿荣闻讯，当晚去到蓬莱戚继光墓前，大哭一场。

在生命中的最后两年，王懿荣主要做了两件事：因病吃药，发现甲骨文；以死报效国家，明信仰。这个带兵打仗的文官，明知不可为而为之，慷慨赴死，这样终结了自己的一生。

作为一个生活与工作在王懿荣故里的人，我时常想，若干年前王懿荣也曾在这片土地上生活与行走过，我更想知道他的内心世界究竟有着怎样的矛盾和冲突。事实上，这份矛盾与冲突，被后人以"爱国""考古专家"之类的词语概括和遮蔽了。身为晚清国子监祭酒的王懿荣，他对当时的传统文化与时代关系一定有着深切的体会。他是绝望的。他的赴死，我觉得不能仅仅理解成为国土失守后的赴死，不能仅仅停留在爱国、气节的层面。他是发现甲骨文的第一人，他以自身的学识追溯文化源头，他的死，是否可以理解为他心目中的某种文化的终结？这对于以后知识分子的命运有着怎样的意味？

任何一部历史都是一部当代史，有着当代的隐秘诉求。王懿荣的真实性、复杂性、丰富性、矛盾性和悲剧性，都有待于我们更深地认知。

1886年，王懿荣的父亲病逝于北京。他扶柩回归故里，葬父于磁山北顶岭，自制墓座并题诗："松山一脚，海色苍茫。梦魂千里，风雨泷岗。"

1896年，王懿荣的母亲病逝于福山县城新宅子，他返乡为母守孝，两年有余。

1899年，王懿荣三任国子监祭酒。也是在这一年，他旧病复发，在煎药时发现了甲骨文。

1900年，北京东安门外王府井锡拉胡同11号，王懿荣投井自尽。八国联军入侵北京之初，他就让家人把院里的井挖深，做好了赴死的准备。若干年后，他的后人从那里取回一块砖，以为纪念。

## 古今无两

  栖霞一带，属于胶东半岛的"内陆"，不靠海，多山，被称为胶东屋脊。在过去，因为这个地方离海边挺远，不容易吃到海鲜，于是民间便有了关于栖霞与海鲜的各种段子。靠山吃山，靠海吃海。有一种说法，生活在海边的人，因为经常吃鱼，所以大脑聪明，遇事反应灵敏。这种说法不无道理。我觉得还有一个原因，就是海边的人常年与大海打交道，需要应对大海的太多不确定性，长此以往，这里的人就比其他地方的人更灵活也更聪明一些。人变得聪明了，可以成就一些别人想不到或做不成的事，但是往往在最该拔节和出彩的地方，又很容易就被这种聪明伤害和局限了，可以说得益于聪明，也受制于聪明。现实生活中，东张西望的聪明人太多，愿意下笨功夫的人太少，愿意一生专注于一事的人可以说少之又少。其实，人的一生能把一件事做好，也就不枉此生。那些青史留名的人，大多是既有智慧，同时又有一种笨拙的力量。

  相比大海的不确定性，大山可谓四季分明，到了什么时节，该是什么样子，大致是固定的。在胶东，很多"高人"出自栖霞，比如，丘处机、郝懿行、牟宗三……对于这个现象，有人归因于那里的山水灵气，我却觉得主要与地理位置有关，相对封闭的环境，更利于让人沉潜下来研究学问。当一个人与大山的朝夕相处，成为一种理性的自觉行为，我相信这个人是懂得从大山身上汲取精神力量的。这是一种修行，一种积蓄内力的方式。

新儒家的代表人物牟宗三生于栖霞，1949年去了台湾。他在八十岁时曾这样自我总结："从大学读书以来，六十年中只做一件事，即反省中华民族之文化生命，以重开中国哲学之途径。"

六十年，只做一件事，反省……从这三个词语，即可看到他的生命态度。世人眼中的这位大学者，一直保持了专注和内省的姿态。

牟宗三在北大哲学系读书时，曾选修胡适的《中国中古思想史》，胡适在他的考试分数后面特加了一条注语："颇能想过一番，但甚迂。"牟宗三的恩师熊十力却给予他这样的评价："北大自有哲学以来，唯宗三一人可造。"

牟宗三是看不上梁漱溟的，他说"吾虽敬佩其人"，但"不相契"。他们二人的书信往来中，梁漱溟曾对他的一些言论提出批评，牟宗三把那些批评文字剪下来，毫不客气地回寄给梁漱溟，以此表达自己不认同也不接纳他的批评。梁漱溟曾问熊十力，说牟宗三坐无坐相，站无站相，走路没有走路相，你到底欣赏他哪一点？熊十力说："宗三有神解。神解也者，目击道存，一语中的，其解悟特异超俗，能悟人之所不能悟，见人之所不能见。"

在台湾，几个同乡去看望牟宗三，正闲聊着，他走开了，很久不见回来。学生去找，才发现他在卧室睡着了，他觉得东拉西扯地闲聊，还不如睡觉休息一下。

蒋介石读过牟宗三的几篇文章，很是欣赏，吩咐手下人约他当面谈谈。牟宗三只回复了一句话："我不想被总统召见。"

牟宗三讲授中国文化与哲学的尊严，首先讲究作为知识分子的尊严。他自己做到了，没有在权贵面前俯下身来。他不藐视权贵，因为在他的眼里，藐视也算"另眼看待"，所谓权贵，与普通人是没有区别的，根本就不需要藐视。

1995年，牟宗三在台湾去世。他的临终遗言中，写有这样几句话："教一辈子书，不能买一安身地，只写了一些书，却是有成，古今无两。"

古今无两。一个学者对自己的学术生命，作出了如此评价。

据说牟宗三讲课一般是不带课本的，他站在讲台上，用一口改良了的胶东方言，讲授中国文化与哲学，学生从他的讲授中，可以强烈感受到中国文化和哲学的尊严。他曾花费十余年心血，把"康德三大批判"全部译成汉语。他也翻译过罗素和怀海特的书，可惜译稿遗留在栖霞老家，据说土改时被分给妇女们做"鞋样子"了。以前手工缝制布鞋时，需要在纸上描出脚的大小轮廓，然后裁下来，作为模板来做鞋子，这个模板被称为"鞋样子"。以前，纸张在乡下人眼里是很金贵的，"鞋样子"大多是用装水泥的牛皮纸或旧报纸。牟宗三的翻译手稿，连同一些藏书，被她们用作了"鞋样子"，如今看来，这就像一个关于文化处境的隐喻。

"我的村庄是处在环山的一块平原里。村后是我们牟氏的祖茔，周围砌以砖墙，范围相当大。在乡间，也算是一个有名的风景区。白杨萧萧，松柏常青。丰碑华表，绿草如茵。苔痕点点，寒鸦长鸣。我对这地方常有神秘之感，儿时即已如此。一到那里，便觉清爽舒适，那气氛好像与自己的生命有自然的契合。"

这是牟宗三笔下的家乡栖霞。自从1937年回家为母奔丧之后，他再也没有回过家乡。在他的台湾书房里，一直摆放着他亲笔写的祖先牌位，阅读和书写的间隙里，抬头可见。

The
Biography
of
YanTai

# 烟台传

开埠,意味着打开与交流,接纳与融入,改变与新生。所有这一切,都沉淀在这座城市的血脉里,成为一种气质。

丰富的、独特的、不可替代的气质。

突破既有经验和生活,探寻更多可能性的气质。

始终以融入的姿态,面对世界和他人的气质。

烟台开埠

第四章

Chefoo.

烟台旧影

## 偶然或必然

我们对于历史的回望,常会忽略那些偶然因素所起到的不可忽略的作用。比如,1861年的烟台开埠,倘若严格执行中英《天津条约》的话,在山东开放的通商口岸应该是登州,那么烟台这座城市如今会是什么样子?当时负责开埠的,是一个叫马礼逊的英国人。他经过现场考察,认为登州港口水浅,且周围没有遮蔽,开埠条件不够理想,于是另选了芝罘湾,提出以烟台取代登州。清廷同意了,烟台正式开埠,成为山东近代第一个对外通商口岸。这个选择,或者说这个选择的被改变,如今看来有些偶然性,马礼逊的临场发挥,改写了一座城市的历史。他们辩称,之所以另选烟台,是因为烟台属于登州府,他们不过是在登州的范围内换了一个地方,算不得违约。对于这种逻辑,清廷接受了。后人视之为任人宰割的屈辱。其实,当时登州是千年古港,又是府治所在地,无论地理位置还是文化底蕴,都是一个特殊之地,清廷也未必愿意将这样一个地方辟为通商口岸。

当时的芝罘,尚未成形。明王朝为防倭寇袭扰,在此设立了奇山守御千户所，滨海小山上筑有烽火台，遇到敌情则施放烟火作为报警信号，俗称"烟台"，这座山则被称为"烟台山"。后来在烟台山下发展兴起的这座城市，便以"烟台"命名了。烟台港的两侧，分卧着崆峒岛和芝罘岛，宛若两道天然屏障。想必是这种视觉效果，打动了当年从登州转到这里考察的马礼逊。开埠之前，烟台只是清政府登莱青道辖区内的一个地方，当时的登莱青道设在莱州，管辖3府26州县。开埠之后，烟台从行政区划上一直隶属于福山县管辖，直到1934年1月，国民党山东省政府才设立烟台特别行政区，烟台从此脱离福山县。相比而言，登州却是千年古港，无论是历史地位，还是现场气势，更应该打动那个名叫马礼逊的英国人。

可是，他放弃了登州，将目光锁定芝罘。

历史在这里成为一个"节点"，且以貌似偶然的方式进行下去。因为一个马礼逊，因为他的个人看法和临场改变，一切随之而变。历史像是开了一个玩笑，但是这个玩笑所关涉的，全是严肃话题，比如关于人的具体生活，比如关于一座城的起点，等等。而这些具体的关涉，常常在书写历史的时候，被忽略了。其实，靠一己之力，改变一段历史，决定一座城的走向，无论是在历史长河中，还是在现实生活里，我们并不陌生。我们甚至习惯了默认并接受一个人的引领，将历史的偶然性阐释为历史的必然，将走过的弯路视为道路不可分割和逾越的一部分，并且赋予它们合乎法理的意义。

然而这偶然里，似乎又隐藏着历史的必然。

《天津条约》签订之后，到烟台取代登州对外开放之前，也就是1860年的6月8日，法国侵略军3000余人占领了烟台。清政府认为烟台并非通商口岸，对法国兵船忽至烟台感到不可思议。其实在此之前，就有人在即墨、海阳、蓬莱等地的海口发现外国人的船只，在没有人的时候上岸闲游，在浅水的地方进行测量。这事也通过官方途径专门上报了朝廷。后来的历史表明，那是法国派人对山东北部沿海地区进行侦查，他们绘制了从西部的小清河到东端的威海卫、成山头的沿海地形图，为占领烟台做好了战前准备。他们占领烟台以后，在烟台完成军队休整，又以烟台为跳板，继续北上，在1860年占领了北京。

关于这段历史，马礼逊自然是知晓的。他选择了芝罘。一双外来的眼睛，发现了更为理想的所在，他捷足先登，抢占烟台山上的最好位置，建起第一家领事馆。紧随其后，法国、美国、挪威、瑞典、德国、荷兰、丹麦、意大利、奥匈帝国、比利时、日本、俄国、西班牙、朝鲜、芬兰等17个国家，相继在烟台设立自己的领事馆，烟台山及其周围遍布外国领事馆，洋行、银行、邮局、教堂、别墅鳞次栉比，芝罘湾一下子热闹起来，轮船取代了帆船，昔日封闭一隅的荒蛮之地，形成了一个很大的外国人居留区。

烟台，一座因有抵御侵袭的"狼烟墩台"而命名的城市，最终不战而开埠。起步于屈辱，是否就永远内在地包含了屈辱，或者如同我们一直以来的自我解释，因为屈辱的存在，所以对尊严有着更为自觉的认知和警醒？最大限度地减少对无辜百姓的伤亡，我以为这是最好的历史方式。

城市名字所携带的内涵，因为耳熟能详，常被忽略了。当我们审视和挖掘这个城市的精神的时候，却常常游离在这个城市的名字之外。其实，事物被命名的过程，也是理解事物本身的一个重要途径。

# 东海关

风从海上来，生活在芝罘湾畔的人早就习以为常了。1861年的那场风是有些异样的，一下子刮来了不同肤色的陌生人，他们在岸边抢占地盘，理直气壮地做起各种事情。这里的安静被打破了，生活秩序也慌乱起来。烟台人开始学着洋人那样抢建房屋，很快就新建上万间房舍，颇似当下的"房地产热"。各国领事馆更是忙着圈地占地，有的甚至互相打了起来。

其实早在烟台开埠之前，这里就有很多所谓的"商机"了。外国商船时常停靠在这里私自贸易，他们之所以集聚烟台，有一个重要目的就是逃避厘捐，当时北方的奉天、直隶已经设立厘局，山东沿海还没有动作，很多往来天津口岸的商船，绕路赶到烟台口岸交易。后来，清廷察觉这一现象，责成当地官员抓紧设局抽厘。此举无疑影响了当地官商的"财路"，他们联合起来暗中使劲，抵制抽厘政策。当时的山东巡抚，上有压力，下有阻力，可谓举步维艰，他变得消极起来，敷衍朝廷说，山东沿海贸易不兴旺，且已抽税，若再抽厘，恐怕会影响当地经济。咸丰皇帝很不高兴，派郭嵩焘前往山东，清查沿海税务并开办厘捐。1859年11月，郭嵩焘主持试办烟台厘捐,三天即收万金。厘金税率本来很低,三天就能收得万金,可见当时烟台商船贸易的繁盛。

谈及古时政治腐败,常用"苛捐杂税"来形容。所谓"厘捐",按现在的说法,就是征收商业税。中国自古只有农业税,没有商业税。后来,有人提议,在水陆要冲设卡,征收货物税和过境税,税率按货物价值的百分之一征收。这就是后来的"厘捐",此法操作简便,很快就在全国推广开来,为国家筹到很大的一笔资金。清廷给"厘捐"制定了相关的征收规定,但在实际执行过程中,由于法规不详细,各地的税率不统一,出了很多问题,再加上腐败等因素,执行效果并不好。往来天津口岸的商船,绕路赶到烟台口岸交易,为的就是逃避厘捐。

郭嵩焘参与创办烟台厘捐的过程,很是令人感慨。他从天津出发赶赴山东,行程可谓匆迫。虽为奉旨办事,他一路上尽量不去扰动州县,也不常住公馆,费用都是自理,这在晚清官场无疑是另类之举。沿途有地方官员出面接待,都被他回绝。就是这样的一个人,因为推行厘捐,触犯了他人利益,引发群体反弹闹事,导致烟台厘局"殴绅毁局"事件。他的政敌借机对他提出弹劾,他被降级处分。一腔赤诚,换来满腹心酸。他萌生隐退之心,全然不顾重臣陈孚恩的挽留和老友曾国藩的劝阻,请辞归乡。离京前,郭嵩焘盘点了赴天津任职以来的费用:"天津9个月用银315两8钱;赴山东沿海至济南,用银206两6钱;济南制备衣服及回京盘费,又百余两。计领薪水8个月,得银112两,赔垫了约500两。这些款项多为亲友寄助帮款,另借好友孙琴泉200余两……"

从这份清单来看,他是一个清官。用今天的话来说,这是一个敢作敢为、勇于担当的人。就是这样的一个人,终被弹劾。他回归故里。一年后,北京发生"辛酉政变",一些重臣和老友被杀,郭嵩焘如果留在京城,必遭牵连无疑。塞翁失马,焉知非福。当他的同僚在政乱中倒台的时候,他已病辞归乡。他因为听从自己内心的声音，不放弃尊严，才没有迷失在时代乱象里，这种跟随心性的选择，也许是应对社会或时代问题的最可靠的选择。

烟台厘局发生群体闹事不久，烟台开埠。第二年，东海关监督衙门正式设立，登莱青道从莱州迁往烟台，道台崇芳兼任东海关监督。

第二次鸦片战争以后，中国的海关制度建立起来。但是，海关的权力基本上掌握在以赫德为代表的西方人手中，清政府于是在各口岸设立海关监督一职，代表中央实行监督权。东海关监督，是一个具有多重身份的角色，一方面作为中国政府的代表监督海关运营，另一方面作为户部的代表征收常关税。所谓常关，是指户部或工部在交通要冲所设之关，征收货物通过税。因是常设之关，故称常关。当时山东的常关有两个地方，分别在临清和烟台，临清征收运河通过税，烟台征收民船海运进出口税。

东海关是清政府在山东设立的第一个海关，属于新生事物，可以说是摸着石头过河，很多规则和制度，都被当事人"灵活运用"、从中渔利了。

东海关面临的一个具体障碍，就是语言不通的问题，因为没法交流和沟通，对外国商船的征税受到很大制约，他们不得不聘任外国人来从事税务工作。充任东海关第一任税务司的是英国人汉南。汉南在烟台走马上任是在1862年冬天，这标志着烟台海关权和港口管理权的旁落。在此后的80余年里，东海关税务司一职，一直由外国人把持。关税历来属于国家自主的权力，这是世界各国的通例。而在清末，外国人把持海关是非常普遍的现象，不仅烟台如此，上到中国海关总税务司，下到各通商口岸的海关税务司，都由外国人把持。所谓东海关监督，有名无实。

东海关的界碑，并没有署上"东海关"之名，却刻写了"赫德总税务司地界"的字样。从这样的一块界碑，可以看到一百多年前最真实的历史表情。

## 与"洋人"打交道

烟台开埠后,如何处理外交事务,成为一个很现实的问题。这对于当地官员来说,既存在观念的问题,也有兴趣和能力、方式或方法等诸多问题。东海关道是对登莱青道的又一种称呼,这是晚清官制中的一个重要角色,可以说集地方军、政、财、外交诸多职责于一身,特别是处理外交事务的能力,越来越成为这个岗位的一项基本功。凡在这个岗位上历练过的官员,日后仕途多为可观,如中国近代史上颇有名气的盛宣怀、张荫桓、李兴锐等人,都是从这个岗位得到升迁的。

首任东海关监督崇芳是个例外,他不擅于跟洋人打交道,跌了跟头,黯然离职。烟台开埠时,崇芳从莱州前往烟台途中,恰逢捻军东进,军情紧迫,他只好返回莱州部署防务,开埠仪式便由他人代为主持,作为登莱青道的道台,崇芳错过了烟台开埠这一历史节点。开埠后,崇芳没能适应形势变化的需要,与洋人打交道时暴露出了越来越多的局限,他在烟台任上干了不足一年,就被淘汰出局。

开埠伊始,英法两国便提出建立专管租界,两国都相中了烟台山附近的同一块地盘，开始钩心斗角，给清廷施加压力。从未办理过洋务外交的崇芳进退失据，英法两国租地问题陷入僵局。在崇芳看来，如果按照法国要求办理租地，这对于来烟台居住已近两年的英国领事不太公平，凡事总得讲究个先来后到吧。他想出了一个折中的办法，英国领事仍居住原地，按原地大小在英国所租地中拨给法国作为补偿抵顶。同时，又对法国屡次催办租地采取拖延策略，想着大事化小、小事化了。这种解决问题的思路，明显是被英法两国牵着鼻子走，而且，他把解决问题的办法，寄托在利用英法两国之间的矛盾，放弃了自身的主体性和主动权，这让他在被动中越陷越深。法国领事对崇芳的做法极为不满，扬言要出兵解决这个问题，给清廷施压。1863年，清廷以崇芳不熟悉烟台情形、办理税务错误为由，将其撤换，另派天津知府潘霨接替他的职位。

继任者潘霨是另一种思路。他认为烟台山突入海中，筑有炮台，属于海防重地，山南空地不便租与外人。同时，又以《北京条约》为据，申明和约虽议定法军可驻大沽、烟台，但至赔款付清即须撤军，没有永久租占之理。虽议定法国有权在各通商口岸租地，中国也有权不租。潘霨对法国人全租的要求予以回绝的同时也做了灵活处置，同意商民以私人名义租给英国15亩、法国13亩、各洋行27亩，土地所有者自行与英、法两国议价，订立租契。至此，烟台租地风波终于平息了。一直到二十世纪初，列强不断要求在烟台设立租界，始终没能获准。所以，上海、天津等条约口岸几乎都建有租界，而烟台却是例外，始终没有真正意义上的"租界"，仅有被默许的外国人居留区。

道台崇芳处理外交事务，确属外行，再加上他不能挺起腰杆说话，对英法两国多有迁就，反而把局面搞僵了。他的继任者潘霨就明白得多，对英法两国的答复有理有据有谋，既坚持了原则，又懂得变通，最大限度地维持了局面。后来，这个潘霨在政治舞台上有诸多不俗表现。

当今时代，地球越来越成为一个"村"，各国之间的交流与交融越来越成为一种常态。但在若干年前的中国，如何与"洋人"打交道，却是一个问题，不同文化的冲突，不同观念的碰撞，很容易造成难以融合的矛盾局面。比如马戛尔尼来访中国，就是中西外交史上的一个颇有意味的事件。1792年9月，英国政府任命著名的政治家和外交家马戛尔尼为特使，到中国祝贺乾隆皇帝八十大寿。这是西欧国家首次向中国派出正式使节。双方在拜见礼仪问题上发生了争执，好不容易才达成协议，英国作为独立国家，马戛尔尼可以单膝下跪，不必叩头。乾隆皇帝正式接见他们，马戛尔尼提出若干关于开放口岸、平等贸易的要求，乾隆皇帝以无此先例为由拒绝了英国的要求，他说中国不需要外国商品即可自给自足，双方不存在平等贸易的基本条件。回国后，马戛尔尼根据在中国期间所做的大量调查，为这次失败之行做出了这样的总结："中华帝国只是一艘破旧不堪的船，这艘船不会立刻沉没，它将像一个残骸那样到处漂流，然后在岸上撞得粉碎，永远不能修复。"据说，马戛尔尼此行曾在芝罘湾停泊过，他的船上装载了大量在烟台采购的物资，当时的情景被人画了下来，画像保存在"芝罘俱乐部"。

1886年5月，醇亲王奕𫍽乘船从威海前往天津时途经烟台，烟台的西方居民列队在岸边欢迎，但是这位王爷素来对西方人没啥好感，干脆就拒绝登岸，套用今天的话说，他把西方人直接放了鸽子。这个醇亲王，是道光帝的第七个儿子，为人谦卑，但很平庸，没啥真知灼见，政治上无所建树，却在诡谲多变的政局中立于不败之地。这样的一个人，对待洋人的态度，也是颇有意思。

回望这些史实，我们会更深刻地理解烟台当年的被迫开埠与后来的主动开放。以及该以怎样的心态和姿态，面对世界，融入世界。

## 辫子与网

作家毕飞宇在长篇小说《推拿》中,以盲人推拿师的"目盲"作为一个视角,名正言顺地无视那些司空见惯的人和事,同时放大了一些被忽略的体验,让感知世界的方式在一个讲究速度的年代变得细腻和缓慢。有些东西,是需要以"看不见"的方式去"看见"的。毕飞宇曾经谈到他在创作这个小说时遇到的一件事:在两个盲人的婚礼上,男的用数年积蓄给对方买了一枚钻戒,女的则用自己的头发给恋人编织了一枚戒指,她说为了编好这个头发戒指,她花了半年的时间。这份特殊的礼物令人动容,也让我联想到了一些与头发相关的烟台旧事。在西方国家,将头发编织成发网,用来包拢头发是一种习俗。这个习俗最早起源于欧洲,且是上层社会的时尚。后来,美国军队要求女医护人员披戴发网,保持头发整齐不乱。本来是一个工作要求,却让发网的身份从装饰品变成了实用工具。这个做法很快就在其他行业中得到普及。道理很简单,用头发编织成一张网,然后用来罩住头顶的头发,既美观,又不凌乱。因为普及,导致了发网需求量剧增。清末民初,烟台的发网产品出口量很大,被称为"世界发网之都"。

中国北方人的头发，既有强度，又具韧性，比起欧洲人的发质，更适合用来做成发网。据说这与饮食习惯有关，中国北方人常吃黄豆和豆油，发质不像欧洲人那么脆弱易折。最初是一个法国传教士发现了这一特点，他尝试在烟台乡间收购头发，然后运往欧洲漂染后，再返销烟台编织。他的这一行为，没有得到当地人的理解。按照儒家的说法，"身体发肤，受之父母，不可损毁"；在我们的故事传说中，剪发通常是与盟誓相关联的，代表了坚贞不渝的感情。把自己的头发做成发网供人使用，这显然是他们难以接受的。时间到了1897年，旅居烟台的英商马茂兰开始从欧洲输入麻布，生产绣花台布，同时从东欧国家购买经过漂染的头发，在烟台乡间组织妇女学习编织发网。出于成本的考虑，他们开始收购当地人的头发作为原材料，并且学会了漂染头发的技术，烟台发网产业由此兴盛起来。用头发来做工艺品，并且形成了很大规模，这种表象的背后，是关于头发的传统观念的改变。在烟台的开埠历史中，我觉得这是一个颇有意味的细节。烟台发网业的兴盛，与当地的廉价原料有关，也与"剪辫子"的时代背景有关。辛亥革命发生后，南京临时政府以孙中山名义颁发《限期剪发令》，要求凡是没有剪发的，务必一律剪掉，否则以违法论处。1912年7月1日，山东派宣传员前往昌邑县劝导民众剪辫子，在县衙门前举行的宣讲会上，宣传员公开剪掉两位乡绅的辫子。次日，被剪辫子的乡绅聚集民众，打杀了27个"无辫之人"。同月11日，烟台驻军出动1000余人组成多支剪发队，堵在街口，强行给过往行人剪辫子，导致商家罢市。尽管斗争激烈，剪辫令还是得到广大青年的热烈响应。那些被剪掉的辫子，被欧美商人纳入他们的商业流程，成为发网生产的廉价原料。此后的十多年里，烟台的发网商家越来越多，专售头发原料的发庄多达100多家。烟台当地人的头发，被剪掉，被收购，被染成各种颜色，然后加工成了网状工艺品，戴到西方人的头上，具有审美和实用的双重功能。对于烟台人来说，头发是可以卖钱的，农家妇女编织发网可以赚得家用补贴。

大约从1923年开始，短发和束发渐渐成为西方女性的时尚，发网的销量直线下降，烟台成千上万从事发网行业的女工一夜之间失去了工作。

再后来，一种被称为"尼龙"的人造纤维在美国诞生，无论是耐磨性还是美观度，都远远超过了人发原料。用这种尼龙丝编织发网，比用人发更为美观耐用。烟台发网业从此走向衰败，成为一个没落产业。

直到二十世纪九十年代初期，烟台的乡下人理发，还是喜欢把头发收集起来，等待别人进村收购。在他们眼中，头发是可以"卖钱"的，这大约跟当年发网业的兴盛不无关系。

# 登州文会馆

抵达登州后，狄考文在日记中写道："我们期望能在此地创办一所学校。"这所学校，就是1864年9月25日创办的登州蒙养学堂，亦即后来的登州文会馆，今日山东大学的前身。

蒙养学堂创办的当年，招收了六名学生，他们全都来自一个叫"寨里"的地方，那是距登州约五十公里以外的栖霞县的一个小镇。我在各种历史资料中见过蒙养学堂首届学生的集体合影，他们衣不遮体，表情木然，一看就是来自贫寒农家。在登州办学，却从百里之外的栖霞招生，这显然与当地人的不理解不信任有关，他们对洋人办学充满了偏见和敌视。狄考文的想法是先办起来再说，只要办出了效果，生源自然也就不是问题。学堂的工作，主要是由狄考文的妻子邦就烈来做。

他们经历了太多难以想象的困难。校舍是观音堂中的几间破屋。学堂的教学内容以传统儒学启蒙读物为主，学生的所有费用，都由狄考文个人承担。第一年的成绩令人沮丧，六名学生中有两人被家长领了回去，一人因为过于愚笨被狄考文除名。学堂又招收了三名新生，学生总数还是六人。这些学生中，没有一个人是让狄考文满意的，但他对蒙养学堂的前景却是乐观的。他积极向美国长老会争取资金支持。他在写给妻子的信中这样说："如果创办一所学校是值得的，那我们一定就要把它办到最好。"

学堂与家长签订一份契约，狄考文承诺将给孩子教授儒学经典，免费提供食宿、服装、医疗等服务，前提是家长必须保证允许孩子在学堂完成至少6年的学业。事实上，这份契约对家长的约束力是极其有限的，他们并没有狄考文所想象中的那种契约精神，仅1872年，就有20多名学生在没有征得狄考文同意的情况下，被家长强行带走。而狄考文在教授儒学经典的过程中，也越来越陷入焦虑与分裂之中。家长同意把孩子送进这所外国人办的学堂，是因为狄考文答应过他们，孩子们在学堂主要学的是中国传统文化，可以更好地适应中国社会，过上体面的生活。家长们所看重的那些典章礼仪，恰是狄考文所反对的，两者之间存有不可调和的内在矛盾。学生们也很不争气，打架斗殴，吸食鸦片，偷盗，撒谎，酗酒，甚至还出现了放高利贷、鸡奸等不良行为。当初创办学堂的初衷，并没有在现实中得以实现。蒙养学堂创办的第十年，共有91名曾经在校学习的学生，只有7人达到了坚持学习6年，只有1人算得上是对教会有用的"人才"。

十年努力，是徒劳的。这期间，根据教会的工作安排，狄考文去上海待了两年，负责美华书馆的管理工作。这家濒临倒闭的书馆，在狄考文的运营下，起死回生，成为当时中国最好的由西方人经营的书馆。这段经历，锻炼了狄考文的企业管理能力，他对自己的使命定位也越来越理性，决定放弃巡回传教计划，收束精力，把学堂当作毕生的事业。这个转变过程，包含了一个传教士在应对中国复杂国情的过程中，自身也在不断获得成长。他坚持巡回传教已有20多个年头了，他为这项工作找到一个更好的方式，那就是办学。他从解决前期问题入手，结合在美华书馆的管理经验，转变了招生政策，挑选了更好的课本，开设了更多吸引人的课程，同时加强学生和中国教师、西方教师三者之间的沟通交流。在招生中，不再单纯追求学生数量，以追求学生质量为主，宁缺毋滥，终于筛选和拥有了一些好学生。他们鼓励学生参加县考，给学生开设几何学、三角学、天文学和化学等现代西方科学技术课程，学生们感受到了学习知识的乐趣。这不仅没有耽搁他们对传统儒学典籍的学习，而且通过这种思维的训练，更加有助于他们对传统文化的掌握和理解。蒙养学堂的声誉越来越好。

狄考文按照中国人的习惯，给自己取了一个非常中国化的名字"东明"，就是"东方明亮"的意思。事实上，早在1881年年初，狄考文就从美国引进了一台发电机，在登州点亮了中国第一盏电灯。此时，距离爱迪生发明世界上第一盏电灯还不到两年的时间，慈禧太后也只能青灯相伴，而登州文会馆的学生已享受到了在电灯下读书的待遇。狄考文的妻子邦就烈1898年65岁生日时，学生们隆重地送她一块匾额，上书镀金文字"育英寿母"，足见她在学生中的形象和威望有多高。

随着各个教派组织陆续进入中国，以及蒙养学堂的社会声誉渐起，教派之间的矛盾也渐渐突出。对于狄考文把精力转移到了办学方面，开始出现一些质疑的声音，他们认为传教士的主业是向中国民众传播福音，创办学校是对主业的干扰，甚至会对主业产生负面抵制作用。狄考文成了他们眼中不务正业的"异类"。若干年后，我们重看那段历史，正是这样的一些成见和偏见，越发衬托了狄考文的与众不同。他对教育的理解，他对民生的更为宽广的情怀，超越了教会，超越了现实的条规。那些曾经阻碍他的困难，最终成就了他，让他在历史上的形象更为高大。他超越了他的同行，他在看似很大的说教中，选择蒙养学堂这样一个具体的切入口，融合对于中国历史和现实的理解，来践行他的教育理念，引领教会学校的发展方向，成为一个预言家。

这个传教士的理想，寄托在开办教会学校上。教育不是一件立竿见影的事，那些真正懂教育的人，自然会明白教育的深远意义，他们愿意为了更为长远的未来，扎扎实实做好今天的努力。狄考文强调全面教育，除了讲授宗教知识，还开设了地理、历史、代数、几何、三角学、微积分、测量、航海学等课程。在传授西方科学技术方面，开设的课程有化学、生理学、天文学、地质学，等等，重在培养学生的理性思维。他提出传教士有义务在精神和物质上为中国人谋福祉。他超越了他的同行。即使是在今天，从书中读到他当年所做的事与说过的话，依然能够感受到他的巨大热情，被这种热情深深感动。

　　狄考文没有料到的是，中国随后的变革来得如此迅疾，他和他的文会馆很快就湮没在历史洪流之中。时隔百年之后，同样是在历史的洪流中，我们听到这个叫作狄考文的传教士和他所创办的文会馆，发出了巨大的历史回声。

# 盛宣怀

盛宣怀到烟台任职之前,已在轮船招商局工作十多年,对水上运输业可以说是很熟悉的了。他亲眼看着外国公司通过不平等条约攫取在中国的运输特权,拿走了巨额利益,于是建议李鸿章抓紧成立中国自己的轮船公司,抢占外国轮船尚不能运营的内河航运,包括一部分近海的航运。三个月后,他就任登莱青兵备道兼东海关监督,有了践行这一想法的契机。

从天津到烟台赴任,盛宣怀放弃了他所熟悉的省时省力的水路,特意走陆路,沿途考察民情,了解各地土产品的运输情况。到了烟台,他又详细调研口岸状况,发现山东沿海有大小海口一百余处,很多地方是可以行驶小火轮的。当时烟台码头的主要运输工具是骡马和驴子,有时也会看到骆驼商队,不过骡马车队的主人不喜欢在路上遇到骆驼,因为骡马看到骆驼时,以之为怪物,会受到惊吓,所以骆驼商队通常都是晚上进出港口。他想到了沿途考察的掖县草帽辫,每年产量约有三百万包,主要依靠陆路驼运,运输成本太高。而距掖县三四十里即有太平湾、虎头崖两处海口,可驶浅轮。倘若选择水运,半日可到烟台,省时省力又省钱,返程还可以船载其他货物，实为商民之便。他向李鸿章提出了在山东发展内河轮船运输业的设想，他说查遍西方各国律法，不通商各埠只准许本国轮船行驶，唯有中国因噎废食，在这方面没有作为，眼下创办内地轮船公司是一件很有必要的事。李鸿章支持他的这个想法，却又担心清廷不会理解和同意，便告诉他可以采取先斩后奏的办法，"无须先咨，免生枝节，如其来回，再复可耳"。李鸿章根据自己的经验，此类事情先奏请不准，则很难办成；但是如果一旦办成，朝廷也只能承认现实。

有了李鸿章的支持，盛宣怀又积极争取山东巡抚的认可，重点是消除了他们关于此举是否可能减少省里财政收入的顾虑。很快，中国第一家内河轮船公司正式在烟台诞生，开始通航运行。起初是用一艘300多吨位的"广济号"轮船来往于烟台、登州、龙口等港，以货运为主，兼带旅客。后来不断发展，航运范围扩展到山东整个沿海港口。

盛宣怀的一生，创造了若干的"中国首创"，按照当下说法，他是敢于和善于第一个吃螃蟹的人。这当然与他的能力、魄力，以及思维、谋略有关。在烟台任职六年，他做了很多实事和善事，应该说是一位功勋人物。比如，国外的花边、抽纱、发网等工艺品生产技术引入烟台，招远玲珑金矿的诞生，张裕公司的创建，等等，都与他有关。他善于在没有路的地方发现路，开拓路。从水路，到铁路，到经济发展之路，他都有超越前人之举。在众多的史实中，他对于人的"出路"的看重，尤其令人尊重。

当年，盛宣怀看到烟台人生活困苦，世世代代守着贫瘠的土地过日子，而一海之隔的东北地区土地肥沃，人口稀少，便萌生了向东北移民的想法。在清朝初年，政府曾颁布招垦令，鼓励关内的百姓移民东北垦荒。后来，由于东北是清王朝发祥之地，许多地方宁肯荒闲也被列为封禁之地，不许汉人迁徙。在盛宣怀萌生向东北移民的想法之前，曾有人向朝廷提过这个建议，没有得到批准。一方面是朝廷不准，另一方面则是民生所需。盛宣怀选择了默许，睁一只眼闭一只眼，任由他们去"闯关东"。一个"闯"字，既有突破清廷的层层封禁关口，亦有为了生存而要闯过的种种艰难困苦。他们泛海偷渡，夜里从芝罘湾码头、八角港口乘船，如果遇上顺风的天气，第二天太阳升起的时候就到了旅顺或大连湾。至于这一夜在海上经历了怎样的风浪和恐惧，则全然顾不得了。这是为了讨生活的出走，只要一个村有在外面站稳脚跟的，就会捎信来，其他亲朋好友也就有了目标和落脚的地方，一拨一拨地偷渡过去。盛宣怀担任登莱青道期间，胶东地区向东北移民的人数可谓众多，那么多的人从眼皮底下泛海偷渡，作为地方官员不可能不知情，事实上他做到了"把枪口抬高一厘米"。从这一厘米的"误差"，后人看到的却是当年他对现实的判断和对民生的体恤。

关于盛宣怀的故事，不管是官方的还是民间的，都有很多。我想说的是，这个开创了若干"中国第一"的人，他的思维方式和处事方式，在今天也是颇有启迪意义的。

## 最后的时光

倪维思最后一次回美国是在 1890 年，那时距离他第一次来中国已经 36 年过去了。他的人生最有意义的时光，是在中国度过的，他先后在上海、宁波、杭州等地传教，1861 年转赴登州，1871 年迁居烟台。他这次回国，是回来休假的，因为常年在外面奔波劳累，他的心脏已经出了问题。回美国休假的时间，他大多是在陪伴母亲，他知道当他再次启程，再次回到中国，回到他的传教事业，可能就再也没有机会与母亲相见了。正如他在给母亲的告别信中所写到的："已经休养了很长时间。我觉得我应该回到中国，继续我在那里的工作。亲爱的妈妈，我又要不得不与你分别。对我来说，这是最大的考验。但是只要一息尚存，我就必须工作。我很快就会回来，到那时我们再也不分开了。"

1892 年 9 月初，倪维思从位于纽约州的家中启程北上，辗转到达温哥华，在那里搭船前往中国。经过六个星期的长途劳顿，他们终于到了烟台，回到离别两年的家——南楼。这一天阳光明媚，花园里的菊花、玫瑰花灿烂地绽放，邻居们纷纷过来问候。倪维思在烟台的生活就这样重新开始了。

第二年春天,倪维思把"南楼"的屋顶全面整修了一下。这年夏天,来自各地的传教士聚在烟台开会,会务主要是倪维思出面张罗的。按照计划,等到秋天,倪维思还要到各地传教点和教堂寻访,然后去潍县和青州参加两个会议。10月18日,这天是星期三,倪维思比往常更加忙碌,除了开会,还要会见来访者,抽空整理外出时的行李,到了晚上才有时间陪伴患了严重气管炎的妻子。他的精神很好,谈话神采飞扬,只是有些累,他说比去年生病的时候还要累。

第二天早上,倪维思感到身体有些不适。早饭后,他到楼上告诉妻子,说自己感到特别累,想在做祈祷前打个盹儿。妻子把他搀扶到床上,为他盖上被子,让他休息一会儿。但是他很快就来到妻子的房间,无力地坐进沙发里,把手表递给妻子,让她给自己测一下脉搏。他的脉搏是断断续续的,非常微弱,有时甚至触摸不到。妻子问他是否应该请医生。他同意了。过了片刻,他起身走进家里的小教堂做早祷。在前一天,倪维思曾经诵读、讲解了帖撒罗尼迦前书的前半部分,今天他深情地把这一部分讲完,最后像往常一样进行了祷告。

倪维思回到房间,坐在桌旁休息片刻,医生到了,他起身迎接。他的脸色十分难看,医生要求他到沙发上躺一会儿,他回答说还是待会儿到妻子的房间去吧。他把桌子上的东西略微收拾了一下,笑着转过身,嘴唇动了一下想说什么,整个身子缓缓向前倒了下去。

倪维思夫人听到声响,从楼上冲下来,看到丈夫仰面躺在桌子前的地板上,医生表情茫然地坐在旁边,他说倪维思先生累倒了。她跪到丈夫身边,把他的头抱在胸前,轻轻呼唤着他的名字。倪维思面容安详,没有丝毫反应。倪维思夫人知道,她心爱的丈夫已经离她远去了……

这些细节,我是从倪维思夫人的回忆文章中读到的。她的讲述,隐忍，深情，读之令人动容。

倪维思的最后时光，永远留在了烟台。他初到登州时，曾给母亲写信，说他已经适应在中国的工作了，可以每天走很远的路去巡回布道，能在充满油烟味道的屋子里吃下每一顿粗糙的晚餐，能在没有门窗的嘈杂棚子里，在若干头驴子和骡子不停叫唤撕咬的情况下，睡得很香甜……他后来的"南楼"，位于玉皇顶的南坡。小楼以南，有一片面积不大的果园，那里成了烟台苹果的策源地。他热爱园艺，小楼前面栽了各种菊花和玫瑰，每次回国都要带一些水果幼苗回来。他嫁接的苹果又大又好。他把树苗送给当地农民，还教他们学习嫁接技术。福山的一个果农从他这里得到一棵"青香蕉"苹果，几年之后，他所在的村庄就长起了成片的苹果树。后来，果农又培育出了若干品种，常见的有"青红香蕉、秋伏花皮、大小国光、红玉金帅"等八大种类。再后来，有了著名的"红富士"。苹果成为烟台的一张名片，这要感谢传教士倪维思。

开埠之初，对于传教士的到来，烟台当地人有一种本能的警惕和抵触，这是不必讳言的。在烟台当地的历史典籍中，我看到各地都写到了如何热情地接纳外国传教士，并且归因于当地风气的开明与开放。从外国传教士所写的文章中，我却读到了很多关于当地人对他们的不信任和不友好。如梅理士最初在登州租买住房，就遭到百姓和地方官绅的一致反对。狄考文创办登州文会馆，也是步履维艰，不被当地人所理解。传教士所说的与所做的，都是当地人更为陌生的，质疑的，甚至有意躲避的。传教士的使命，就是说服他们，启蒙他们。在战乱面前，在自然灾害面前，在瘟疫面前，他们以死相护，当地人终于感受到了，这些外国传教士是和他们站在一起的。美国传教士花雅各在捻军逼近烟台时挺身而出，试图当面劝说捻军首领不要滥杀无辜，结果自己惨遭捻军杀害。花雅各牧师有个中国随从名叫王一斌，后来当他听到花雅各牧师的夫人在美国生活陷入困境的时候，就定期给她汇款，提供帮助。王一斌先生去世时，在遗嘱中特意叮嘱家人，必须定期给花雅各牧师的夫人汇款。

爱，是不分国界的。

如今，说起来华的著名传教士郭显德，就会想起他创办的毓璜顶医院、烟台第二中学；说起倪维思，就会想到烟台苹果、葡萄和樱桃。狄考文开办的登州文会馆，梅理士夫妇创办的启喑学馆，是中国境内最早的现代高等教育机构和中国最早的聋哑学校。烟台开埠，外来的事物纷纷涌入，内在的秩序开始被迫发生改变。而这一作用，却持续很久，对未来的发展和走向产生了深远影响。有些步，不管是主动也好，被动也罢，只要迈出，就很难再收回去。谁也无法遏制人类前行的步伐。

大浪淘沙。当潮水退去，一些印痕留了下来。

倪维思安葬在烟台的毓璜顶西坡。这是他生前为自己选择的一块土地，他亲手植下的树木长得很是繁茂。这个来自美国的传教士，他把一生的爱与心血都留在了中国。他的墓被鲜花簇拥着，墓碑的背面以中文镌刻，正面刻着英文，碑文是："约翰·利文斯顿·倪维思。1829年3月4日生于美国，1893年10月19日逝于芝罘。一位虔诚、忠诚、富有献身精神的传教士。四十年来，他把所有的爱都献给了中国人。"

## 灯塔

烟台山之于烟台，显然是有着特殊意义的。可是说不清什么原因，它在我的潜意识里却仅仅是一座山而已，我从没觉得它有什么特别之处，以至于定居烟台二十多年，只登过几次这山。它在那里，我在这里。我们相距不远也不近，山不过来，我是随时可以过去的。其实，这何尝不是一种最好的相处？人与人，人与物，恬淡，自然，没有任何的刻意，偶尔想起，从未忘记，始终保持若即若离的关系。

这世间的很多关系，显得过于刻意。是我们过于刻意了。而这份刻意，大多是因为掺杂了一些别的因素。

因为那些领事馆和小洋楼，烟台山曾被视为罪恶的渊源，屈辱的象征。山不语，它承载一切，包括屈辱和误解。后来的人，都是山的解读者。我只是众多解读者中的一分子。

因为那些外来的人，还有外力的介入，我们在芝罘湾畔，看到了灯塔，也看到了世界的样子。我知道，关于灯塔的所谓象征意义，其实是后来被附加上去的。中国第一座灯塔，是泉州的崇武灯塔，由民间集资所建，时在 1387 年。25 年后，到了明代永乐十年，官府在长江浏河口东南沙滩上筑起一座高达三十余丈的"土墩"，在上面燃起烟火，用来指引船舶进出长江口。这是中国官方出资建设航标的先例。

可以想象，在那些遥远的岁月，一艘船，无论是在大海还是江河之上，要想穿越波浪与迷茫，会有多么艰难。对于一艘船来说，方向是重要的，如何在漫长的航行中对沿途岸边做出精准判断，如何保证方向不偏离，不迷失，这是一个问题。这个问题，不仅关涉船的航向，还将决定这艘船的沉浮。崇武灯塔的建造，主要得益于民间需求与民间智慧的合力推动。此后，官方开始效仿跟进，灯塔渐渐多了起来。这种作为航标的建筑，在漫长的时光中被赋予太多阐释，并且与人生旅途甚至家国命运结合到了一起，成为一种象征。

烟台港的建设，自然是离不开灯塔的。开埠之初，烟台港只是一个自然港湾，并不适应大型船舶停靠，装卸货物极为不便。1865 年，清政府批准在烟台山西侧建造海关码头，这是烟台港历史上第一座公用码头。海关码头落成的当年，烟台港第一座灯塔也开始动工修建，两年以后投用。这座灯塔建在崆峒岛的最高处，是以当时的海关税务司卢逊的名字命名的，故称卢逊灯塔。后来改称烟台灯塔。到了 1905 年，烟台山灯塔建成，又更名为崆峒岛灯塔。英国领事曾作过记载："一个建筑良好的灯塔，最近已在烟台对面的崆峒群岛之一的最高处建立起来，它花费了中国政府 2700 镑，在 20 里外可以清楚地看见它的灯光。"

按照中英《天津条约》规定，通商各口分设浮桩、号船、塔表、望楼，由领事官与地方官会同酌视建造。卢逊灯塔是由登莱青道提倡和筹款修筑的，经费来源是海关船钞。船钞本是中国政府的税务收入，却被拿来修建航标了。英国驻烟领事对此并不满意，认为烟台港收了那么多的税，却只拿出很小的部分修建灯塔和码头，大量的余款被地方官员贪污了。

从烟台开埠至民国初年，东海关先后建成的灯塔有崆峒岛灯塔、成山头灯塔、屺岛灯塔、猴矶岛灯塔、镇锚岛灯塔、旗杆嘴灯塔、赵北嘴灯塔和烟台山灯塔。这些灯塔，在茫茫大海上，成为一种照耀，一份指引。

有个守塔人，是不该被遗忘的。他叫顾力克，俄国人，曾在东海关担任灯塔管理员，先后负责猴矶岛灯塔和成山头灯塔。1943年9月，顾力克被日本控制的东海关解雇，原因是他在担任成山头灯塔管理员期间，向中方提供了日军枪杀渔民的暴行和军舰航行情报，致使日伪舰船受创。日本宪兵队逼他交出航海观察记录。他没有屈从。他们拘捕了他，对他施以酷刑，拔掉了他的十个手指甲。抗战胜利后，顾力克恢复原职，但是他的身体已经极度虚弱，不能正常工作了。他的一生，都献给了灯塔。他熟悉大海的潮汐和过往的船只，亲历了一个又一个海上长夜，也亲见了一次又一次的海上日出。他目睹侵华日军枪杀渔民、焚烧渔船的种种暴行。他的爱，是超越了国界的。这个面朝大海、守候灯塔的人，在他的心中也亮着一盏灯，这盏灯与正义有关，与良知有关，与爱有关。为了守护这盏灯，他宁愿遭受非人折磨，以命相抵。这个守塔人的生活，后来得到张裕酿酒公司的资助。1946年，51岁的顾力克在贫病中去世，从此长眠于烟台。

如今，随着导航设施的普及，灯塔的航标意义越来越淡。在胶东最大的渔村初旺，我曾采访很多老船长，他们对于灯塔的记忆大多变得模糊了。那束光，那束曾经让他们在绝望中看到了希望的光，那束曾经在茫茫大海上一次次照亮了归途的光，已被他们淡忘。灯塔之于他们，也许仅仅只是灯塔，一种功能意义上的存在。抑或，灯塔早已连同那些海神信仰，内化成为他们生命的一部分，不必单独说起。

那些站立的灯塔，如今大多是作为人文地理坐标而存在的。也有一些象征意义留了下来，譬如位于朝韩边境的爱妓峰灯塔。早在二十世纪七十年代，韩国在边境建起高达30米的圣诞灯塔，上面装饰了几百个小灯泡，数公里之外的朝鲜居民都能看到。这遭到了朝鲜的严重抗议，以至于成为双方军事会谈的一项内容，好不容易才达成一致协议，熄灭爱妓峰灯塔。后来，随着朝韩交恶，韩国又重新点亮了爱妓峰灯塔……

我曾在某个下午登上了烟台山灯塔，俯瞰这座城市，以及这座城市所依傍的大海，心中怅然若失。置身于这个高耸的我所以为的光源内部，我只看到一片苍茫。

The
Biography
of
YanTai

烟台 传

是港湾,让他们更深地理解了大海,理解了大海上的风与浪,理解了一个人或一群人所面对的人生。他们从这里一次次出发,经历风浪,然后归来。活着的意义,正在于这样一次又一次的出发,一次又一次的归来,港湾成了人生休憩地的隐喻,成了"家"的代名词。在港湾,时光就像那些海水,不知疲倦地拍打着岸边。人们在这里生活,劳作,行走,爱与死去。

港与城的变迁　第五章

海关码头，1865 年

## 海漕避风港

烟台三面环海，早在新石器时期就有人在这里生活了。从已发掘的文化遗存来看，白石村遗址是最早的，距今约7000年，比福山邱家庄和长岛北庄还要早了1000年。这三个地方同属于一支文化体系，应当是起源于白石村并逐渐传播和发展的。据专家推断，那时的烟台海岸线大约在今天的南大街一带，发源于南部山地的一些河流就是从那里入海的。在只能靠采集渔猎维持生存的年代，入海口是适合人类生存的地方，河流可以汲取饮用的淡水，海滩可以捡拾蛤贝，山地可以采集野果和打猎，浅湾可以泊船。白石人就生活在这里，创造了胶东史前文化。

后来，因为夹河入海时携带沙砾的长期堆积，芝罘岛的连陆沙洲得以形成，芝罘岛由孤岛变成连陆岛，岛陆之间的海峡变成了港湾。夏商周时期，芝罘湾是东夷人活动的重要地区之一。东夷人利用沿海优势，世世代代发展渔业和盐业生产。齐国可谓实力雄厚，但其鱼盐却要依靠东莱，正如史书记载的那样，"通齐国之鱼盐于东莱"。后来齐国灭了莱国，沿海和内地文化进一步融合，经济活动的规模更加扩大了。齐景公曾问晏子：

"吾欲观于转附、朝舞，遵海而南，至于琅琊。寡人何为能效先王之游？"这里所说的转附就是芝罘，是烟台港最早的名称，也是见诸史籍的最早记载。在春秋战国时期，芝罘便与碣石、会稽同为当时的重要港口。秦始皇东巡，曾三度登临芝罘岛。唐宋时期，烟台已是我国通向日本、朝鲜的口岸，丝绸、冶铁、造纸等技术就是从这里传出去的，那些来自南方的运粮船只，多取道于芝罘成山之下。元代海漕以上海刘家港为起运港，以天津杨树码头为目的港，全程一万三千余里，烟台是必经之路。当时海漕船只的吨位不大，对港口的要求并不高。芝罘湾沿岸多为沙滩，便于漕船停泊，当时有婆婆口、崆峒岛、夹岛和养马岛等五个停泊点，每年会有上千只漕船进出，芝罘湾成为海漕运输的一处避风港。到了明代，这个角色发生变化，芝罘成为海上征战和军用物资集结转运的海口，烟台沿海变成了抗倭的海防要塞。朝廷施行海禁政策，但是官方组织的海运仍很频繁，大量运输军粮的船只，从芝罘湾北部逐渐移向南部的西南河口一带，当时那里还是一片浅滩，能够行驶小船，如今已变成芝罘区内的一条道路。航海者在港湾南岸建造了天后宫，俗称"大庙"，每逢出海和收泊，都在这里进香祈求海神佑护。天后宫所处的西南河口一带，成为港口活动的中心场所，当地居民常在这里跟运军粮的船只进行一些交易活动。后来这种交易活动逐渐集中在天后宫两侧，形成了东西长约一里地的商业街，也就是现今的北大街。

可以说，烟台港正是伴随着港口贸易的兴起而发展的。而烟台的港口贸易，又与海运漕粮有着密切的关系。清代，大运河因为黄河决口泥沙淤塞渐趋衰落，漕运方式不得不改变，清政府开始雇用沙船海运漕粮，并且出台了鼓励政策，参加海漕运输的船只可以"八成装米，二成搭货"，并且免税。当时承担海漕运输的主要是沙船，这种船的形状长而扁，吃水浅，优点是行驶过程中阻力小，稳定性好；局限是航行时不能离海岸太远，遇到风浪随时需要靠岸。沙船的这种特点，沿岸而行，随时靠岸，方便了船上货物在沿岸进行买卖交易。

烟台港是南北海上交通的必经之地，很多船只出于海上安全的考虑，常在烟台靠岸，另雇一些熟悉海路的小船，把货物分装搭载，运往天津等地。时日久了，烟台港就成了海漕运输的一个中转港。船主们在这里分装货物，也贩卖货物，港口贸易渐渐发展起来。这是近代烟台港发展伊始的标志。

起初，烟台港进行贸易的货种，基本上是粮、鱼、盐等传统土货。鸦片战争之后，广州、厦门、上海、宁波、福州五口被迫开埠通商，洋货大量出现在南方沿海，烟台沿海贸易的货源也得到了补充，开始出现鸦片、棉布、糖、竹等品类。随着货源的丰富，一些沙船从海漕运输中脱离出来，成为专门的商船，形成了船帮。当时活跃在烟台港的，除了宁波、上海、广东和东北、重庆的几大船帮外，还有当地奇山所的张、刘两姓船帮。考虑到海漕安全问题，每当漕船进港，就会有值守人员催着沙船尽快离开，不得逗留太久。所谓贸易活动于是也就变得匆忙和简单，甚至带有一定的偶然性，主要是沙船船主和当地居民以物换物，进行物和物的交换。当专门从事贸易的商船形成了一定规模，也就陆续出现了专门服务于商船的机构，这就是"商号"。船主进了港，大多跟商号打交道，通过商号来进行商业活动。道光末年，烟台商号已达百余家，主要集中在天后宫附近。

清政府准许海漕沙船携带货物并且免税，初衷是为了调动沙船参与漕运的积极性，等到这种积极性真的调动起来了，港口贸易越来越盛，清政府开始征税。当时烟台港属于福山县管辖，各种税收名目繁多，中饱私囊的现象也越来越严重。1859年，文煜前往山东沿海协助郭嵩焘筹办厘局时，曾查清了山东沿海的港口税捐，福山县占到了山东五府总量的四分之一以上。围绕税收，发生了很多历史故事，比如山东巡抚崇恩被撤职，郭嵩焘筹办烟台厘局，当地官绅联合烧毁厘局，等等，在前文《烟台开埠》中已有记叙。

## 中转站

《天津条约》签订后,英、法提出要进京换约。1859年,英、法、美三国军舰在天津大沽口发动进攻,被击败。此后,法国选中烟台港作为军事基地,与英军再次进攻大沽口,攻入天津和北京,强迫清政府签订了《北京条约》。

大沽口战败后,法军认为远隔重洋,劳师远袭不能取胜,必须先在中国领土获得某个据点,保障军队在那里得到休养。他们选中了烟台。事实上,法军很早就有此意,他们曾专门派人勘查测绘了从小清河到威海的详尽地图,对沿海港口进行反复比较,决定选择芝罘作为上海和白河之间的中转站。他们认为烟台地理位置特殊,既可作为军事基地,同时又可占有这里的商业资源,可谓一举两得。当时的两广总督劳崇光曾经预测到了这一点,认为从上海到天津,登州为必经之地,应当在山东沿海加强防范。山东巡抚文煜却不这样以为,他是主张陆战的,把主要兵力用在守护府、州、县所在地,对沿海各口重视不够,他的布防策略,是想诱敌深入,聚而歼之。只是,英法联军的目标并非山东,而是北京。1860年6月8日,法军以3000兵力，在没有任何抵抗的情况下，没费一枪一弹就占领了烟台港。清廷对于外国兵船忽至烟台，竟然感到莫名其妙。法军在烟台安营扎寨，集结兵力，扩充装备，一个多月后，伙同英军向天津、北京再次发起了进攻。

　　法军在烟台期间，还有一个细节值得记叙。他们出于战争需要，劫掠了很多沙船，船上载满了茶叶、丝绸、鸦片和贵重的毛皮。从这些船载物品，也可看出当时烟台港的贸易状况。

　　在关于烟台开埠的历史讲述中，负责开埠的英国人马礼逊把开埠地址由条约中的登州变更为芝罘。这个变更看似偶然，实则不然。无论是历史上，还是现实中，不乏这样的例子，看似偶然的事，其实早已埋下太多"因果"。烟台在开埠之前，就已经引起西方列强的关注了。从《英国国会文书》中可以看到，他们曾经做过详尽的功课，对山东物产及资源的分布情况，形成了很详尽的调查报告。英国人从烟台港看到了腹地的物产资源，除了山东，还有邻近省份，比如山西的煤，陕西的木材，河南的柞蚕丝，河北的粮棉，等等。在他们眼里，烟台港恰是运送这些资源的一个中转站。

　　烟台开埠，设立了海关，起初的管辖范围很小，仅限于烟台港区。那时的烟台港是山东唯一的对外开放港口，与牛庄、天津形成鼎足之势，被称为中国北方的"巨大贸易中心"。后来登莱青道从莱州移到了烟台，原属厘局征收的山东沿海税金和厘金，统统划归道署管辖，并开办户关。户关与海关不同，管辖范围相当大，涉及整个山东沿海的所有港口。海关和户关一开始被统称为"东海关"，后来为了加以区别，专称海关为"东海关"，专称户关为"烟台常关"或"烟台大关"。两关同设于烟台港，作用却大不相同。烟台常关主要负责民船税收，而东海关则是根据不平等条约被迫设置的，实质上操纵着港口的管理大权。

东海关设立以后，烟台港内没有什么设施，进口商船一般锚泊在离海岸尚远的深水处，货物靠小船驳运。负责征税的人只能乘船过去，有的外国货船不允许外人上船，有的则因为语言不通，征税无法落实，最后只好雇佣外国人来做这项工作。

东海关第一任税务司的名字叫汉南，他掌管东海关之后，很快就出台了《烟台口东海关章程》和《船只进口章程》。即使现在来看，这两份公文也很务实，对港务管理的诸多方面都做出了明确规定，真正做到了有章可循。同时，汉南开始着手烟台港口贸易活动的统计工作，这些原始数据既为进一步规范管理提供了依据，也成为研究港口发展的重要史料。

此前，因为南方各港先于烟台开放，各国商人在那里已经形成了较大势力。烟台港开放后，盘踞在南方各港的洋商，通过熟悉北洋水路和北方市场需求的华商进行对烟贸易，更为经济和实惠。因此，沿海贸易不管表面数字如何，其实是掌握在中国商人之手，他们雇佣外国船只，运输外国和本国商品往返于烟台与南方港口之间，外国商人只能从这种贸易中分享一点好处。

这显然是烟台的外商势力所不能容忍的。驻烟的英商希望英国政府出面，发展对烟台港的直接贸易。这个建议，遭到了在华各派英商的反对。因为华商在沿海贸易中日益活跃，不管是对上海的英商来说，还是对于英国船主来说，都是好事，可以坐收红利。各派英商为了保护各自的既得利益，争斗起来。英国驻烟台领事馆坚持认为，如果不开辟直接贸易，烟台对英国的开放就是有名无实。

1867年9月，由驻烟英商汤麦斯·福开森租赁的英国船"芬塞尔"号，满载煤炭，从英国加的夫港试航烟台成功。这是第一艘从英国直接驶抵烟台的船只。为了表示庆贺，英国驻烟台的领事向东海关申请，免除了这艘船的吨税。

汤麦斯·福开森在1861年就在烟台创办了"福开森公司"。公司在烟台山西侧用石头砌了一个简易码头，添置了用于货物过驳的铁驳船。

福开森的成功，让烟台的英国商人看到了希望。接下来不到三个月的时间里，又有8艘英国船只先后抵港，这些船只分别来自英国的不同港口，装载的货物主要是煤、铁和布匹等。由于这些洋货不再从上海中转，省去了在上海所必需的领港、码头、货栈、卸货和再装船等费用，具有更强的竞争力。

外商船运势力的扩大，使传统的沙船贸易受到摧残，原来活跃在北方沿海的沙船约有三千余只，短短五六年的时间里，就只剩下了四五百只沙船，大批船民流离失所。

## 烟潍铁路

英国传教士韦廉臣夫人在《中国古道》一书中,写下了她1881年从烟台出发前往北京的所见与所闻。那是一条古老破败的"官道"。烟台开埠后,很多货物就是通过这条所谓官道,用马车和牲畜驮运到烟台的。当时烟台不管是陆路还是水路都很落后,港口物资的运输只能靠牲畜和人力。1866年,登莱青道道台、东海关监督潘霨下令休整了烟台到黄县的道路,也就是今天的烟黄大道。路况并不好,骡子、驴和马,还有笨重的车,在烟黄大道上缓慢而行。那时几乎所有进出烟台的货物都是由牲畜运载的,每天有成千匹骡马进出烟台。水路运输相对好一些。烟台港的进口货物,有的是由沙船运往大清河,在离河口不远的地方换载到吃水浅的当地船上,再运往内地,比如济南府、东昌府、兖州府、曹州府、东平府,甚至可以运往直隶的大名府。1887年小清河疏浚以后,烟台港的货物,经蓬莱的天桥口,黄县的龙口,掖县的虎头崖,抵达羊角沟,换乘小船,最终可达济南省城东关外的黄台桥。盛宣怀在烟台任职期间,经营起了一个小轮船"广济号",从事海上运输。"广济号"重300余吨,吃水6

英尺，主要航行于烟台港与附近没有开放的港口之间。在这之前，烟台港与内港之间没有轮船行驶，"广济号"首开轮船从事内港运输的先例。盛宣怀一开始的目标是让"广济号"在上海、烟台和登州府之间航行，这个计划很快就失败了，只好转向烟台港西部沿海，专门来往于烟台到龙口等港，经过两年多的试航，逐渐被知晓和接受，业务量大增。"广济号"正式运营之后，小清河一度成为烟台港的一条主要疏港路线。由于水路省钱又省力，当年约有2500只帆船来往于烟台港与山东沿海各小港之间，疏运烟台港的货物。

最早讨论烟台铁路计划的人，是英国商人福开森。他在烟台创办的福开森公司，是烟台开埠以后最早的外国洋行，他在烟台山西侧太平湾以北修建的码头，被称为"福开森码头"。作为一名商人，福开森对烟台的交通运输状况有着深切的体会，从1868年开始，他多次向英国政府提出修建烟潍铁路的建议，都石沉大海。

胶济铁路通车后，德国又开始觊觎烟潍铁路的修筑权，他们暗中勾结烟台商人李德顺，募集了德国股金400万元，向清廷立案审批修建烟潍铁路。李德顺怕真相败露，就以他的亲戚的名义上报。因为涉及路权，清廷对此事详加核查，最终发现这400万元股金是李德顺从德国人那里"募集"的。德国人想暗中操控修筑烟潍铁路的图谋随之破产。

李德顺事件之后，烟台民众越发认识到修筑烟潍铁路的迫切感。1909年9月，烟台德国盎斯洋行执事谭宗灏邀集绅商学各界，开会讨论筹建烟潍铁路事宜，并首先自出股银200万元，作为开办经费。大家一致赞同，邮传部却以启动资金过少为由，不予批准。烟台商绅再次召开会议，议定成立山东商办烟潍铁路股份公司，着手募集资金。这时清政府提出烟潍铁路的筹建采取官督商办模式，由商人出资，政府委派官员来管理，掌握企业的经营管理权。各界认购者闻此消息，商办铁路的热情大减，他们清楚,所谓官督商办,只能把企业办成官僚衙门,最终一塌糊涂。

在烟台市档案馆,保存有一张绘制于1914年前后的山东全省铁路设计图,图中标注了两条待修的铁路线,一条是高密到徐州的铁路,另一条就是烟潍铁路,从烟台经蓬莱、龙口、莱州,在潍县与胶济铁路交汇。这张设计图出现的背景,与当时发生在烟台的"路坝之争"有关。作为开埠城市,烟台除了与内陆交通不便,随着来往船舶的增多,烟台港池也日渐狭小,因此当时有两种争论意见:一个就是要先解决陆路交通问题,修建铁路;另一个则是改善港口条件,修建东、西挡浪坝。最终是海坝工程先动工了,历时6年、花费280万两海关银。相比而言,不管是协调各方关系,还是所需经费,"修坝"确实是比"修路"要容易很多。但实质上所谓的"路坝之争",并不是此次烟维铁路计划夭折的最主要原因。

德、日两国为了各自利益,一直想插手烟潍铁路修筑权。华商界从未放弃争取烟潍铁路的筹建,要么因为资金问题,要么因为西方列强的阻挠,这条路一直停留在各种争论和争取之中,未予落实。

1920年,华北遭遇了数十年罕见的旱灾,庄稼颗粒无收。北洋政府交通部提出了一个以工代赈的方案,想要通过修建烟潍铁路的办法来赈济灾民。开工典礼在潍县城举行,这标志着烟潍铁路建设正式开工,国人多年的烟潍铁路梦想似乎就要实现了。当时设计为双轨,路宽6米,全长288公里,铁路起点烟台,经蓬莱、黄县、龙口、莱州,过胶莱河、潍河至昌邑城,再到潍县,与历史上山东东西官道东段的走向基本吻合。由于日本占据胶济铁路,烟潍铁路暂未设计在潍县与胶济铁路连接。路基工程从潍县、昌邑开始修筑,逐渐向东延伸。按照原定计划,总计招募灾民6000人,然而开工十多天了,工地上的民工却只有500多人。最关键的是,这一时期正值国内军阀混战,军费开支巨大,北洋政府财政吃紧,修路资金被挪作他用。铁路显然是不可能继续修下去了,北洋政府交通部于是将原烟潍铁路计划改为烟潍公路计划，把铁路变为公路。1923年1月16日，历经千辛万苦，烟潍公路终于全线通车。

时光又过去了三十年之后，蓝烟铁路正式动工，并在蓝村与胶济铁路相接，烟台终于结束了没有铁路的历史。

## 海坝工程

烟台港的人工码头建设始于1860年，是法军占领烟台时建的，规模很小。后来在东海关的主持下，在烟台山西侧建造了海关公署和码头。这两项工程的费用，由东海关船舶吨税务中开支。

这是烟台港有史以来第一座公用码头，全长257米，宽约33米。海关码头落成后，把原来的天然海湾分成两个部分，码头以南的被称为"南太平湾"，码头以北被称为"北太平湾"。海关码头的主要配套设施是一架固定吊杆，一座验货房，还有一座海关缉私用的亭子，相传签订《烟台条约》时，李鸿章与各国公使经常在此休息观海。

海关码头落成后，有些船舶可以直接靠岸进行装卸，不必再像以往那样通过舢板过驳。大件货物则可用固定吊杆装卸。此后，各国洋行也开始投资建造私人码头。这些私人码头多建在烟台山的西侧，占据了烟台港在当时的重要岸线。由于缺乏统一规划，港口中心区被切割得支离破碎。为改变这种状况，东海关在1896年实施了"南北公共码头岸路工程"，把所有私人码头都连接起来，便于管理。

1901年，烟台华商界募集白银40万两，开始进行"东西公共码头岸路工程"。当时，烟台港南部的海岸线尚在北大街一带，退潮后为滩涂，是小船和舢板集中停泊场所。东西岸路工程是从南太平湾向西，跨西南河河口再向西，建起一道"阻浪垒"，也被称为"海墙"。然后再把海墙内围拢的海湾全部填平，在上面修建道路和房屋。阻浪垒竣工后，由于围拢的海湾没有填满，所以形成了以西南河为界的两个海湾，即东太平湾和西太平湾。两个太平湾均留有口门，满潮时，小船可以驶入躲避风浪。这项工程，实际上形成了人工港池的南岸壁，在客观上为后来的人工港池建设奠定了基础，解决了货物装卸要经过滩涂的遗留问题，船舶装卸从此可以在阻浪垒边进行。更为重要的是，东西岸路工程的建成，将海岸线从北大街向北推进400多米，为后来的城市发展创造了空间。

就在海关码头落成的第二年，烟台港的第一座灯塔也修建起来，这给港口带来了一些便利，但是港口的防浪问题并没有从根本上得到解决，以至于英国驻烟领事在贸易报告中对清政府大加指责，说港口收了那么多的税，却只拿出很小的一点钱修灯塔和码头。他们认为这里很需要建一个防波堤，用来保障停泊船只的安全。

南北岸路工程和东西岸路工程都没有考虑港口风浪的防护问题，由于岸线向海中推进，港口中心区域更加暴露在风浪之下。每到冬天刮北风时，港内船只被迫停泊在芝罘岛避风，往返不便，船舶装卸无法进行，经常要等上三四天的时间。1910年上海《大同报》报道的《芝罘港风雨为灾》，印证了烟台港当时的困境："芝罘港新开码头建筑将近三年，经费约十余万两。目前方经落成，忽本月初八日，怪风急雨，全被冲毁，所有港内之太古及招商局各家之舢板，沉没四十余只；帆船，沉没十九只，计溺毙已知者共五十八名。"

其实早在1900年，驻烟台的外国商会会长爱克夫就提议建筑烟台海坝。这个倡议并没有得到广泛响应，很多人是持观望态度的，意见尚不统一，尤其是作为首席领事的美国领事，认为美国在烟台的利益只有美孚公司，该公司的油库是建在芝罘岛东端避风处，因而对建设防波堤没有热情。

胶济铁路通车以后，青岛得以快速发展。这条铁路对烟台的影响，仅从草帽辫的贸易上即可看出。草帽辫是传统大宗出口货物，胶济铁路通车后，草帽辫逐渐由烟台转至青岛输出。这是由于从沙河镇到胶济铁路潍县车站只要一天路程，再由潍县到青岛只需几小时，而从沙河镇到烟台需4天的陆地路程，且多以骡马或民船运送，不仅费时日，冒危险，且较之铁路，货物易于损伤，运输成本还高出很多。再加上青岛港推出了一些优惠政策，不仅吸引了济南、莱州、青州、沂州等地草帽辫运抵青岛，就连山西、河南以及河北、天津等地大宗草帽辫也运至青岛出口。胶济铁路通车当年，青岛草帽辫出口量就超过了烟台。在这种形势下，改善烟台海港成为当务之急，这也是烟台商界普遍关心和关注的大事。主管烟台港的东海关也认识到兴建海坝的紧迫性，向朝廷陈述了利害。

1909年，正当烟台华商界几经周折筹建烟潍铁路的时候，山东巡抚孙宝琦就提出了修建"烟台海坝工程"的问题。1913年5月15日，烟台海坝工程会正式成立，这是烟台有史以来第一个港口管理机构。1915年8月2日，烟台商民翘望多年的建港工程终于正式开工，此时距离最初动议建设海坝工程已经过去了15年。海坝工程会采纳了荷兰治港公司的建港方案，即东、西防波堤工程，工期四年，设计建造主要考虑了淤积、风力、风向、水深、潮汐、交通等因素。施工中所需石料取自芝罘岛上的采石场，一开始用土法开采，后来因产量有限，供不给求，于是添置压气机，使用气钻作孔，以新式炸药爆炸取石。石头采取完后，由芝罘岛运至烟台港。石料的运输，大多用风船，间以小型轮船运送。海坝建造的另一重要材料是洋灰。所用洋灰，是产自大连的日本洋灰；建筑海坝用的树条，是用风船从宁波运来；沙子则取自当地的西沙旺。最忙时，工地上的工人多达千人以上。整个工程耗资280余万海关两，是当时国内少有的自行营建的大型海港工程。

　　1921年，历时6年的建港工程竣工，海坝工程会举行了隆重的落成典礼，总税务司安格联从上海专程来到烟台参加庆祝活动。

# 港与城

烟台最早的具有城址意义的地方有两处，一处是"所城里"，另一处是"芝罘"。最初的"芝罘"与今日作为烟台中心区的"芝罘"，并不是同一个地理概念。最初的"芝罘"是登州府福山县的一个小渔村，春秋前称为"转附"，意思是"绕着芝罘山登上陆地或驶入大海"。后来，"转附"演变为"之罘"，"之罘"与"芝罘"逐步通用，最后统一写作"芝罘"。其位置在烟台北面的芝罘岛，与今日烟台隔海相望。

"所城里"是烟台建城之始，可以说是烟台最早的居民区。最初的居民是城内守军百余人，后来官兵和家属渐多，在所城周围形成了聚落点。这些人除了从事渔猎农桑外，开始做起了生意。到了1664年，"奇山守御千户所"被废除，变为单纯的居民区，里面除了解甲的官兵，还有大量外地人口开始进入，在周边形成了13个固定村庄，时称"奇山社十三村"。

芝罘海湾周围成为渔商贸易聚集之地。渔民和商户为求吉祥，在附近建了海神庙，后来又扩建为天后宫，当地人称为"大庙"。大庙前的街道，因为很多人都在这里买卖交易，逐渐形成了商业街市，这就是北大街的雏形,时称"大街",是烟台最早的商业街。以大庙为中心,粮、鱼、盐等各种生意兴起,从一开始的摆地摊逐渐建起了各种店铺,很多人开始在这里买地造屋,经营生意。在海港到所城之间,形成了鱼市、面市、菜市等十余条街道,烟台城市雏形开始形成。

烟台开埠时,并没有形成明确的城市规划,城市发展很是混乱,缺乏整体布局,商、工与居民混杂相处,街道狭窄,好多地方骡马运输无法通过。整个城市没有修建任何排水系统,每当到了下雨天,污水遍地。英、法两国因为租地发生冲突,登莱青道潘霨最终的处理结果是只准许各国公共租用烟台山地区,并且不得作为某一国的专管租界。但是外国人想要在烟台设立租界的想法从来没有消停,为达到这一目的,各国领事在甲午战争之前成立了烟台工部局。所谓工部局,主要负责领事馆署附近以及洋行街站岗、巡夜、燃灯、清秽等事,成了一个事实上的市政管理机构。1904年,在德国驻烟台领事的倡议下,英、法、日、荷、比利时等国驻烟台的领事一起行动,向登莱青道道台衙门发出公函,要求发给"巡捕执照",承认烟台工部局的合法性。这一要求,遭到登莱青道道台何彦升的严词拒绝,他明确答复各国领事,烟台是通商口岸,不是"租界",这些事情无须各国操劳。各国领事见状,只好调整思路,争取成立了"华洋工部局",也叫"中外联合自治会",由西人独办变为中外合办。作为一个城市管理机构,华洋工程局是得到了官方承认的。有的学者认为,近代烟台不存在一个明确的公共租界,只是一个外国人居留地而已,但不能不承认的是,这个外国人居留地很特殊,它实际上具备了租界的大部分特点,因此也可以说烟台是"没有名分的租界"。华洋工程局1910年成立,1930年被烟台市政府收回,共存在了20年。

看20世纪30年代的烟台图片,很是漂亮。昔日被当地人称为"北山"的地方,花木锦绣,道路洁净,海边有石凳石椅,以备休息,完全变了一副模样。各国的领事馆建在烟台山上，一般商人也都聚在附近，烟台山下几乎没有了空地，客观上这在海岸便于贸易活动的地段形成了新的居民聚居点，这些聚居点不断向外扩展，最终与所城、天后宫这两个原有的聚居点连成一片，构成烟台城区。港口自身的建设，比如海关码头的建设，扩展了烟台山的连陆地带，它的配套工程也成为城区的组成部分。当时民国政府制定了烟台的城市规划，目标是把西沙旺开辟为新城区，提出"非展拓市区范围，不足以资容纳而久远。"在那个年代提出这个目标，应该说是颇有远见的。当时还提出了一个口号："道路尚未完成，建设尚需努力。"烟台的所有街巷都改造成了水泥马路，海边的这座小城变得优雅且洁净，一时被称为"卫生口岸"。后来烟台一度设市，但是很快就被取消了，因为不符合民国中央政府规定的城市人口必须超过20万人。

烟台港开放之前，这里的商业活动大多是零散的，规模不大。烟台开埠后，这里成为新的投资焦点，很快就增添各种商铺数百家。到1891年，烟台已有商号1660家，其中义昌、天成栈、顺盛、双盛泰、恒泰、洪泰、协泰、福泰八大家在国内外闻名遐迩。从事商业的人口占到了烟台人口总数的三分之一以上。一些商业组织也开始出现，比如福建同乡会、潮州同乡会、广东同乡会、河北同乡会以及烟台大会之类的机构相继出现，外国商行则有英国的茂记、怡和，德国的盎斯，美国的士美、美孚，日本的三井等不下十余家。洋行的经营业务范围，主要包括航运、保险、贸易、金融代理等。和记洋行发展到20世纪初期成为华北最著名的英国企业，不仅是烟台经营航运和保险业最主要的公司，还是烟台唯一的一家经营出租车业务的洋行，拥有一支现代化的车队和宽敞的库房。盎斯洋行也是在烟台的最大洋行之一，它积极参与烟台贸易的一切活动，把最初使烟台成为向欧洲出口花生的港口计划变为现实。仁德洋行位居山东进出口业之首，拥有烟台最大、最现代化的印刷厂和烟台唯一的一份外文报纸《芝罘日报》，20世纪初资金积累已达五六万两银，在济南和青岛均有分支，在烟台商业中占有十分重要的地位。太古洋行、士美洋行、冈田洋行、大阪商船公司等，都是专营航运业的洋行，都拥有自己的仓库和专用码头，在烟台的远洋贸易方面具有垄断地位。这些机构的商业活动，从港口扩展到了港口腹地，内地经济发展也逐步依赖于烟台港口贸易，形成了以港口贸易为中心的商业体系。这对于处在起步阶段的城市而言，可以说引发了一场变革。从1861年开埠到20世纪初，烟台成为区域对外贸易的中心。作为当时山东唯一的开放港口，山东各地的土特产品出口和洋货进口都是在烟台集散，它通过两条交通线与内陆连接起来：一条是水路，由烟台经羊角沟入小清河至济南；一条是陆路，经烟潍大道至潍县，再沿鲁中山地北麓的东西大道经青州、周村至济南。外国商品运到烟台后，除了在胶东半岛附近各县销售外，还通过上述两条交通线运往内地，再转售其他地方。山东各地的一些土特产品，也是先在一些城镇集中，然后再运往烟台出口。当时的济南、周村、潍县等城市，都是通过烟台与国内外市场联系起来的。

烟台开埠后，中西文化在这里碰撞交融，文化教育、医疗卫生领域呈现出中西合璧的新景象，民族工业也得到了大发展。张弼士在烟台创办张裕葡萄酿酒公司，这是中国酿酒业告别手工作坊生产方式，转向机械化生产的开端。钟表、造锁、啤酒、罐头等现代工业企业也相继在烟台崛起。

# 西港

烟台的前身是个小渔村。那时出海打鱼的船靠了岸，鱼贩子跳上船板，收购各种鱼获，买方和卖方都没有秤，就以数量计费，交易的方式很是简单。后来有了渔箱，每箱按照四十斤估算。鱼贩子从船上买到了鱼虾，趁鲜走街串巷卖掉，也有贩卖到其他县的，比如栖霞。当时有个妇孺皆知的说法，"臭鱼烂虾，送到栖霞"。栖霞是烟台所有县市区中唯一的一个不靠海的地方，是半岛中间凸起的一块高地，俗称"胶东屋脊"。烟台的鱼虾被送到栖霞，在那个年代就算是很偏远的了。这种状况直到蓝烟铁路通车之后才得以改变，交通便利了，鱼可以销往更远的地方。

烟台开埠后，修建了一座海关码头，但是靠泊能力太低，大型轮船只能停泊在远离码头的深水中，货物和旅客全靠小船转运。因为这里有着巨大的装卸需求，所以码头工人很多，有摇舢板的，扛包的，背客的，还有"打现的"。所谓"摇舢板的"，多为几人合伙买一条舢板，摇橹往返于码头与轮船之间，把货物和旅客从码头运到船上，或者从船上运到码头。"扛包的"和"背客的"，则负责把货物和旅客从码头背到舢板，再从舢板背到船上。反之亦然。除此之外，还有一些没有固定行当的散工，被称为"打现的"，哪里有活儿便到哪里干。当年的烟台码头，全靠人力装卸，码头工人多达五千余人……

一个多世纪过去了，烟台由一个小渔村变成一座城市。我曾在飞机上俯视烟台港，万家灯火将港湾点缀得宁静，温馨。高处的视角，不同于日常的平视，虽说看不清细部，但却看到了往常难以看到的一些东西，再加上在外地行走多日，近乡情怯的感觉像潮汐一样拍打着我的心，透过机窗，我看到了那个港湾，看到时光像河一样缓慢注入大海，成为海的一部分。

烟台境内海岸线曲折，形成了许多海湾，较大的有莱州湾、套子湾、芝罘湾。莱州湾是中国渤海三大海湾之一。套子湾位于烟台开发区境内，又称八角湾，呈耳状，水域宽阔，是一处天然深水良港。芝罘湾位于烟台山与芝罘岛之间，为"U"字形开敞式海湾。人在茫茫无际的大海上，倘若看到一处港湾，心底总会涌动一种难言的暖意。是港湾，让他们更深地理解了大海，理解了大海上的风与浪，理解了一个人或一群人所面对的人生。他们从这里一次次出发，经历风浪，然后归来。活着的意义，正在于这样一次又一次的出发，一次又一次的归来，港湾成了人生休憩地的隐喻，成了"家"的代名词。在港湾，时光就像那些海水，不知疲倦地拍打着岸边。人们在这里生活，劳作，行走，爱与死去。

这些年来，我更习惯于称呼烟台为港城。港因城名，城因港兴，港口的发展史，亦是这座城市的发展史。烟台开埠后，外国传教士蜂拥而至，十七个国家相继来设领事馆，高峰时外国洋行逾百家，现代工业数十家，教堂几十座，学校十几处，就连医院也有数家。特别值得一提的是，烟台孕育了中国最早的民族工业，成为民族工业的摇篮。如今，烟台西港的腹地，是"开发区"，一方外商云集的创业之地。历史，有着惊人的类同。

在这类同之中，我们发现了一些怎样的"规律"？

西港是烟台的新港。那天在西港的临时办公楼，我站在窗口看港口，觉得整个港口像一个更大的窗口，我看到了大海彼岸的情景。鸥鸟的翅膀，载不动远方的消息。防波堤上，仍在回荡着巨石填海的余音。记得那是 2005 年的 9 月，因为工作关系，我亲见了西港开工建设时的浩大场面。短短几年的时间，这里就发生了翻天覆地的变化。在西港，我看到一种气势。我无法解释这种气势。一直以为，港口一个温馨的地方，那些来自远方的消息，那些向往远方的梦想，都将在这里靠岸或启航。

风霜雨雪和惊涛骇浪都已走过。不远的将来，西港将成为烟台港的核心港区，承载着港城的未来。

那些消失了的渔村，将会记住西港的原初样貌。顾家围子山一片葱郁，在山的后面，是另一片更为火热和阔大的世界，就像我透过窗口所"看到"的大海尽头的另一个世界。

在港口发展史上，灯塔是一个不可或缺的存在。灯塔的坐标意义，不仅定格在浩瀚的大海上，也体现在历史的长河中。我们并不缺乏破浪远航的信念和勇气，穿越时光，穿越波浪，穿越漫长的旅程，我们将为后人留下怎样的"灯塔"，让后人在历史汪洋中如何明辨方向、把握自我？

喧嚣人海中，那些随波逐流的人，最需要的是拥有一个心灵的港湾。不管是启航还是停泊，都是需要积蓄力量的。关于远方的梦想，是永远与此刻的深度相关联的。

（注：本章参考了《烟台港史》《烟台区域文化通览》等著作。）

The
Biography
of
YanTai

烟台 传

从开埠到开放

第六章

　　烟台历史有两个重要节点：1861年的被动开埠和1984年的主动开放。开埠初期的思想文化冲突，是我写作《烟台传》时尤为关注的。改革开放以来，烟台凝心聚力，把一个个不可能变成了可能，把梦想变为现实。"开发区"是改革开放的产物，亦是改革开放的一个缩影。回望这段历史，我试图以"开发区"为镜像，写下一个人对一座城的认知和感受。

西沙旺旧影

## 镜像"开发区"

1984年3月22日,一个在中国发展史上具有特殊意义的会议——"沿海部分城市座谈会"召开,烟台赴京参加。那次会议,作出进一步开放14个沿海城市的决定,烟台位列其中。当时烟台的管辖范围,包括今日威海市的荣成、乳山、文登和环翠,以及青岛市的即墨、莱西等地。

此前,深圳、珠海等地已先行先试一步,杀出了一条路。烟台当地有的干部也出国考察过,当他们看到美国夫妻两人即可耕种1300亩地的时候,一些根深蒂固的观念被颠覆了,他们对改革开放,对机械化、产业化和市场化有了直观的感性认识。烟台从1861年被动开埠到1984年主动开放,在同样的一片土地上,不同的历史背景,不同的观念,让这座城市有了不同的精气神。

也是那次"沿海部分城市座谈会",决定要在每一个开放城市中兴办一个国家级的经济技术开发区。烟台人开始马不停蹄地"选址"了,他们对威海、石岛、养马岛、马山寨、八角、西沙旺六个选点进行了详细的考察与比较,最后将目光落定在福山区夹河以西的"西沙旺"。

选定这个地方，主要是考虑这里三面靠河，一面濒海，边界清晰，便于在四周拉起铁丝网。而且，这个地方距离母城不远，地势平坦，粮田不多，人口也少，不必大填大挖和大拆，比较适合搞开发。

1984年的烟台，港航状况并不理想。在烟台港，经常可以看到货轮停靠在锚地里头，货物被分装到小船上，然后由小船拉到码头卸货。这种方式，被码头工人称为"对扒"。因为吨位不够，大船靠不了岸，"对扒"成了唯一的运货方式，这是没有办法的办法。这一年，烟台港连集装箱的影子也看不到，而青岛已经实现了集装箱大进大出。也是在1984年，烟台正式开通民航，飞机只能选择白天起落，到了晚上，只好几十米站立一人，每个人手中提着一个马灯，用来作为飞机的指示灯……

烟台开发区所在的"西沙旺"，当年有支童谣："西沙旺地儿荒，零零星星几个庄，黄沙从春刮到秋，提来咸水洗衣裳。"据光绪三十四年（1908）《福山县行政区划图》标示：在曲家台子村西北与一沙丘重合的位置有个自然村，名曰韩家店。到了民国二十三年（1924）的《福山县行政区划图》中，这个村落已无踪影。烟台开发区建设初期，施工单位在搬掉沙丘开挖基础时，清理出了大量砖头和陶瓷碎片，印证了民间一直流传的关于沙丘逼走韩家店村的说法。

烟台开发区作为改革开放的产物，就是在这样的背景下起步的。最初的创业者们怀揣梦想，相聚西沙旺，具体的办公地点是在一座饲料厂里。有人放心不下，说这是搞资本主义，提议在开发区四周拉上铁丝网，怕"污染"了周边环境。

## 向"风车"宣战

　　人们习惯于把开发区人喻为"拓荒牛"。这里面，包含创业的勤恳，对目标的执着，以及埋头耕耘、任劳任怨等美好品质。我更愿意把开发区人比作向"风车"宣战的人，就像塞万提斯笔下的堂吉诃德，一个人孤独地向"风车"宣战。

　　回望开发区的来路，因经济业绩而产生的自豪感，往往会遮蔽创业初期被质疑的那份尴尬。刚起步时，有人建议要把开发区用铁丝网围起来。这种形式上的封闭，透露出的是一种更为可怕的观念封闭；这种观念的存在，恰恰反证了创办开发区的必要性。创业之初，有的开发区在外资数量不足的情况下，引进了一些内资企业，被认为是一种"寻租"，受到国务院的批评。有的开发区在土地有偿出让、转让的试验中，受到国内理论界言辞激烈的批评，甚至被冠以"卖国"之名。开发区因为早期引进的项目质量不高，受到国务院各部委的批评，他们指出给了开发区这么多的政策，却引不来好项目，优惠政策意义何在？再后来，全国出现一阵"开发区热"，各地纷纷圈占农田建开发区，却没有项目落地，造成土地闲置，又是一阵舆论哗然……

如今看来，质疑是必然的，也是值得珍惜的。外界的质疑，既可以廓清开发区自身的一些疑惑，同时也会坚定一些想法，增强抵抗时代弊病的免疫力。开发区的发展，就是创新与传统相互较量的结果。

开发区过去是在争议中谋求发展的，今后也理应在争议中继续发展与壮大。作为特殊的经济区域，作为改革开放的"探路者"，我觉得开发区最大的一项权力，是试错权。大凡改革，难免要有一个"试错"过程，当然这个试错是有限度的，不能不考虑风险与成本，不能把改革作为不计成本的托词。

曾经，开发区人希望确立开发区的法律地位，以此保持自身的体制优势，这是各地开发区多年来一直在呼吁和争取的事。因为工作关系，我曾参与过数次关于开发区体制的专题研讨会，大家讨论热烈，最终却没有达成一致意见。其实，开发区的存在与发展，不正是基于对既有规则的突破吗？一种无拘的状态，必会招致阻挠和侵扰，这些力量同时也给予它另一种反作用的力，在这两种力的拉扯中，是最易于产生创造性思维和举措的。

评判一个城市，不仅要看它做了什么，还要看它是否知道自己做了什么，对自己所做之事持有什么态度。可以说，开发区作为一个最不确定的存在方式，实质上却是一种高度理性的选择。只是在后来，外界的目光更多聚到它的经济发展成就上，忽略了体制创新这个更为重要的使命和价值。创办开发区的初衷，不仅仅是为了打造一个富裕区，更要锻造一个火车头，带动其他区域跟进发展。在此，我要引入"鲶鱼效应"这个说法。所谓"鲶鱼效应"，是说把一条鲶鱼放进鱼缸里，其他的鱼有了危机感，于是不停地游动，唯恐被鲶鱼吃掉。正是因为这种倒逼式的"运动"，那些鱼儿更快地长大长壮。对于现有体制而言，开发区就像一条鲶鱼，理应引发一系列的效应。遗憾的是，很多人把注意力集中在这条鲶鱼上，赞叹鲶鱼是如何长大与如何有力量的，忽略了更为重要的"鲶鱼效应"。

一条鲶鱼固然是重要的。一条鲶鱼倘若能够制造出鲶鱼效应，则是更为重要的。开发区应该以自身的不确定性，大胆地"试错"，为整个社会贡献更多的理性经验和探索勇气。

不曾介入开发区发展的人，很难说得清开发区的事。一个原本没有规律可循的地方，会给后人留下怎样的规律？

没有现成的路，路在哪里，只有双脚知道。

# 文化的力量

有研究者认为，牟子国是烟台的"根"。牟子国遗址，就在今天的烟台开发区境内。对于这样的一种存在格局，我觉得颇有历史意味。遥想当年，牟子国浩浩荡荡东迁而来，在这里避难，生活，然后最终消失。后来的开发区，也是经由移民汇聚而发展起来的。两次移民，时隔两千多年，落脚在同一片土地上。这其中，是否存在某种内在关联？

胶东半岛三面环海，地理位置很是特殊。早在春秋时期，齐国就开辟了从东莱北部沿海起航，东通朝鲜半岛的"海上丝绸之路"。秦代徐福率领庞大船队东渡朝鲜半岛和日本，是中日韩第一次大规模的经济和文化交流。秦汉至魏晋南北朝时期，东莱沿海至朝鲜和日本的海上航线，是历史上著名的"循海岸水行"的黄金通道；到了盛唐时期，从登莱沿海进出中国大陆的"东方海上丝绸之路"达到空前繁荣。烟台开埠后，先后有17个国家设立领事馆，大量外国商人和商行涌入，带来了先进的科学技术和文化理念，直接推动了烟台的发展，民族企业、新式教育、城市规模以及海港建设，都有了质的飞跃。特别是本埠文化与外来文化的碰撞与融合，形成了烟台独特的文化现象。在风云变幻的历史进程中，这种文化以特有的方式，参与、见证和留存了烟台这个城市的历史，同时也拓展与丰富了这个城市的文化传统。农耕文化、渔捕文化、商旅文化、民俗文化、仙道文化、"海丝"文化、海防文化、开埠文化、葡萄酒文化、红色文化……各种文化不同而并立，烟台以大海一样的胸怀，成为一个具有包容品质的城市。

社会分工越来越精细化，这一方面导致人与人之间的相对独立性，另一方面也增强了人与人之间的相互依赖性。人和人之间如何相处，个人与社会整体之间如何相融，这越来越成为一个现实问题。一个人的成长，一个区域的发展，靠勇气、技术、机遇等因素汇聚而成的爆发力可以迅速打开局面，但是要想长久地维持局面，获得可持续发展，往往更需要依靠的是"耐力"。这种"耐力"，不仅要靠热情和斗志，更要具有适应竞争环境和抵御竞争风险的"体格"。这种体格的塑造，这种耐力的养成，很大程度上依赖于文化。文化上的认同，更利于凝聚人心，更利于激发创造性，任何一个有生命力的组织，比如那些生存上百年的老店或跨国企业，大多有着独特的经过市场和历史检验的文化理念。而且，他们的文化理念大多是单一的，不饶舌，不夸夸其谈，随着时势的发展而不断发展，最终成为这个组织的"核"。美国新港新闻造船和码头公司的创办人杭亭顿，曾在1866年说过这样的话："我们要造好船，如果可能的话，赚点钱。如果必要的话，赔点钱。但永远要造好船。"这样的理念，素朴，诚实，可信，伴同企业在竞争中留存下来。

招商引资引进了税收，也引进了先进的企业理念。一个企业在市场经济的海洋里经历大风大浪，然后留存下来，它的文化是值得信赖与学习的。

在一个迅疾变化的时代，如何把握一个始终不变的东西，就像风筝不管飞得有多高，一根线始终牵在手中。这根线不但不会对"风筝"造成制约和牵绊，反而让它飞得更高更远更为稳健。这根线，就是"文化理念"。开发区发展到最终，文化理念将是开发区贡献给其他区域的最为宝贵的财富。如果说开发区的现实功用在于对传统城区的拉动和辐射，那么它的理性意义就在于对现实的折射与反思，并且对未来形成某种有益启迪。开发区应是一个不断创造经验的地方，而不应该仅仅是一个被既有经验涵盖和阐释的地方，它在常规之外的探索，理应对既有经验不断构成新的丰富。或者说，它应该在自身的不确定性中为其他区域确定和佐证很多的东西，先行先试是它的内在品质。

《敖包相会》这首歌，是很多人都熟悉的。这个"敖包"并非蒙古包，而是一种由大小石块堆积而成的圆形"建筑"，通常建在山顶和湖畔这种醒目之处，是草原上的一种路标。据说在敖包旁边绕行三圈，再捡三块石头丢到包上，就会得到神灵的庇佑。牧民遇到路标时，堆上几块石头不是什么难事，难的是始终保持这样的一种自觉。蒙古人的解决方案，是赋予了功能性的路标以宗教意义，让路过的每个人都自觉地维护作为路标的敖包，尽到自己的一份力。

在我的想象中，城市的管理者就像一个炼金术士，从不同的观念中采集火花，提炼出自己的理念，形成一份属于这个城市共有的价值认同。

## 隐喻之路

开发区的独特存在，曾被描述为"孤岛"。我不认为开发区是什么孤岛，作为改革开放的前沿阵地，作为一个与国际惯例接轨的地方，怎么可能成为孤岛？开发区没有与世隔绝，它的价值与意义恰恰是在跟周边区域的纠缠和抗衡中得以彰显。在政策普惠的当下，开发区作为最具活力的经济增长点，更不可能成为现实中的孤岛。资本是追逐集聚效应的，开发区的身上已经和正在集聚越来越多来自世界各地的目光。

优势并不等于实力，从优势到实力的转化，离不开一些扎实的工作。倘若缺少了必要的扎实工作，优势可能经由骄傲、惰性这些中间环节而变为劣势。这是一个常识。很多不乏聪明的人，在这个常识面前栽了跟头。开发区是"应运而生"的，它抓住历史赋予的机遇，一步步走过来，把曾经的优势转化成了相对稳定的实力，对走过的路和将要走的路具有一种自觉意识。

我们常说喝水不忘打井人，却很少想到走路不忘筑路人。很多人以为路的存在是天经地义的，或者简单地理解鲁迅先生所言："这世上本没有路，走的人多了，也便成了路。"这种意识的普遍存在，常常让我们忽略了筑路人的开拓和护路人的辛劳。熙来攘往的道路上，我们都是匆匆过客，我们留下足迹的地方，早已洒下了筑路人的汗水。

二十世纪五十年代，新中国成立初期，诗人邵燕祥写下《中国的道路呼唤着汽车》；到了八十年代，他又写下《中国的汽车呼唤着高速公路》。屈指算来，距今三十多年的光景，高速公路从无到有，纵横交错，大有无所不及之势，车辆更是如同雨后春笋，一下子挤满了路面。这个变化速度，恍若一梦。

从现实中的道路，我想到了开发区的创业之路，想到了一个城市的发展之路。做正确的事，以及正确地做事，这关涉到了决策与执行两个方面。对于一个区域来讲，做正确的事，当是一个战略问题，涉及目标、方向与道路等根本问题。亨利·福特曾经说过这样一句话："当一切似乎都不顺利的时候，请记住——飞机是逆风而起的。"一个富有挑战精神的人，会更看重有难度的发展。逆飞心态，将是他区别于其他人的一个重要标志，他不但不会在挑战之中消沉，反而会从中享受到一种挑战的快乐。这种对待困难的态度，是强者和弱者的根本区别所在。最大的竞争对手，是自己；打败你的，常常是你自己，不是别人。

道路，这样简单简洁的两个字，有坎坷也有平坦，有风雨也有阳光，有迷惑也有坚定和执着。同样的一条道路，不同的人将要抵达不同的地方，一路上的所有遭遇都是"正常"的，每个人从中看到自己所能看到的东西，获得自己所能获得的东西。剩下的，交给时间。

*The Biography of YanTai*

烟台传

当我们谈论渔灯时,我们是在谈论什么?
它更应该成为这个滨海城市的内质。

渔灯　第七章

眺望，1908年

## 渔灯节

每年到了正月十三这天,初旺渔村一下子就热闹起来。人们从不同地方涌向渔村,大街小巷停满了车,家家户户都在忙着招待客人,整个渔村洋溢着节日的气氛。

一年一度的渔灯节开始了。

渔灯节是胶东渔民的一种祭海习俗,主要分布在烟台开发区境内的十多个渔村,已被列为国家级非物质文化遗产。渔灯节那天的傍晚,渔民们抬着渔灯、鞭炮、大鲅鱼、猪头、饽饽等祭品到龙王庙或海神娘娘庙送灯,再敲锣打鼓,抬着祭品到自家船上祭海,最后到海边放灯。渔民陆续到自家船上祭祀的时候,秧歌队已经进了码头,鼓声、号声、鞭炮声、欢呼声,此起彼伏,如浪似潮。码头,船上,人山人海。到了下午三点左右,鼓乐停止,鞭炮渐渐稀少了,被掩盖的海浪声又开始哗哗作响。

夜幕降临,开始送渔灯了。渔灯制作精巧,一般是用萝卜、胡萝卜刻制或用白面捏制,内设油盏,用"仙草"缠棉絮做捻,倒入蜡油,现在改用蜡烛。渔灯渐远,宛若星光点点,整个海面都变得迷离,温馨。村子的上空燃起了烟火，起起落落，遥相映照。与白天的热闹相比，此刻的大海与渔村变得安静了许多。这安静里，有着渔民的思念与祈祷。

渔灯节起初是为了求平安的。人在海上，安全是最大的事，很早以前的安全没有任何保障，只能听天由命。只要刮风下雨，妇女就在家里提心吊胆，担心海上出事。据村里老人回忆，经常是上课的时间，学校里就有人被叫出了教室，然后哭着往家走。看到这一幕，老师和同学都知道，村里又有人在海上遇难了。

在没有罗盘的年代，渔民在大海里是依靠观看天象来判断方向的，这里面有一份对于未知的、不可及的事物的敬畏。想到茫茫大海，想到这个百舸争流的时代，"渔灯"显然具有别样的隐喻意味。

渔民在最原初的生活里，需要渔灯，并且把渔灯作为一种信仰坚持下来。烟台开发区作为改革开放的产物，作为新时期的一个特殊经济区域，在开发建设过程中，何尝不需要文化的"渔灯"？从这个意义来看，"渔灯节"不仅仅是民俗层面的城市名片，更应该成为一个城市的内质。随着时光的流逝，这种内质将会越来越绽放光芒，不是耀眼的光，是那种不管遭遇什么磨难，终将烛照并且引领那些行路者的光。

烟台开发区所在地，改革开放之前还是小渔村，三十多年过去了，当年的渔村变成一座新城。渔灯节所依托的载体，不管是海洋渔业还是乡村传统，都在日渐消失。

初旺渔村在开发建设中被保留了下来。我的工作单位距离初旺渔村有三十多公里的路。我时常坐在办公室想象那个渔村就在我的面前。每当谈及城市规划与发展之类的话题，我就想到了那个渔村，觉得它是应该保留下来的。这个想法，更多的是出于一种审美的念旧情绪。当我走进初旺渔村，当我与这个渔村的渔民打成一片，我才真正理解了这个村子，理解了这一群人。我们对他们的想象和预期，有很多不对称的地方，而所有的结局，也许都可归结为"变化"所致。越是处在变化中，越要有所不变。有经验的老渔民，在风浪大作的时候，通常会更加用心地固定好自己的锚。

城市灯火通明。很难想象，没有灯火的城市夜晚，我们该如何度过？而在并不遥远的过去，渔民在茫茫大海上，没有灯，看不到方向，只能凭着经验和感觉，在风浪中寻找一条属于自己的路。一位老船长曾经亲口向我讲述了他14岁那年在海上迷路的遭遇，是一盏灯，指引他找到回家的路。在茫茫大海上，一盏渔灯给予夜航者的温暖，是语言难以表达的。

渔民在海边放走渔灯，明知它们并不能走远，依然一辈辈坚持做了下来。这是信仰的力量。

渔港码头曾是初旺通往外面世界的必由之路。如今村里也通了公交车，各种车辆停满街头。偶尔可见渔民修网的情景。水上的捕捞工具和路上的交通工具同时占领这个渔村。在居民安置小区，我听到那些已经住进楼房的老渔民说，每年仍要回到村里过渔灯节，虽说不如以前热闹了，好歹有这么个活动，心里安慰。

当我们谈论渔灯的时候，我们究竟是在谈论什么？

是在谈论历史与未来，是在谈论理想与现实，也是在谈论创新与传承。对渔灯文化的观照，理应放在改革开放与城市化进程这个大背景之下。关于渔灯的一切，都可归结为对于一座现代化城市的观察与反思，可以从中发现"一个小渔村里的开发区"，以及"一个开发区里的中国"，它们互为背景，是有潜在关联的存在。

"中国渔灯文化之乡"授牌仪式那天，海边风很大，我没有想到会有那么冷，冷得让人无处藏躲。当地的一个熟人从车的后备厢里拿出一件军用大衣，借给我穿，他说常到海边的人，是知道给自己准备一件棉衣的。我穿上棉衣，才感到些许暖意，感到不再那么狼狈。此前，我曾经以为自己也是海边的人。"海边"对我来说，是一种漫步，一种审美，甚至是一种所谓的抒情；而对于渔民，"海边"是最真实的日常生活，是不得不面对的生存境遇。

  在烟台开发区，村庄拆迁已成为一种常态，渔灯节的几个代表村落，如山后陈家村、山后李家村、山后顾家村，都已拆掉了。在初旺渔村的那段日子，我每天都会散步去到那几个村落，在拆迁的残迹前默默站一会儿，然后掉头往回走。搬上了楼房的渔民，生活方式改变了，渔灯节也随之发生改变，它更多地成为一个怀旧的节庆，失去了以往那种与自身生活密切的关联性。在熙攘热闹的渔灯节现场，我感到一种越来越迫近的落寞。所谓传承，所谓创造，在巨大的现实面前，被赋予了狂欢色彩。如何面对我们的传统，以及我们将要成为后人的怎样的传统？走在锣鼓声中，我看到一个老渔民把一盏渔灯放入大海，然后站在原地，沉默地面对大海。

# 渔民说

刘玉香（百岁老人）：小时候，正月十三这天到海上送灯，家里养船的还要供养饽饽，船上挂旗，磕头。养船的自己勾网。老辈打虾，放流网，出老力了，遭老罪了，又遭罪又出力。

初名越（95岁，老渔民）：那阵子就有送渔灯，不叫渔灯节。家里有小船的，打虾的，一家一户都上自己的小船送灯，傍黑去龙王庙，送灯，烧香发纸。家里不养船的也跟着看热闹，打着个灯笼来回走。（我）跟老爷子去过龙王庙，那时村里有400多户人家，过穷日子。过去没有现在的气氛，比现在的气氛差老了。

丛大洪（84岁，老船长）：送渔灯是老辈的传统，送灯给（海神）娘娘，打鱼的船出海有个灯照着能安全回来。那时在海边看风口，咱这个地方喜欢西南风，刮西南风时船能出去，扎个小船，里面放上灯，有西南风时在海上放走。咱村有娘娘庙和龙王庙，邻村没有，都到咱村庙里来送灯。这是我十四五岁那阵的事。到了二十来岁，送渔灯又有变化了。有船的买套锣鼓，到了这天，从村里出来到海边，前面敲锣打鼓，后面挎着小篓，里面放着纸、香和渔灯。再后来又变了，开始供猪头、饽饽，用食盒抬着。

刘克恒（94岁，老渔民）：那时我们村480户，家家都有小船，家家都有打虾的网。我父亲是在"海会"，管着清明之前渔民抓阄，一排7家打虾的，共有六七排，抓阄。老辈送渔灯是在正月十三这天，村里有龙王庙、娘娘庙。晚上吃了饺子，拿着渔灯上庙里去送，胡萝卜做的灯，用黄表纸搓个灯芯，化一些蜡油放在碗里。

初建福（78岁，老船长）：渔灯节以前不是叫"节"，过去就说是"送渔灯"。大约是60年代才开始叫"渔灯节"了。小时候盼望过渔灯节，因为可以吃好饭，那个时候吃半碗面条，都是很奢侈的。以前渔灯节是初旺与山后李家一起过的，都是正月十三过。后来两个村打起来了，就分开日子过。每年的正月十三，初旺比过年都热闹。

初明恩（64岁，老船长）：老辈就是打鱼的，自己也打了一辈子鱼。在海上，有风有雾的时候，必须有相当丰富的经验。到了80年代，渔灯节才渐渐成规模的。渔灯节这天，比过年都热闹。渔灯是用红萝卜来做的，捡粗的、细的来做，红色是喜庆色彩。我对渔灯节的理解，一个是，靠海吃饭，对大海，对天，要有敬畏心，什么话可说，什么话不该说，都应该是有数的。再一个是，有个美好的愿望。

初名禹（59岁，船长）：我16岁就开始出海，已经干了30年的船长。以前每年渔灯节请客五六桌，现在仅是两三桌。目前全村有116条大船，另有小船100多条，一对船可放2000多块钱的鞭炮。鞭炮以前是挂在自己家船上放的，现在考虑安全因素，上面不让在船上放了。现在海资源一年不如一年了。鱼在春天来到渤海湾产卵，半路就被渔民捕获了。禁捕落不到实处，罚款也不能杜绝这种现象。以前渔民是有个基本的讲究和基本的敬畏心，比如捕了海龟，一定要放走的。现在不行了。以前渔灯节，山后李家、顾家、陈家也有，现在那几个村都拆迁了，只剩下初旺和芦洋。

赵竹义（60岁，船长）：本村出海的人越来越少，如今出海作业的渔民，主要是外地雇工，每年到了8月下旬，在开捕期之前，就会有河南、东北、云南等地的人，来到村里，等着9月1日开始出海。他们中的大部分人，是没有海上作业经验的，来村里现学。一般也不会游泳，上船穿救生衣。现在渔业管理部门对安全的要求很高，所有船每年都要配备新的救生衣。对海上雇工的岗前培训，主要内容包括：不准打架，不准偷盗，不准在船上钉钉子，不准在船上喝酒，等等。

刘克兰（82岁，老船长）：我的爷爷、父亲都是打鱼的。小时候刚记事时，渔灯节还不够兴隆，从1949年新中国成立以后，渔灯节才开始热闹起来。那时都是小船，都拖在海滩上，不像现在停在港上。那时没有机械化，是帆船，一年中一直到大雪，大小船就都不干了，开始过冬。现在的年轻人，不知道当年吃地瓜叶的日子是怎么过的，小麦不到过春节是不能吃的，面条是家里有贵客才能吃上的，哪有心思过什么渔灯节？新中国成立后条件好了，才开始过渔灯节。村里的市场西侧，过去有龙王庙，龙王庙后面大约20米往北是关帝庙，再往北是娘娘庙。村里还有土地庙。

这是村里的传统。土改复查时，村里的庙全部被破坏掉了。但是渔灯节一直有，以后到了合作社时期，渔灯节也没有人提及，光顾着搞生产去了。到了改革开放以后，渔民开始重视渔灯节，挣钱多了，精神面貌也变了。渔灯节祭品由一开始的饽饽，去龙王庙摆一下，再到自家的船上摆一摆，放鞭炮，到改革开放后，变成了猪头。过去是篓子盛放，现在是开车去送，很热闹。

初乃鹤（48岁，船长）：前些年拉网，曾经在半个小时之内拉上七八万斤黄花鱼。在海上，我两天两宿不睡觉，困了，就自己扇自己嘴巴，必须时刻清醒，自己把好方向，不能马虎。船长每天早晨四点多钟都到码头去看看，风雨不误，越是风雨天，越是要去的，看看自家的船，然后聚在码头，聊聊天。前几天刚从微信上看到新的政策通知，燃油补贴将要减少40%。如果政策真的这样执行，至少会有三分之二的人不想要船了。现在的年轻人对渔灯节已经不当回事了，主要是因为海上资源少，不赚钱，渔灯节受到影响，这是必然的。

丛大丰（71岁，老船长）：我从17岁就开始摇大橹，摇不动，但是没有退路，只能摇下去，稍一松劲，船就退了回去。一个人只能咬紧牙关，跟整个大海较劲，现在回想起来头发梢都发麻。遇了风，十几个小时回不了家也是常有的事，不翻船就算幸运的了。老辈留下这么个渔灯节，渔民到海边送灯，为的是求海神带你去安全的水域打鱼。现在过渔灯节，每年都有公安来维持秩序，怕出事。现在就是不过渔灯节也比以前安全多了，全都机械化了，雷达，探鱼仪，导航仪，前面有雾看不见的话，照着跑就行，都避开了，好天坏天差不多。我们以前出海不是这样的，上船以后，不分白天晚上。船是露天的，几个人挤在船上，看天上的星星，四面朝水一面朝天，吃面条，一边吃，雨就下满了锅。1959年秋天到1960年春天，初旺村共计16个渔民遇难，明知道天气不好，但在海上，回不了家，靠人力摇橹，最后翻了船，沉到海里。八十年代中期，烟台渔业公司动员去西非捕鱼，标准是"三通四满意"，即：自己思想通，爹妈思想通，老婆孩子思想通，才能上船作业。"四满意"具体是指什么，记不起来了。那次出国捕鱼的人，都发给冰箱、彩电、洗衣机，这在当时被称为"三大件"，是很有诱惑力的。村里的年轻人很犹豫，不想去，又想要三大件，最后到底是去了。这批人，两年后又续签了合同，继续留在那里干了两年。四年后，他们把破船就地卖掉，坐飞机回国了。1991年村里组织去考察海南岛，回来后就开了10条船过去，在海上跑了八天八宿，一口气开到了三亚……国家现在提倡休渔，这是对的。捕捞量太大，以后资源都枯竭了，怎么办？

# 初旺船厂

二十世纪五十年代中期，初旺船厂尚未正式筹建，就开始有铁匠和木匠在那里作业了。潮满时，村人用滚木把待修的船推上岸，一直推到现今的船厂处。六十年代以后，村里派人去石岛学习，学成后回村筹建船厂，厂内设机床、电焊、模型、烘炉、翻砂、坞道车间，车工、木工、捻工、电工、钳工一应俱全。当时负责技术的副厂长带领村人按照从石岛套回来的样板，开始琢磨造船。到了七十年代，初旺船厂就造出了20—40马力的大木船。这在当时很轰动，县里派人来剪彩。那个年代的人，精神状态好，干劲足。冬天渔民不能出海打鱼了，就开始修船；夏天太热，也在修船。到了春秋两个季节，船厂就清闲下来，开始造船。造大船是要搭脚手架的，有点像农村盖房子，由专门的"海木匠"施工。新船下坞，船主择"黄道吉日"，船头披彩，船桅挂旗，设供品，点蜡烛，焚香纸，行大礼。船主用朱砂笔为新船点睛、开光，高呼"波静风顺""百事大吉"，送船入海。

据李士豪、屈若搴《中国渔业史》记载："我国汽船手操网渔业，乃以烟台为鼻祖，而今亦以烟台为最发达，按烟台首倡此业者，为辛作亭君。"

辛作亭是国内最早引进双船拖网的人。初旺的渔船论对建造，结伴出海，不知与他有无关系？

据老厂长回忆，到了1983年，船厂被承包。当时拉坞费是按马力收取的，价格偏高。船厂承包时，村里在船厂一下子安置了99个村人就业，要解决这些人的饭碗问题，只好多收拉坞费。不管日子有多难过，船厂用的油漆必须是上等好漆，否则船板容易招蛆，那可是人命关天的隐患。当年建成的船坞早已废弃了，因为钢壳船太大，原来的坞道根本就用不上排场。曾经，村里最热闹的场景，就是五六十人统一喊着号子，把船拉上坞道。

记得第一次路过初旺船厂的旧址，我就滋生了莫名的兴趣，想了解这段历史，挖掘关于船厂的故事。潜意识里，我觉得这个船厂一定有着非同寻常的故事。然而直到采访结束，我对船厂的了解也没有太多进展，村里很少有人说得清关于船厂的历史。那些老船长只记得一些碎片，具体的年代，具体的人与事，大多记不清了。熟知船厂完整历史的那个人，现在患了老年痴呆症，他用木然的眼神看着我们，一直看着我们。

采访老厂长的第二天，他到招待所找到我们，说再补充几点意见，我们昨天的采访勾起了他对船厂的回忆，他彻夜未眠，满脑子都是当年与同事一起创业的场景。他特意来到招待所，想跟我们说一下当年的同事是如何辛苦的，希望我能在文章中有所体现。他说，当年大家太苦了。

初旺船厂拉坞的场景，无数次浮现在我的眼前。我不知道，这样的一份记忆来自何处，是来自书本还是儿时看过的某部影片？这样的生活经验于我来说是陌生的，更谈不上有什么想象的依据，然而它却在我的意识里反复出现，像是某种召唤。再后来，我觉得这份想象也许跟大海有关。我的童年是在远离大海的地方度过的，我一直对那片巨大的蓝水充满向往。我为自己的幻觉找到了一个理由。

# 渔港

早在1964年，初旺渔村就成立了一支四十多人的建港队，开始动手修建渔港。他们完全依靠双手，用錾子和铁锤从海边那座山上凿了大块的石头，用铁棍一点点地撬动，一直挪移到了海里。这种笨拙的填海方式，他们坚持了20多年，像燕子衔泥一样，简单，固执。到了二十世纪八十年代，他们开始用上了最初的建筑设施，渔港初具雏形；等到具备停泊船只的功能，则是九十年代的事了。

在长达半个世纪的时光里，初旺渔民修建渔港的信念从来没有动摇过，他们自觉参与义务劳动，不计成本，毫无怨言。他们深知，一座渔港码头对于祖祖辈辈出海打鱼的人意味着什么，他们从这里出发也从这里归来，没有码头，都是用筐子从船上抬鱼，在船和岸之间搭块木板，一步一颤，来回走动。

从初旺渔民赤膊合力把第一块巨石投入海里，半个多世纪已经过去了，如今渔港彩旗飘扬，一片渔船静静地泊在这里。对面的山体，一个巨大的窟窿赫然醒目。

他们在海上给自己填起了一个远航的起点。

2011年，一场叫作"米雷"的台风，把渔港码头的挡浪坝摧毁了。村人抢修一个多月，一鼓作气将渔港修缮如初。

从这里，渔民走向大海；也是从这里，渔民回到村庄。作为局外人，作为渔村的一个暂居者，我站在码头，遥看不远处的城市灯火，那是我所工作与生活的地方。伫望久了，心中渐渐生出一种幻觉，觉得远方的城市灯火，像是浮在海面的点点渔灯。

每天，船长们都会在天亮之前赶到码头，风雨不误。其实也没啥具体的事，到码头看看船，聊聊天，然后各自散去，这已成为船长们的一道生活程序。住在渔村的日子，我们挨家挨户寻访渔民，有人说去码头最省事，每天早晨船长们都在那里聚会，越是刮风下雨的日子，越是要去码头看一看。我以为他们是喜欢看日出的。当我去到那里，看到他们散落在码头，有一搭没一搭地聊天，对海上冉冉升起的太阳早就习以为常了。他们每天早晨去到海边，并不是关心日出，而是关心停泊在那里的船。船是他们生命中最重要的物品，无论出海还是泊在码头，船都是他们最惦念的，关涉最具体的生活。

想到了那些作为观光的海上日出，想到了我曾亲历的若干次海上日出，我都将其定位在审美层面，这多少是有些遗憾的。

## 渔村婚礼

一辆敲锣打鼓的车从街头缓缓驶过。问了招待所的老初，才知道是明天村里有人结婚娶媳妇，提前一天敲锣打鼓去女方家里贴"喜帖"。

我站在招待所门前，一直看着那辆欢快的车沿着村道向远处驶去。

第二天我还在睡梦里，外面就锣鼓喧天了。老初的招待所承办这场婚礼，我是知道的，昨天下午在招待所门口的大屏幕上就见到了恭贺新禧之类的字眼。我走出房间，六辆红色的小车，跟在昨天敲锣打鼓的那辆车的后面，正从招待所门前经过。他们这是去接新娘了。招待所的老初也站在路边，看着车队。招待所的伙房里，天不亮就开始忙碌起来。

《道光重修蓬莱志·风俗》载："初聘媒妁，然后定婚，不计财礼，将娶，先期通日用面、肉、果盘等仪行，纳吉礼又送钗钏装饰等物行纳采礼。将娶前一日，女家备箱笼衣服等物至婿家陈设，谓之陪送。"

在清版武强年画《水兽迎亲》中，我看到了海上娶亲仪仗，俨然人间嫁娶的情景，有花轿、彩旗、灯笼和鼓乐队，均由虾兵蟹将充当。在烟台，我曾亲见过一支由人力三轮车组建的婚礼队伍，从这个城市的广场上浩浩荡荡地走过，三轮车夫们统一着装，载着他们的工友和新娘，一路神采飞扬。

初旺村举办婚宴，对受邀赴宴的人一般不收红包。这是村里的"传统"，请你就是请你，不必带礼金，他们怕欠了这份人情，等自己老了没有能力偿还。倘若有人非要递上红包，喜主第二天会登门退还。

我所住的初旺招待所，几乎每个周末都承接婚宴。主持人的夸张语调，烦琐的婚礼环节，不时地传来孤单的尖叫声和喝彩声。婚礼的仪式，与城里基本是一样的。主持人操持着程序化的主持词，夸张，洪亮，一波一波的声音从宴会厅里传了出来。让我稍感惊讶的是，这场渔村婚礼竟然在一个小时左右就结束了，喝喜酒的人陆续离席，招待所的人把烟酒盒子从窗口倾倒出来，在午后的阳光里哗啦啦地响。我的童年记忆里，乡村婚宴一般会从中午一直喝到傍晚时分，大多喝得醉醺醺的，摇摇晃晃地走在街头，像是乡下日暮时分从河里排队回家的鸭子，一路摇晃。而在初旺招待所，我看着渔民匆匆离席，极少见到喝醉了的，心里总觉得有些异样，婚宴从形式上变得丰富多了，情感的表达却比过去淡了很多。村人的生活方式和习俗都已发生改变，他们对待人与事的态度也有了很大改变。

初旺人靠海吃海，把海鲜做得活色生香，花样百出。我看过初旺招待所的一份婚宴菜单，如下：糟溜虾仁、葱烧海参、红焖加吉鱼、苜蓿蛏子、烧溜鱼片、韭菜炒海肠、拌海螺、溜乌鱼花、蜇头炝肉片，等等。听厨房大师傅一路讲来，每道菜都有讲究。这些日常的渔村素材，被婚礼仪式赋予了更为丰盛的表情。

## 房前屋后

在渔村，渔具随处可见。烟囱旁边挂了一半浮球，下雨时可以用来把烟囱盖住，避免雨水灌入；另一半浮球则被搁在门口，当作了喂狗的食盆。房前屋后，哪怕是不起眼的一方泥土，渔民也会种点菜，用废弃的渔网遮挡起来。在老船长的院子里，我看到一块渔网搭在半空中，兜住了硕大的方瓜。午后的渔村胡同，偶尔可见村人围着贴有"冷冻海鲜"字样的泡沫箱在打扑克。

据那位94岁的老船长回忆，他小时候屋后有个秋千，是用船上的桅杆架起来的。我忍不住想象，接近一个世纪之前，一群孩子在高高的桅杆上荡秋千，是否感受到了浓缩在桅杆上的海浪，是否看到了来自大海彼岸的消息？当年在桅杆上荡秋千的孩子已经老了，在他家的东墙根，每天都有十多位老人在那里晒太阳，他们面朝大海，说点什么，或者什么也不说。每天，他去得最早，离开得最晚，像在遵守某个约定。

屋脊上有一只猫倏忽而过。我怀疑这可能是一种错觉，因为渔村的猫，大多给我留下了慵懒的印象，在老船长的热炕头上，在村人的怀抱里，猫集一身宠爱，完全是无所事事的样子。在渔村，以前是极少养猫的，因为再听话的猫也难免会偷鱼吃。如今的渔村，猫越来越多，海资源再匮乏，也阻挡不了渔民养猫的兴致，他们甚至不愿就地取材，从宠物店购来专用的猫粮。

房前屋后，是渔民日常生活的领地，我从中看到一种最真实的状态。他们的劳作，是以辽阔大海为背景的。不出海的日子，他们把整个大海都浓缩和移植到了房前屋后。在一座老宅门前，我看到一截废弃的船板，上面留有风浪的刻痕，还有一枚锈蚀的铁钉。

一位朋友，专心拍摄了大量关于海草房的照片，我以为这是可以传之久远的艺术。因为，它记录了正在日渐消逝的事物。在渔村采访，我没有看到海草房，我所看到的，是齐整的大瓦房，以及渔民对于搬上楼房的期盼。

当我祈望保护渔村留住乡愁的时候，村人正在翘首以待渔村之外的生活。这样的错位之间，我看到了巨大的茫然。

# 网

招待所隔壁是一家网厂。写累了，或者写不下去的时候，我就站在窗前看他们织网。蓝色的线绳铺在地上，由两个人每天捋顺着走来又走去，穿梭似的，速度并不快，才几天工夫就堆起了小山一样的网线。

每天站在窗前，我发现来回走动的总是那两个人，隔窗问起这网是如何织成的，他们说一半靠机械一半靠手工。隔个三五天，网堆积得高了，就会有货车开进院里。问他们要把网拉到哪里，说是拉到渔民那里，再加工一下，就送上船了。

午后的街巷，偶尔可以见到渔民织网，有时是我们停下来看看他们，有时是他们抬起头打量从身边走过的我们。我总觉得，织网是一件颇具隐喻意味的事，就像他们看到两个陌生人从街头走过，忍不住停下手中正在织的网，看一眼，再看一眼。我还觉得，对于渔村来说，织网理应是一件平常事。可是，这样的场景在现实中并不多见，正如网厂厂长所说的那样，村人自从农转非以后，每月可以领到养老金，很少有人再愿意来厂子里打工了，人工成本太贵，只能靠机器结网。

当我对一张网开始想象和抒情的时候，作为渔民的生产工具，它与具体的日常生活有关，与海上的风浪有关，哪里有什么所谓浪漫可言。这是对待生活的一种真实态度。就像农民对待农具，其实是很难从中发现美的，它们更多剩下的是功能意义，是劳动的苦和累。

初旺渔村的网厂成立于 1979 年，至今已有五任厂长。现任厂长说，以前渤海湾的大青虾远近闻名，现在连小虾也不多了，这与过度捕捞有关，也与海水污染有关。以前用鲅鱼包饺子，必须要兑进两瓢水，因为鱼肉太肥了；现在的鱼，因为海水污染，吃不饱，瘦得很。网厂去年十月份就基本停工了，渔船收成不好，网厂肯定要受影响。

海是博大的。我们早已习惯了赞美海的博大与包容。而现实的状况是，海已经被动地包容了太多的污染物，海在所谓的包容之中被改变了。此前，我一直忧虑初旺渔村是否会在未来的城市规划中保留下来，是否有一天将会像其他村庄那样面临拆迁。现在看，即使不拆迁，海已经变了，渔村和渔民唯有随之而变，这是别无选择的事。

他说起织网的工艺，我听不懂，听了半天仍然似懂非懂。对我来说，常识亦显深奥。比如说网腔，是指装鱼的那一部分，是一张网中成本造价最高、使用年限最长的部位。关于网，我并不知道更多，但我知道网扣的大小，决定了人与鱼的关系，也关涉到人类对于海洋的态度。这是一种最起码的职业伦理。

海里的资源越来越少。网越来越孤单。一张面对大海的网，让我觉得整个思绪漏洞百出。

海瘦了。一位老船长这样感慨。我注视着他，他瘦得像是一截枯枝。他说海瘦了，这个枯枝一样的人，是这样看待大海的。

而我们一直觉得海是丰富无穷的。

而我们一直觉得人是可以战胜大海的。

海瘦了。我们看到这个事实，却没有说出它。

他说了。这个不善言辞的老船长，此刻变得滔滔不绝。他说在别人休渔的时候，有人仍在偷偷捕鱼；他说人越来越贪心了，连产卵的鱼都不放过；他说海水污染了，三十年海水才可循环一遍；他说鱼瘦了，海也瘦了……

午后的街头，偶尔可以见到修网的人。因为采访过网厂，知道了渔村的一些事，当我在午后的街头看到零星的修网补网的人，觉得像是一个意外。这种场景原本应该属于渔村的一道风景，如今也残破了。愿意出海打鱼的当地人越来越少。船上的雇工，大多来自外地，像是寄居蟹，每年临近开捕期赶到渔村，到了冬天，就回到各自的故乡。

一位年轻船长绘声绘色地向我介绍过探鱼器的使用方法。倘若，我对这些所谓高科技设施提出质疑，他们一定不会理解。立场不同，看待问题的方式和结果自然也就不同。我没有说，不是担心不被理解，而是觉得说与不说，都不能改变什么。

屋檐下挂着一串咸鱼干。不远处的海，瘦了。

## 渔市

渔市所在地，曾经是一片海。在过去，初旺的大船出海归来，因为水浅无法靠岸，只能由小船把大船上的海鲜卸下来，再转运到岸上。我在老船长家里曾见过一幅旧照，正是二十世纪八十年代初旺海边的情景：海，是青涩的；船和人，也是青涩的。渔市边缘的住户，可以坐在自家平房上垂钓，飞溅的浪花，径直落进院里。后来，这里成了村里的垃圾场。再后来，各种垃圾堆积得多了，村里索性把这个地方填平，建成渔市。

这里曾经是一片海。不过才几年工夫，我们改变了海。

这里是被填平的。如今占据这里的，是另一种声音。走在渔市，摆摊的小贩并不像其他的集市那样叫卖，我曾在某个早晨特意去到那里，走在稀稀拉拉的人群里，隐约听到地下似有海的声音在涌动，在凝聚。晚上我和友人在村里沿街散步，总是要经过渔市，巨大的蓝色遮阳棚下，是跳广场舞的人，他们踩着佛经的音调，动作舒缓。

每天下午，在渔市的西侧墙根底下，总有一排老人坐在那里晒太阳。我凑过去跟他们聊天，才知道最老的94岁，最年轻的也有80岁了。我在那里遇见他们，驻村一个月的时间里，我按照村里提供的名单，分别登门采访，才发觉好几位老人早已在渔市西侧的墙根底下见过，且聊过了，于是觉得格外亲切。

渔市的西边，是一个高大牌坊，建于"文化大革命"时期，主要用来张贴图像和标语。现在看来，牌坊已经陈旧不堪，因为挡在路中央，新修的村路只好绕避了这个庞然大物。牌坊的底座留有三个洞，据村里老人说是为了缓解潮水的冲击，起到分流减压的作用。这个巨大的牌坊矗立在路中央，直到今天依然是初旺渔村的地理坐标，不用说本村妇孺皆知，就是周边村落也无人不知。

离开渔村的那个早晨，我去到渔市，在牌坊前站立了很久。巨大的牌坊上贴满形形色色的野广告。我用手机拍下它们，本想逐一整理出来，植入我将要写下的关于渔村的文章中，那该是一件颇有意思的事。很久以后，我把存在手机里的那些野广告按照原样整理打印出来，想了想，又删掉了。

## "挑担水"

在开通自来水之前，初旺渔村是吃井水的。每天早晨，村人聚到井边，排队打水，清脆的水声响彻村庄上空。离井远的人，倘若哪天要请亲朋好友喝酒，对方一般会顺路挑担水过去。并非因为君子之交淡如水之类的古训，只是因为水是日常生活中的必需，最亲的人，挑担水，就是最好的礼物。当天的聚餐，酒可能喝得酩酊大醉，情谊却是体现在一担水上。

渔村傍海而居，三面环水，饮水却是如此艰难。直到二十世纪七十年代初，村里打机井建起五处自来水供水点。一个老渔民回忆起了当年自来水开通时的情景，全村人的那个兴奋劲啊，我从他的眼神中似乎看到了水龙头里跳跃而出的白色水花。那条自来水管道，像是渔村的血管，把日常的"血液"从外面输送过来。到了九十年代，村里又投资搞了"西水东调"工程，水的问题得到缓解。直到五年前，这个渔村才由这个城市的自来水公司统一供水，喝水的问题，终于不再是一个问题。

在渔村，我特意去看过当年的那口井，沉寂，且落寞。旁边是饭馆。想象当年这里每天都在上演的"盛况"。到了冬天，井口旁边会结一层厚厚的冰，孩子们在上面快乐地甩起鞭子抽打陀螺。年过九旬的老船长回忆起童年时的这一幕，依然啧啧不已，满脸沉醉。

故乡老宅门前也有一口井。童年时代，父母去生产队劳动了，总把我和弟弟关在家里，我们用木棍把门闩打开，门外的世界一片空无，只有一口井。我和弟弟趴在井口，对着井里的模糊影子，发出各种调皮的声音。变了调的回声，从井底返了出来，这个陌生的声音，与自己刚刚发出的声音有关，这让我很是兴奋。面对一口井，我们找到了独属自己的玩耍方式。后来，这个秘密被母亲发现，她大惊失色，狠狠地揍了我一顿。每次出门，她总要警告我，不准带着弟弟靠近井口。那口井，在我心里渐渐变成了一个恐怖的所在，我总觉得井底藏着什么秘密，以至于等我长大成人，那口井早已成为被废弃的枯井了，可是每次路过那里，我总会突然变得紧张起来。

在渔村，几乎家家户户的院子里都可见到蓄水井。水对于他们如此宝贵。守着大海的人，另一种水却如此珍稀。

二十年前，我曾陪同北京的朋友去某个小岛住了几日。那时还没有桶装矿泉水，当地的朋友用两个塑料大桶装了自来水，搬到船上，向着那个远离陆地的小岛驶去。岛上的海鲜太丰富了，早晨垂钓的鱼获就足够做一顿丰盛大餐。然而水是稀缺的。岛人喝的，是经过沉淀的雨水。一个四面环海的小岛，饮用水是经过了沉淀处理的雨水。置身一片巨大的水中，另外的水从天而降，这是我曾遇到的现实，也是如今我在亲历的、无处逃避的现实。若干年前，现实就以不同的方式告诉我，一个人在这世上真正需要的是什么。那时，关于水，关于对水的渴望，我并没有懂得，别人似乎也没有比我更加懂得。

如今，物质越来越丰富。一滴可以放心饮用的水，却变得越来越珍贵。

# 老船长

在初旺渔村，我先后采访了五十多位老船长。这是一些到大海中去、从大海中回来的人，这是一些经历了大海、内心藏有风浪的人，这是一些并不言说风浪的人。海是他们生活和生命中的一部分，他们对待海的态度，即是对待生活的态度，他们的日常生活与大海息息相关，该做什么，不该做什么，什么是可以做的，什么是不可以做的，都有确切的自我要求。对大海，他们始终怀有一颗敬畏之心。

老船长说起他第一次出远门打鱼。那是1975年，他带船队去舟山，十条船，一百二十多人，在海上跑了三天四宿，那时没有导航，只靠一个罗盘。海上起雾了，隐约可以看到西边一片灯火，抛锚，天亮雾散后，打听当地渔船，知道这就是舟山了。上岸后，当地渔民很热情，像自家人一样亲。他们在舟山待了两个多月。他讲起了当地流传的故事：船老大双眼失明，在船上一不掌舵，二不拿篙，既不能观天，也不能看海，但是他有神一样的本领，睡在船舱里，听水响就知道海底沙高浅，听鱼叫能知道鱼说的什么话，海鸥从头顶飞过他能知道公母。手朝舱外一伸，就能知道刮什么风、多大风。更神的是他尝尝海底泥，就知道船来到了什么地方。有个新来的船工不服气，把开船时锚齿上的泥抠下一块，递给船老大，让他判断一下船到了什么地方。船老大接过泥来一尝，皱着眉说："怪了，船走了两天怎么还在港里？"

在舟山的两个多月，他没有亲见过传说中的"船老大"。后来，他把中国的海岸线基本转遍了，往南去过济州岛，往北到过营口，往西到过秦皇岛，所到之处，都在传说不同版本的关于"船老大"的故事，最核心的内容就是船老大善于发现鱼群，每当发现一处鱼群，他就把别的渔船带去，然后自己又去寻找新的鱼群。所以在当地渔民中，船老大的威信比任何人都高。过去打鱼，发现了好的地方，渔民之间相互告知，现在若是谁发现了鱼群，都会保密，恨不得自己一个人把鱼捕光。他说他曾经围捕过一个6万多斤的鱼群，那是在1971年。他说有一种鱼叫"离水烂"，繁殖力极强，以前家家户户都提着篓子在海边捡这种鱼回家喂猪，现在全捕光了，一条也看不到了。以前海水质量好，水里的鱼籽都清晰可见。看过去的老照片，海滩上白晃晃的一片，全是鱼。

老船长的孙媳妇告诉他，村里明天统一组织老人参观城里的规划展览馆。老人说腿脚走不动，就不去了。

一个走遍天涯海角的人，如今连近在咫尺的地方都没有力气去了。

他的老伴坐在炕上，很认真地做着针线活，偶尔停下来，拿起烟袋锅抽几口，然后歪头听他讲过去的事。

老船长的表情是平淡的，言语也是平淡的。问及对初旺渔村的感觉，他说没啥感觉，历史就是这样一代代往前走的。

他在海上走过的路，原本是由风与浪组成的。时光滤去了当年的风浪。生活在这个渔村，村里的一切早已内化成了他的生命中的一部分，把这一部分单独拿出来谈论，其实是谈不清的。这是一种最真实也最素朴的情感，我理解。

村里有个老人，年轻时出海打鱼，等到年纪大了，每天上山开荒劳动，下山的时候绝不空手，总是要捎一块石头回家。他捎的石头，是在山上精挑细选的，看起来很端庄。他的想法是，一天捎一块石头，一年就是365块石头，坚持两年，就攒够了盖一栋房子的石料。他的家人并不理解，觉得他这样做，挺丢面子的。

这个老人的节俭在村里是出了名的，不舍得吃也不舍得穿，不愿看到家人铺张浪费。在他看来，日子说不准什么时候就会出现一个个的"坎"，人活着，就得做好过穷日子的打算。有一天，他的儿媳妇正在煮饺子，他从山上背着一块石头回来了，饺子还没煮熟，儿媳妇灵机一动，抓起一把苞米撒到了院子里。果然，老人走进院门，看到遍地苞米，什么也没有说，弯下腰就开始捡了起来。等他一粒粒地捡完了苞米，屋里的饺子不但煮熟了，而且吃完了，碗筷已经洗刷干净。儿媳妇说，没办法，让公爹看到她们在包饺子，又要挨数落了。

他每天背负一块石头回家。两年之后，儿子盖新房的石料，备齐了。我相信，即使给儿子盖好了房子，他背石头下山的习惯，也不会改掉。这个老人，仍然每天背负一块别人并不理解的石头，从山上走向家里，走向属于自己的日常生活。

这个老人，让我想起西西弗斯。加缪认为西西弗斯推石上山是荒诞无意义的。我以为西西弗斯的意义，恰恰在于把看似无意义的事情日复一日地重复下去。就像初旺渔村那个每天背一块石头回家的老人，他所看重的生命意义正在于被别人轻视的日复一日的无效劳动中。

村人说起此人此事，就像在谈论一个与己无关的笑话一样。这个故事还会被继续流传下去，在岁月的消逝里，将会有更多的元素添加进来。若干年后，这个故事会成为另外的样子，很多人会成为这个故事的推动者和创作者。后人面对这个故事，不仅会从中看到岁月的痕迹，也会看到以不同形态留存在血脉中的某些东西。

另一个故事，说的是一个性格倔强的渔民。有次出海，船上煮了饺子，三个人一起吃，数量不太够。开饭前，其中一个人故意问那个渔民，曹操为什么83万兵马败给了刘备？他说，怎么成了83万兵马，历史记载明明是82万呀！另外两个伙计见他中了圈套，继续逗他，坚持说是83万。他就坚持说是82万。其中一人貌似打圆场说，甭管是82万还是83万兵马，我们先吃了饺子再说。他的犟劲一下子被刺激上来了，气呼呼地说："豁上不吃饺子，也不能差了一万兵马。"那顿饺子，他到底是一个也没吃，正中另外两个伙计的心意。给我们讲述这个故事的老船长意犹未尽，他说光讲这么个故事不行，还得给故事起个题目，就叫《豁上不吃水饺，也不能差一万兵马》吧。

前些年初旺搞起了渔家乐。外地人进了村，住渔民家，吃渔家饭，体验渔村生活。还是那个渔民，接待了一拨外地游客，定的是每人每餐十块钱的标准。那个渔民陪他们喝酒，越喝越投机，越喝越高兴，最后把家里珍藏的几瓶茅台酒也拿出来了，喝得一塌糊涂。老伴在旁边一个劲地拽他，提醒他这不是自家人吃饭，他们是游客。但是不管用。那个渔民的爽快劲上来了，他说招待远方来客，就是要喝茅台。他们把家里所有的好酒都喝光了，所有人都东倒西歪的，四处呕吐，一派狼藉。十块钱的餐标，喝的是茅台酒。这事在村里传为笑谈。

每天下午在初旺渔市的西侧，总有一些老渔民坐在墙根底下晒太阳，他们一字排开，坐姿相仿，或抽烟，或喝茶，或聊天，或沉默，阳光匀称地落在他们身上，身后的那面墙越发显得可靠。走在渔村，走在任何的一个北方乡村，时常会看到这样一些正在晒墙根的老人，他们有一搭没一搭地说着话，消磨时光。我觉得这种说话方式甚好，为了说话而说话，至于怎么说，说了什么，彼此都不介意。而很多的人，活在生活里，所说的话并非为了话语本身，而是有着另外目的，所谓词不达意，所谓言简意赅，所谓一语中的，所谓言行一致，等等，大多如此，语言不过是为了抵达语言所希望抵达的那个事物。而在乡村晒墙根的老人，却不是这样的，他们的说话，仅仅是说话，并不附带任何的其他意义。他们说话，不是为了交流，只是因为他们觉得，人总是要开口说些什么的。

我在安置小区也见过这种晒墙根的现象。他们的土地被征用了，从平房迁入楼房，仍然改不了晒墙根的习惯。他们在楼底下靠着墙根一字排开，脸上是比阳光还散淡的表情。

初旺渔村的老年活动室，有着晒墙根的另一种形态。几个老人，每天下午三点，就准时出现在老年活动室，他们坐在那里，开口说话，或者不说话；喝水，或者不喝水，在那里坐到傍晚，就各自回家了。那个声若洪钟的老船长已把"龙兵过"的故事说过了若干遍，每次都有新意添加进来。他反复讲同一个故事，就像一些唠叨。他们坐在那里，看电视，喝茶，离开前把水杯放进抽屉的某个固定位置。四面墙，构建了一方小小的空间。他们靠墙而坐，用沉默和说话来抵抗孤独，抵抗来自年龄的巨大孤独。他们慢吞吞地说着一些"废话"，靠这样的话来打发那些不劳动的时光。

我时常想象，我的所谓写作也许正如那些晒墙根的老人所说的闲话，背靠孤独的墙壁，在自己并不能主宰和决定的"阳光"里，说了一些话，然后步履蹒跚地回家。

更多的时候,我是一个匆匆赶路的人。实在走累了,停下来,仰脸看天,接受太阳的照耀,我的身后是比前路更为巨大的空茫,并没有一面可以依靠的墙。我坐下来,把自己想象成了晒墙根的老人。

人到中年,当我总算接受了晒墙根的心态,雾霾却已成为常态,阳光灿烂的日子越来越少。

其实下雨的日子,他们也是要晒墙根的。他们以面对太阳的方式,迎接雨的降落。我曾亲见过一次,那是很多年前的事了。

The
Biography
of
YanTai

烟台传

张裕：一滴酒里的世界

第八章

葡萄酒是涉及生与死、爱与怕、精神与肉身、社会与政治的百科全书。在烟台解读葡萄酒，就是解读这座城市的底蕴与秘密。

"以一人之力而能成此伟业，可谓中国制造业之进步。"孙中山先生曾经如此盛赞张裕的创始人张弼士。

"海边的葡萄原乡。"这是我所以为的对于烟台这座城市最为理想的描述。

Chefoo.

Verlag von H. Sietas & Co., Chefoo China.

烟台葡萄山，清末民初

## 神奇的力量

有个"猿酒"的故事,说的是在远古时代,猿猴咬碎水果,吐到树杈的凹陷处,过段时间再来啜饮,身体顿时像是注入了一股神奇的力量。或许,这算得上人类祖先与酒的"初相遇"。那时他们并不知道自己所饮下的,是后来被命名为"酒"的液体,但是他们知道这种液体不同于其他食物,这种液体会让他们产生一种异样的感觉,一种不可思议的力量在体内燃烧起来,愉悦,迷乱,整个世界都变得轻盈。

关于葡萄酒的起源,被谈论最多的是波斯版本。相传7000多年前,波斯国王的宫廷中,葡萄被储存在罐子里,结果腐烂了,不时地冒泡,且散发一种很怪异的气味。人们以为有毒,就把这罐葡萄丢弃到了一边。宫廷里的一个人头痛失眠厉害,她想用这种传说中的"毒药"来结束自己的生命,谁知服用之后,她非但没死,反而美美地睡了一觉。她把这件事告诉了国王,国王也尝到了甜头,于是开始大量酿造葡萄酒。

前128年,张骞出使西域,通过丝绸之路,将葡萄籽和酿制葡萄酒的艺人带回内地。《史记·大宛列传》记载:"宛左右以蒲桃为酒,富人藏酒至万余石，久者数十年不败。""汉使（指张骞）取其实来，于是天子始种苜蓿、蒲桃。" 宛，也就是大宛，古西域国名，盛产葡萄、苜蓿，以汗血马著名。张骞出使西域，在引进葡萄的同时，还带回了酿酒艺人。

这是中国历史上第一次引进葡萄和葡萄酒。此后的 2000 多年间，葡萄酒生产仅限于宫廷内的手工作坊，葡萄酒的享用自然也属于少数的人。时间到了 1892 年，张弼士在烟台创办张裕公司，开创中国工业化生产葡萄酒的先河。

作为南洋首富，张弼士一生创办了二十多个企业，翻开企业名录，裕和、裕昌、裕益……，"裕"字触目皆是，却唯独找不出第二个以"张"命名的企业。名字并非只是一个没有实际意义的符号。中国人历来讲究取名，认为名字将会伴随事物的始与终，常在名字中寄予一些自己最为看重的含义。张弼士以"张裕"命名，在"裕"字前面冠以张姓，这在他的一生中并无二例。这其中，有他对葡萄酒产业的一份郑重之心，一种别样的期望。他 18 岁就只身闯荡南洋，从学徒工做起，先后从事过建筑、垦殖、矿物、船运、药材等行业，逐步发迹，鼎盛时期资产居南洋侨商之首，被称为亿万富翁。他创办张裕公司时，已经距他去南洋打工三十年了。三十年海外飘零，从一个"卖猪崽"的苦工，到腰缠万贯的南洋首富，可以说吃尽人间苦处，食不果腹、衣不遮体的日子不堪回首。他后来创办的企业，大多以"裕"字命名，这也反证了他对那段贫苦日子的难忘。他以这种方式铭记过去。

张弼士为什么要选择葡萄酒？《张裕公司志》是这样记载的："1871 年，张弼士在南洋应邀出席法国驻荷属殖民地领事馆的宴会。席间饮葡萄酒，味甚甘。张氏问询，法领事介绍说，中国北方天津、烟台最适宜栽植葡萄、酿制葡萄酒。张氏默记于心。"

"默记于心"，这样的一种表达方式，隔着一百多年的岁月，有一种很安静的质地和不可思议的力量。默记于心，这几乎是所有成就大事业者的一种共有的立志方式。没有什么豪言壮语，没有什么虚张声势，有的只是一个默记于心的决定，一个不曾说出口的念想。张裕葡萄酒的历史，应该是从这个"默记于心"的一刻开始的。也许是酒至微醺时不经意的一段闲话，从此在张弼士心中埋下了一颗种子，成为他以后创建张裕公司的一个契机。

20年后，也就是1891年，张弼士应盛宣怀的邀请，来烟台商讨兴办铁路事宜。他顺路考察了烟台的葡萄园种植和土壤水文状况，把土壤样本寄往法国和意大利。专家意见很快就从这两个国家反馈回来了，他们认定烟台是葡萄生长的天然好地方。张弼士斥资300万两白银，购下烟台东部和西南部两座荒山，雇用两千劳工开辟了大片葡萄园。可是，漫山遍野的野生葡萄，根本就无法酿造出上等的葡萄美酒。他选择烟台，只是选择了一个理论上具有最适宜气候的地区，至于葡萄苗木的栽种，只能通过引进和嫁接来实现。

1897年，64万株、120多个品种的葡萄秧，承载着特殊的使命，从奥地利装运出发，驶向了一个东方人为它们精心设计的第二故乡。

浩浩荡荡的船队历时半年，风尘仆仆抵达烟台。意外之事又发生了。

种下的葡萄，出现大面积的死亡。究其原因，在于引进的葡萄秧没有根须，加上运输途中各种折腾，致使秧苗枯死，或生而不壮。另外，还有一个重要原因，就是引进的葡萄秧带有甜味，招致虫害，并不适合在中国扎根成活。他又开始了"嫁接"和"改造"。他把引进的葡萄秧，与烟台山上的野葡萄嫁接，用当地的葡萄枝条作为砧木来嫁接，嫁接之后，形成对葡萄从虫害到冻害的抗性，使得葡萄既有了根，又能正常生长，大部分都成活了。这项研究花费了十多年的时间。那些嫁接后的葡萄品种耐寒、抗病，糖度高，出汁多，酿造好酒成为可能。

一百多年后的今天，当我面对这段关于"引进"与"嫁接"的史实，感觉就像一个巨大的隐喻。在今天看来，地球已经越来越变成一个"村"了，整个人类宛若村里的村民，交流与合作成为一种常态，引进项目和引进技术似乎成为家常便饭。但在一百多年前，张弼士对葡萄秧的引进与嫁接，不仅仅具有植物学范畴的意义，更体现了一种开放意识，有一种深长的历史意味。包括他后来引进了西方的设备，西方的酿酒工艺，西方的橡木板材，甚至酿酒师也是西方的。在葡萄秧的生长适应性之外，还要考虑企业的社会成长环境，这是谁也无法绕避的。采用西方的素材，如何在东方这片土地上做成一番实业，这是他的追求。

## 有生命的酒

在烟台，民间至今有用土法酿造葡萄酒的习俗。某年的国际葡萄酒节，有不少烟台市民拿着自己酿造的葡萄酒前来参展，新闻记者拍摄下了外国友人品尝时的各种兴奋状态。有一次，接待文学界的一位前辈，我们在张裕卡斯特酒庄听完讲解员讲述葡萄酒的酿造过程以后，同行的一位老报人向我们聊起了他的造酒"工艺"：先把葡萄洗净，放到竹筐上晾干，再将葡萄放于盆中挤碎，倒进一个封闭的大缸里，然后放到背阴处发酵。这期间，每天用手搅拌那些没有破碎的葡萄粒，大约十天以后，将葡萄皮用干净的纱布过滤出来，把没有皮渣的葡萄汁按比例加入白砂糖搅拌均匀，再让它们自然地沉淀两天，除去沉淀物，把酒盛入提前准备好的雪碧瓶中，没隔几天就得给瓶子放放气，否则时间一长，瓶子就会鼓起来。整个发酵过程中，没有任何添加剂，这是民间酿酒法所引以为豪的地方。他们有些拿捏不准的是，葡萄酒中的酒精含量，通常需要保持在8%—14%。酒精度如果达到16%，酵母菌就会被杀死，这缸酒也就失败了。这个发酵的过程，是个很神秘的过程，需要人为掌控。酿酒之所以是艺术，正在于它具有机器设备不可替代的一面，即使在科技发展日新月异无所不能的今天，对于葡萄酒的口味，仍然必须依靠品酒师的舌尖和鼻子。他们掌管着葡萄美酒酿造艺术的密码，依靠舌尖和鼻子的敏感与特有的天赋，在色香味中精雕细琢。这是葡萄酒作为一门艺术，而不仅仅是流水线上的复制品的一个重要阐释。

张裕公司创办初期，民间流传"三聘酒师"的故事。第一次聘的酒师，在来中国的途中，因牙病感染而去世。聘请的第二位酒师，是一个滥竽充数的荷兰人，最终也没有成功。张裕聘请的第三位酒师，是巴保，一位奥匈帝国驻烟台的领事官，执有奥匈帝国颁发的酿酒证书。出于对酿酒的爱好和对张弼士的尊敬，巴保和象征自己身份的大旗，竟然从烟台山上的领事馆迁到了近在咫尺的张裕公司。他一边酿酒一边办理外交，开始了他在张裕长达18年的酿酒历史。

从葡萄变为葡萄酒，在土地上的生长周期只有六个多月，更多的时间属于地下酒窖里的陈酿期。1891年，烟台钎锤叮当，大清政府从德国购进的五门克虏伯大炮已悄然运抵此处，他们要修建一座巨大的炮台来捍卫疆土，保家卫国。一年以后，在与炮台相距1000余米的海岸线上，另一项更加浩大的工程也破土动工了。这个工程并非军事设施，而是一座庞大的地下酒窖。它深入地下达7米，八个巨大的拱洞交错连环，犹如欧洲中世纪的古堡迷宫。大酒窖前后建了三次，历时十一年才告完成。当年破土动工，土层为沙质，开工不久即因渗水而坍塌。后来用洋法再建，全部采用钢铁构件，岂料地下潮湿使构件锈蚀严重，连降几天暴雨后就有大水涌入酒窖。后来，我在一个名叫史米德的西方人所写的一篇文章《烟台历史一瞥》中，读到了关于那场大雨的描述："雨水一直漫延至芝罘俱乐部附近，在现在的张裕葡萄酿酒公司大门那个位置，当时有一堵高墙，也被洪水冲刷导致坍塌。洪水冲进张裕公司厂区，整个厂区积水有几英尺深。张裕公司北面的围墙也被冲毁，洪水从那里夺路而走，冲进大海。"

酒窖一次次地被淹。他们汲取教训，集思广益，酒窖顶部运用石头发碹结构，墙壁用石块加水泥砌成，墙体内再以乱石填充，使窖体异常坚固，并科学设计了排水系统，酒窖不再渗漏。据说夜深人静时，置身酒窖之中，往往会听到时隐时现的回声，有人说是当年施工时的嘈杂声响……

在大酒窖深处，可以看到三个巨大的酒桶，这是"镇窖之宝"，每一个酒桶能容纳 15 吨葡萄酒，号称亚洲桶王。据说，如果一个人每天喝一斤酒的话，那么他需要 80 年才能喝完这一桶酒。

从 1892 年至 1914 年，张裕公司创建过程历时 22 年之久，所贮存的酒也经过了 18 年的深藏，直到西方专家认为"色纯味醇"时，张裕公司才正式申请注册，将产品投放到海内外市场。张裕公司的创办，如同它所生产的葡萄酒一样，经过了一个漫长的酝酿过程，他们没有急功近利，没有揠苗助长，而是遵循事物发展的基本规律，与葡萄酒的成长特点保持了一致性。他们没有删略和简化这个过程。22 年的漫长准备期，成为张裕品质的一个最有力的诠释。在酒窖的上面，是张裕酒文化博物馆。张弼士的青铜雕像立在那里，像在守望着什么。历史的风尘，他都默记于心。

1915 年，在旧金山举行的万国博览会（"世博会"的前身），张裕葡萄酒一举夺得 4 枚金奖。第二年中秋夜，张弼士去世了。

"实业兴邦"，这是对张弼士创业初衷的普遍描述。在这样的一份描述下，我更希望还原那些被历史忽略的细节，因为，那些细节更多地与个体生命相关，是更为真实的。从葡萄到葡萄酒之间，是一段怎样的距离？对这段距离的确认，我觉得张弼士最初创业时的酸甜苦辣应该是最为真实的尺度和标准。

在张弼士眼中，葡萄酒绝不仅仅是一份浪漫和高雅的饮品。他在葡萄酒里寄托了很多期望。《张裕公司志》前言里有一句话："尽管我国葡萄种植、酿酒的历史可以上溯到汉朝，但葡萄酒工业化生产实以张裕公司为开端。"在此之前，中国人餐桌上的葡萄酒只有舶来品。张弼士知道，张裕公司的创办，在历史上具有破天荒的意义。为什么张裕选择了落户烟台？除了气候原因，一定还有些别的因素吧？烟台自古以来就是人神交会的地方，被称为仙境。葡萄酒发酵的品性，与烟台这个地方的精神气质，是有些内在默契的。我愿意这样固执地以为。

沿着张裕西边的河道，还修起了一条马路，取名"张裕路"。这条路，见证了张裕公司百年来的兴衰荣辱。据说1929年，军阀刘珍年占据烟台期间，成立了路政委员会，大兴路政建设。有人对"张裕"路名提出质疑，认为以一家公司名称冠以市街，有些不妥，建议更改路名。有些人建议，不如将"张裕路"改为"璋玉路"，虽谐音，但不同字，既改了路名，又顾及了张裕人的面子。据老人讲，这可能与当时张裕公司的衰落有关。

作为中国第一家葡萄酒企业，张裕走过了一条曲折多难的路。自营，租赁，官办，军管，监营，接管，国营，承包制，股份制……回望来路，每一个紧要关口，都是与当时的社会形势紧密相连的，所有的坎坷磨难犹如酒之发酵，与社会气候浑然一体。其间，数次濒临破产。1931年冬天，张裕办公场所起了一场大火。后来，公司建设新厂房时，就用焚烧后的瓦砾在厂区堆积了一座假山。这是张裕人对于苦难记忆的态度，犹如酒之发酵。

## "让人民多喝一点葡萄酒"

给张裕题词的政要可谓比比皆是。孙中山题写"品重醴泉",黎元洪题"酝酿太和",袁世凯题"瀛洲玉醴",宋子文题"芳冽驰誉",张学良题"圭顿贻谋"……1917年,康有为在张勋复辟失败后,来到烟台避难,他初饮张裕酒后,赋诗抒怀:"深倾张裕葡萄酒,移植丰台芍药花。且避蟹螯写新句,已忘蒙难征莲华。"时隔十年之后,康有为第二次来到烟台,再饮张裕美酒,感慨万千,和十年前诗一首:"浅倾张裕葡萄酒,移植丰台芍药花。更读法华写新句,欣于所遇即为家。"

在张裕的所有题词中,我觉得最为特别的,当属毛泽东,他在《烟台张裕葡萄酿酒公司生产情况报告》上批了这样几个字:"要大力发展葡萄和葡萄酒生产,让人民多喝一点葡萄酒。"这个题词很有意味,当年主席指示让人民多喝一点葡萄酒,其实这正是对美好生活的一种期望。中国有着两千年的酒文化,在过去,葡萄酒是达官贵人的事,与普通百姓基本是无缘的。史载,孟佗是三国时期新城太守孟达的父亲,张让是汉灵帝时权重一时、善刮民财的大宦官。孟佗仕途不通,就想方设法结交张让,直接送去一斛葡萄酒，以酒贿官，谋得凉州刺史的职位。汉朝的"一斛"，约合现今不足三十瓶的容量，可见当时葡萄酒身价之高。苏东坡曾在《谢张太原送蒲桃》中写道："冷官门户日萧条，亲旧音书半寂寥。惟有太原张县令，年年专遣送蒲桃。"苏东坡一生仕途坎坷，多次遭贬。在不得意时，很多故旧亲朋都不上门了，甚至连音讯都没有，只有太原的张县令不改初衷，每年都派专人送葡萄来。这让苏东坡很是感念。这里面自有一份逆境中值得珍视的友情，大约也与葡萄酒有关的罢。英格兰的一个公爵以叛国罪被判处死刑，在获准选择死刑的形式时，他选择让自己淹死在一桶葡萄酒中。这是发生在十五世纪末的事，如今看来像是黑色幽默，事实上，这来自历史学家的真实记载，是确有其事的。

　　像葡萄酒这样与最广大民众以及日常生活并不密切的一种饮品，在政治纷争、兵荒马乱的晚清时期，何以会被张弼士选中？仅建一个酒窖，就用去了整整十一年的时间，花费三百万两白银。三百万两白银，在当时可以建造三艘战舰，却被用来建了一个酒窖。这在当时的环境下让很多人百思不得其解。在张弼士的眼中，究竟看到了什么？他看到了时间，看到了依附于时间之上的葡萄酒。他贮存的，不仅仅是葡萄酒，也是历史，是一个人对历史的态度。

　　各路名人给张裕的题词，大多都在盛赞张弼士的"实业兴邦"。这好像已经成为张弼士心系民生、实业兴邦的一个有力诠释。我更愿意固执地以为，他所致力的，是葡萄酒本身，是一个企业所应该和能够正常去做的，而不是赋予这样或那样的政治社会意义。我们太习惯于随物赋形了，包括在餐桌上，中国人喝酒讲的是一种感情，"感情深，一口闷；感情浅，舔一舔"。不管你酒量如何，上了餐桌，就得遵守这不成文的规矩，否则就被视为不敬，"敬酒"不吃就得吃"罚酒"。在烟台举办的国际美食美酒颁奖典礼上，我曾特意观察一个法国人的喝酒，他注视酒杯的眼神，充满了深情，一杯酒在他的手中，已经不是我们所理解的酒了，也脱离了物质层面的感官享受，它是一种心理寄托，甚至是一种信仰。

# 慢生活

朋友馈赠的两瓶葡萄酒,在车的后备厢里放了好长时间。直到有一天我准备品尝时,却发觉酒味基本涣散了,只剩下了微苦。朋友说,这是因为酒在车上来回颠簸,结果被晃晕了,现在唯一的办法就是把它放到一个安静的地方,也许它会自己静养回来。

被晃晕的酒。需要静养的酒。我知道,刚启瓶的葡萄酒是不能马上喝的,醒酒是一个不可忽略的环节,让酒在杯子里氧化一会儿,然后轻轻地晃动,才会渐渐地舒展,绽放,呈现出不同的风味。但是我并不知道,这个晃动原来是有限度的,倘若过于剧烈,比如放在车上长久地颠簸,酒很容易就被晃晕了。人无醉意,酒已先晕,这真是一件比较尴尬的事情。

在这样的一个加速度时代,葡萄酒是一个被误读的角色。它以慢的方式,参与到了快的节奏之中;它以安静的品质,成为很多人倾诉和寄托的工具。其实,葡萄酒也是需要理解的,那些陈年的滋味,那些经过漫长时光的酝酿和发酵才形成的内涵,需要慢慢去品味,浮光掠影是不可能抵达的。葡萄酒的发酵,犹如男女之间的爱情,热烈,激荡,最后终将归于平静。平静不是平淡，这平静里有着复杂的人生况味，和彼此之间深深的懂得。有些物事如果过于浓烈，则很容易将细部的风味掩盖了。葡萄酒曾在酒窖中安静了那么多的时日，当然也期待一个具有同样安静品质的人，启瓶，品尝，相互懂得，彼此珍惜。这是人的态度，也是酒的命运。

很难想象，一个端着葡萄酒杯的人，焦躁不安或者暴怒如雷，会给人一种什么样的感觉。人生也是需要发酵的。有的事物之所以美好和丰富，有的人之所以从容和淡定，往往正是因为经历了发酵这样的一个过程。很多人已经越来越缺少耐心，他们直接省略了这个过程，更相信速度与效率，在速度与效率中体验快感，或者粗暴地压缩一些中间环节，演绎当代版的"揠苗助长"。

那个夏日午后，我陪同一位来自江南的写作朋友游览了葡萄酒庄园。在模拟生产线前，我们投入一枚硬币，体验葡萄酒的生产流程，一瓶酒很快就"酿"成了，然后进行简单的加工与包装，她在标签上签名留念。这样的流水线游戏结束后，我们开始谈论文学，很自然就切换成了郑重的态度和语调。我们都是慢的写作者，并且固执地相信在提速增效的生存环境中，慢是一种勇气，也是一种能力。我记得那天是这个滨海城市多年来最热的一天，我们坐在酒庄里淡淡地交谈，时间从谈话的间隙里悄然溜走。后来，因为工作关系，我时常陪同外地客人去到那个酒庄，介绍、参观、体验，然后离开，流水线一样的程序，紧张并且有序。我不知那些行色匆匆的客人，究竟在酒庄里看到了什么，带走了什么。

# 年份的怀想

1961年，在伦敦，一瓶拥有421年历史的斯泰因葡萄酒被开启了。

著名的葡萄酒历史学家休·约翰逊是这样描述当时情景的："我从来没有亲眼看见过这样的事实，原来葡萄酒的确是有生命的，这瓶外观类似马德拉葡萄酒的棕色液体仍蕴含着数百年前的活力和炽热的阳光。它甚至还带有几分难以言传的德国酒的风格。在空气将这四个多世纪的精灵破坏之前，我们有幸得以每人品尝了两口。它在我们的酒杯中绽放出最后的瑰丽，然后消失。"随后，休·约翰逊忍不住做了如此感慨："能品尝到这么古老的酒真是一生的幸事，而且更令人感到难得的是，这是一瓶陪伴德国经历过黄金岁月的葡萄酒。"

对于年份酒，我曾经有个错误的理解，以为那是强调年代越是久远，酒就越好。其实不然。好的年份酒，更多的是指当年风调雨顺，是对自然的一份纪念。这是葡萄酒内部的自然属性，是被人们忽略了的一种东西。现在看来，一个好的年份是多么值得珍惜和怀念。风调雨顺、五谷丰登的图景，已经越来越被人的野心和欲望破坏掉了。

葡萄酒是有生命的。对于生命，尊重和理解是最基本的底线，也是一种最高境界。懂酒的人，他与酒之间的默契，这本身就是一种情趣。这样的情趣，用诸如高雅、浪漫之类的词语是无法概括的，它拒绝言语，拒绝形容词。他会将目光放得更长远，更有宽度，他不会略过葡萄酒背后的故事，它们与自然有关，与风雨有关，与劳动有关，它们参与并且成为葡萄酒品质的一部分。岁月流逝，真正留下来的正是这样一种品质，来自自然，超越自然，血脉中永远有着自然的禀赋。它进入饮者的肠胃，以自己的方式提醒他们，要亲近自然，敬畏自然。

在酒庄，一个把葡萄变成酒的地方，我忍不住想到很多，很多。酒庄起源于法语，原意是中世纪为了防范敌人入侵而修建的城堡。后来随着时间的迁移和葡萄酒的发展，就被用来泛指那些专营葡萄酿酒的庄园。一个与战争相关的场所，居然演变成为一个浪漫之地，在这种超越常规的转变中，时间和葡萄酒究竟起到了什么样的作用？一粒粒紫色的精灵，从最初的栽种、成长、采摘，一直到酿成葡萄美酒，这样的一个过程让人充满遐想。

在葡萄身上有一种天然的"悖论"，它对土壤环境要求很高，同时对地域的适应性又非常强。关于土壤的辨别，据《塔木德经》记载，有的人用鼻子品闻土地的味道，有的人趴在地上用舌头舔土地，还有的直接用嘴来咀嚼泥土。不同的土壤，不同的气候，都可能促发葡萄树基因的改变，要想绘制葡萄种类的系谱，注定是徒劳的。因为，它总是处在变化之中，而且这种变化因地而异。我更喜欢把葡萄托付给一个遥远的并无确切所指的时光概念，它不会把我导向具体的某个地域，某个时间。在我的心目中，葡萄酒也是属于远方的事物，它来自远方，带来了远方的消息。我们是未知者，理应把先见放下，接受这份最真实的传达。

年份酒，与自然有关，与记忆相连。那是我们珍藏的记忆，或者，是我们忽略和淡忘了的记忆。不管怎样，它一直留在远方某个安静的地方，等待我们终有一天的回访与认领。

# 节制的成长

葡萄酒的成长秘密，一半在土地，一半在酒窖。美国作家威廉·杨格曾经说过："一串葡萄是美丽、静止与纯洁的，但它只是水果而已；一旦压榨成酒后，它就变成了一种动物，因为，它有了生命。"

被装进橡木桶里的葡萄酒，仍然在继续"成长"。它拒绝热闹和喧哗，渐渐地变得安静。它并不是与世隔绝，只是把对外界的需求进行了过滤与选择，比如说空气会通过橡木桶的毛孔，缓慢地渗透到桶里，与葡萄酒发生舒缓的氧化，于是原本生涩的酒液渐渐变得柔和、圆润和成熟。这个生命转变的过程，橡木桶是唯一的见证者。被封闭到橡木桶里的葡萄酒，就像人的成长与成功，需要懂得对外界环境进行适度的拒绝，经历一段孤独寂寞的时光。

在人的眼中，葡萄藤的所有能量，都该用在如何结出好的果实。人类按照自己的欲求，判断哪一根枝条可以保留，哪一根枝条必须剪除，采用修剪的方式对葡萄藤进行成长规划。他们知道，如果不修剪，枝条就会肆意疯长，就会白白浪费能量和营养。他们当然也知道，繁衍后代是生物的本能，葡萄树通常会把营养首先输送给果内的种子，余下的才给果肉，果肉对于葡萄树来讲只能算是副品。葡萄树的生长，为的是让自己的种子成熟，而不是什么甜度、酸性之类。人类更在意的，却是酿酒用的果肉和果皮，他们将这样的想法和期望，嫁接到了葡萄藤的身上，希望它们结出理想的果实。至于葡萄最为看重的种子，并不是他们所关注和关心的。他们深深地懂得，最有效的成长，不是自由的成长，不是肆意的成长，而是节制的、被抑制的成长，是按照人类规定的方式去成长。这种"改造"也体现在茶叶上。种茶的人都知道，一旦茶树开花结果，从这棵树上就难以制作好茶了，因为茶树的营养首先会供应给花束，而不是茶叶。所以茶农在修剪茶树的时候，会毫不留情地将花束剪掉。我们享用的茶和葡萄酒，是通过抑制了植物的繁殖本能而得来的。我们常常忽略了这样的"抑制"，或者将其视为人类所特有的智慧。我们明白节制之于成长的重要性，并且将这一法则运用到植物身上，却忽略了自身其实更为严重地存有同样的问题。

　　节制是一种自信，一种美德，一种更为长久的成长规划。人类从自身的欲望出发，不懂得节制，不尊重事物的发展规律，对这个世界进行肆意的改造和利用，并且视之为所谓开拓与创新的例证，这是一个究竟该怎样看待的问题？我无法给出一个可以说服自己的答案。

## "发表"

　　电影《杯酒人生》中，一个人在介绍葡萄酒时说，这款酒刚发表两个月。他用了"发表"两个字。作为一个写作者，我觉得这是对于葡萄酒品质的另一种阐释，这意味着每一款酒都是一件作品，当这样的作品公之于世，准备供人品尝的时候，谓之"发表"。就像一个作家，将自己酝酿、构思、写作和修改多年的作品正式发表，这里面自有一份郑重，他和它都在期待一个美好的回声。

　　葡萄酒是有生命周期的，它会年轻，会成熟，当然也会衰老，并不是"愈陈愈香"。在一个好的时辰，打开一瓶好的酒，宛若人与人的相遇，是一件缘分注定的事情。我曾跟一个朋友谈过我在写作关于葡萄酒的文章，我说我写得很不顺利，进展非常艰难。她说葡萄酒就像女人，是需要爱与懂得的。一瓶葡萄酒产自哪里，经历过什么样的岁月，在哪里被开启，由谁来品尝，这都将影响到酒的个性和品位。对一款酒的描述，通常会说它是丰富的、丰满的、丰盈的，甚至是丰腴的。而这些词语，本是用来形容人的身体，是健康与活力的代名词。所有这些，都将归于"回味"。一款值得回味的酒，才算得上美好的酒。人亦同理。

一滴水，一滴叫作"酒"的水，它穿越了太多时光，有着绵厚的余韵，就像生活本身，或者像生活中的某些物事。被发表的酒，渐渐成为一种文化符号，被赋予了更多情感意义与价值依托。花看半开，酒至半酣，乃是最好的境界。夜里读书写作累了的时候，我时常自斟自饮半杯葡萄酒，很快就觉得神清气爽，很多环节被打通了一般，有一种创造的快感与欣慰。正如富兰克林所说的那样，好的葡萄酒证明了上帝希望我们幸福。在工作节奏越来越紧、精神压力越来越大的背景下，葡萄酒的存在价值，不在于GDP、产值之类的概念，它预示着人的生存行为方式，以及人与自然的关系，具有了一种新的可能。

在格鲁吉亚的博物馆里，收藏着一些作为陪葬品的葡萄藤，它们跟人的小手指差不多长，被一个浇铸而成的银套子紧紧套住，藤上的嫩芽轮廓清晰可见，保存得完好无损，一眼就可断定是葡萄藤上截下的木段。这样的陪葬品，透露出的是古人对葡萄藤的看重，即使离开人世之后，也希望能够将它们带到另一个世界去，继续栽种它，拥有它。他们难以忘记和割舍的，不仅仅是葡萄酒带来的欢愉，还有一种信仰和梦想。

当年麦哲伦率领船队环球航行，船队携带大炮、火药、盔甲等火力装备的投资，远远低于购买和储备葡萄酒的费用。最初读到这段史料时，我想象在漫长的旅途上，在汹涌的波涛中，一支船队朝着未知的目标破浪远航，是葡萄酒增添了他们的勇气，消解了长夜的孤寒。这也让我想起，一位诗人曾经写下的诗句："带着我踏上风雪征程，我会点燃你的好歌喉。"这是我在少年时代读过的一首与酒相关的诗，我把它认真地抄录在笔记本的封面。是的，带着我踏上风雪征程，我会点燃你的好歌喉。这歌喉，在黄土高坡，在广场，在KTV，也在心里。是酒，帮我（们）打开了自己，向这个世界展露了更为真实的自己。这是一个人的另一种生命形态的"发表"。走在拥挤的人流中，还有什么比酒更易于打开一个人的心扉？

# 色与味

　　一篇题为《葡萄熟了》的文章，讲述了这样一个故事——

　　大学生阿尔福雷德在一次事故中双目失明，他无法面对这样的打击，将自己封闭在屋子里，拒绝与外界往来。后来，他到法国某个著名葡萄酒产区散心，认识了刚满9岁的小女孩黛尔。在黛尔的鼓励下，双目失明的他走进了葡萄园，用心品尝和分辨园子里的各种葡萄，渐渐地恢复了乐观和自信。若干年后，他成为一个顶级品酒大师，在伦敦拥有了自己的葡萄酒鉴定公司。一天，一位年轻的法国游客，带来一款新制的葡萄酒请他鉴定。他把杯子里的酒放近鼻子嗅了嗅，然后抿了一小口，怔了怔，随即微笑道："由精选的苏蔚浓和白麝香合成，来自我一个朋友的葡萄酒庄园，而且还私下加了点新鲜的塞蜜容葡萄汁，百分之八的比例。这一次葡萄熟了，我想她也长大了。"游客笑着拉住阿尔福雷德的手，像好多年以前那样抚在她的脸上——葡萄熟了，带着年轻稳定的柔顺气息。当年那个叫作黛尔的小女孩已经长大成人，脸上还泛着阿尔福雷德看不见的羞涩红润。

　　这个故事让人心醉。自从我在杂志上读到它，就一直收藏着。好多年过去了，这个简单的故事，就像葡萄酒一样越发地意味深长。它把葡萄酒植入人生，既写出了酒的味道，也写出了人生的况味。瞬间的味道。可意会不可言传的味道。深深触动灵魂的味道。那些难以忘却的物事，是通过味道来储存和传达的，它们在舌尖缭绕，可以感知，却无法言说。这样的一种气味，以特有的品质构成了对技术成分的有效拒绝，是离艺术最近，也是最接近人性的一种状态。

高脚杯里斟满了冰酒。金黄色的液体，薄如蝉翼的杯子，就摆在我和电脑之间的桌面上，安静，柔和，发出淡淡的光。在书桌的一角，是剩余的半瓶冰酒，它安安静静地等候着，像一位久违的朋友，恍若一梦。我无法准确地说出这种感觉，它以冰冷的方式传递温情，它历经沧桑，表现出的却是一种平淡，一种安宁。这样的静物，让我听到了岁月流动的声音。它不是黄色的，也不是红色的，它是一种岁月的颜色。岁月是什么样的颜色，我说不出，它存在于每一个人的心中。透过这种颜色，我体味到了葡萄酒的"幽"，是幽深、幽静、幽长、幽香。《说文解字》是这样解释的："幽，隐也。"葡萄酒在酒窖中隐忍了那么多的岁月，就像一个人，因为太多世事磨砺变得丰富驳杂。这样的一瓶酒，从酒窖来到了尘世，是不可能一下子就被理解的。它的美好，在于它的含蓄，在于平淡中的不平淡，安静中的不安静。它的魅力，只能借助于回味。据说专业的酿酒师通常使用九百多个专用名词，来界定葡萄酒的色与味。它们是相互纠结融合的，有一种立体感。面对一款酒，最需要的是想象力。人们在现实中已经越来越务实，越不屑于想象了。

"冰酒"，我喜欢这样的一个意象。那个夜晚，我长时间地端量手中的高脚杯，它太薄了，很容易让人产生错觉，担心它甚至经不住空气的抚触。斟酒，脆响中有一种清韵，沿着杯壁飘逸而出。那声音，像是冰块融化的声音，它来自冰酒的体内，带着寒冷与火焰，以及冰酒将要说出口的秘密。

## 漫步葡萄园

从烟台去往蓬莱的路上，会看到一座欧式城堡建筑，在葡萄园和大海的映衬下，显得格外典雅和高贵。

这是张裕卡斯特酒庄。

走进地下酒窖，这里与百年老窖是完全不同的风貌，整齐地摆放着一排排从法国进口的橡木桶，木桶保留了原木的颜色，整个酒窖发散柞木的清香，先进的空调系统把酒窖调节到最适宜的温度和湿度。这样的一些现代气息中，仍然可以感受到时光在这里的沉积。酒庄酒在装瓶后还要回到酒窖进行瓶储，经过缓慢的酝酿，大约两三个月的时间。有人说，酒的灵魂在酒瓶里唱歌，因为葡萄酒是有生命的，装瓶后仍然会继续成长、成熟，经过若干年的窖藏，酒的色泽、香气以及单宁结构日益完美，酒体更加成熟丰满。

坐在葡萄长廊下，品一杯酒庄蛇龙珠干红，对生活的顿悟，一时间全沉浸到这杯佳酿之中了。穿过葡萄长廊，前方就是葡萄少女广场。葡萄少女赤脚踩葡萄是欧洲庆祝丰收的传统习俗，位于广场中央的汉白玉雕塑展现的就是这一画面。金秋时节，酒庄会邀请游客与葡萄少女一起在硕大的橡木盆里体验赤脚踩葡萄的快乐。

葡萄园北侧有一个人工湖，叫作醴泉湖，取意于当年孙中山先生"品重醴泉"的题赠。每年山花潮涌、葡萄满枝时，醴泉湖边柳树成荫，湖水似乎也泛动着葡萄的芳香。在这个远离城市喧嚣的地方，垂钓，或者漫步，都可以感受一份回归自然的宁静。

张裕公司的创立，已经一百多年过去了。

1892年和之后的一个多世纪，张裕给我们带来了什么？

作为一家百年企业，时光一定赋予了它一些什么。所有的荣辱浮沉、酸甜苦辣，都被张裕收藏，并且酝酿成了一杯葡萄酒。这样的一杯酒里，有人生，有历史，有一个国家和民族所走过的路。注视这样的一杯酒，可以发现若干的历史细节和人生秘密。

在我的工作室，从阳台上就可以看到张裕酒庄葡萄园。齐整的葡萄树，有海的气息在弥漫，放眼望去，心中自是一片开阔气象。黄昏时分，漫步在酒庄的葡萄园里，被赤霞珠、西拉、美乐、霞多丽等葡萄苗木簇拥着，夕阳的余晖中，满眼都是绿意，空气中暗涌着百果的清香，身心越发变得安宁。每年三四月，是葡萄的抽芽阶段。五六月，葡萄就开出了小花，然后开始结果，十月就到了收获季节，酒庄要举行盛大的庆典仪式，郑重宣告当年葡萄采摘与酿造的开始。年轻的少女，赤脚在葡萄园里采摘葡萄，小心翼翼的姿态在夕阳的余晖中格外生动。从十一月到来年的二月，葡萄苗木进入休眠期。葡萄的生长适应能力极强，这并不意味着葡萄生长环境的随意性，好酒来自好葡萄，好葡萄来自好的土壤和环境。比如，种在山坡上的葡萄与种在山脚下的葡萄是不同的，因为海拔上升则温度下降，采摘时间就得延后，阳光照射的时间太少则酸，太多则甜。葡萄酿成酒以后，对温度也是极为敏感的，当我们品尝葡萄酒的时候，正确的端杯方式，是用手指捏住杯柱或杯底，不要碰触杯体，就是因为葡萄酒的敏感。如果用手碰到杯体，容易影响酒的温度，进而影响酒的口感。

一杯葡萄酒握在手中，让我想起葡萄园里一簇簇的葡萄，想起一百多年前张弼士对葡萄的引进和嫁接，以及漫长岁月里农人在葡萄园的勤苦劳作。对他们来说，葡萄园并不是浪漫之地，它与最具体的日常生活相关。对我亦然。

The
Biography
of
YanTai

# 烟台传

民间记忆　第九章

我珍视那些散落民间的记忆。它们不仅仅属于历史的阐释和补充。它们本身就是历史的不可分割的一部分。

因为民间记忆的存在,一切才变得更加立体和真实。

冰冻的月亮湾，1878年

## 蚕与茧

　　我家是养过蚕的,那时只觉得累,一种刻骨铭心的累。这种感觉贯穿了我的整个少年时代,一直绵延到今天,成为记忆的底色。蚕吃老食的日子,需要我们天天靠在桑地里摘桑叶,母亲提前备好一天的饭,饿了就在桑地里胡乱吃点。桑叶是需要一片一片采摘的,我们把自制的顶针式刀片戴在手指上,机械一样摘桑叶,从天亮忙到天黑,才能勉强摘够当晚的蚕食。母亲一遍遍地把桑叶撒到蚕匾上,房间里像是下起了小雨,沙沙作响。

　　父母起初并不懂得养蚕,村里号召养蚕致富,他们就积极响应了。买了一块桑田,种上桑树,边养边学,渐渐摸索出了一点门道。记得蚕种是论"张"的,母亲把几张蚕种取回家的那天,颇有仪式感,家里提前打扫得干干净净,房间也用石灰浆消了毒。母亲小心翼翼地把蚕种放到炕头上,不让我们凑近看,不许我们大声说话,怕吵了蚕种。炕头的温度也是试了又试,要热,又不能太热。等到出蚕苗了,看上去就像一群蠢蠢欲动的小蚂蚁,让人心里好奇又激动,我屏住呼吸,不敢喘气,生怕嘴里呼出的气流把蚕苗给吹飞了。母亲只让我们看几眼，就再也不让随便看了。

蚕吃七天，就眠一次。睡眠以后，就不吃食了，醒来再吃，七天以后再眠。如此循环，大约三次，三眠之后就开始吃"老食"了。"老食"是村人的说法，是指最后的吃食，也指食量很大。一层桑叶撒到蚕扁上，很快就被吃空了。这个时候母亲喜忧参半，喜的是终于快要忙到头了，忧的是桑叶食量太大，全家人都靠在桑地里摘桑叶，也摘不够蚕吃的。在我的记忆里，走进桑地是很纠结的一件事，我不怕劳动，不怕累和苦，怕的是摘桑叶这种活计太机械太单调了，漫无尽头，无人诉说。现在回想那段时光，现实越是苦闷，内心的阳光和梦想就越是强烈。就像我的老实巴交的父母，无论生活多么贫苦，从未怀疑和放弃过劳动，他们相信唯有劳动，才可能让日子过得好一点。

摘不够蚕吃的桑叶是一回事，田里的桑叶不够蚕吃是另一回事，那是最让人担忧的。到了吃老食的日子，最担心自家的桑叶被人偷摘了。我那时年少，对偷桑叶的行为很不理解，摘桑叶那么累那么苦，竟然有人愿意偷偷摸摸地自讨苦吃。直到有一次，我家的桑叶因为被别人偷摘了，不够自家蚕吃的，而距离上簇结茧还有几天，母亲一夜之间就哑了嗓子，说不出话来。那次养的蚕，因为桑叶不够吃，结茧的质量不达标，卖的价格是全村最低的。母亲为此难过了好多日子。从那以后再看到蚕茧，我会长长地舒一口气，同时又有一份忧虑涌上心头，担心卖不上一个好价钱。为写这篇文章，我打电话给母亲，求证一些细节，她说养蚕一个多月的时间就可以见到钱了。时隔三十多年，谈起养蚕，母亲最深的记忆是赚钱，当年全家人的生活，还有我和弟弟的学费，都指望卖茧的钱。

吃过老食，蚕渐渐就不再吃了，开始结茧。对"作茧自缚"这个词，我一直是不理解的。怎么会说是自缚呢？即使撇开"春蚕到死丝方尽"之类的意义，那也是成长的一个过程，是作为蚕的最后归宿。是我们太放任自己了，缺少"自缚"的意识。那些成大事者，都是勇于"自缚"的，对自己的所为与所取，有所限定，才不至于过度分散精力，才可能集聚心力，成就某事。

结茧之前的准备工作，可谓繁重。最忙碌的是上簇，房间显然是不够用的，爸爸得提前几天在院子里扎起棚架，到时院子里都会挂满蚕簇。最担心的是遇到下雨，蚕如果受了凉，很容易患病，在卖茧子的时候会被挑剔，价格降下来很多。记得有一次雨下得太大，架子倒了，雨淋湿了方格簇，全家人在雨中就像救火一样抢救蚕簇，邻居和亲戚也都赶过来帮忙。

成茧后开始摘簇，看得出父母是很愉悦的，辛苦了这么多日子，摘簇就像摘果子一样，怎能不愉悦呢？我只是在放假和放学的时候帮忙摘桑叶，并没有参与养蚕的整个过程，所以也就没有父母那样的收获感，难以真正体味父母当时的心境。我只觉得如释重负，终于可以歇一歇了。

然而接下来的卖茧，又是让人忧虑的。蚕茧站的技术人员从我们的蚕茧里抽取样品，然后割丝，根据丝的比重来定价。母亲说，大约每斤7块钱，一次最多可卖70斤，收入500块钱左右。在二十世纪九十年代初期，500块钱不是一个小数目，那是全家人一年的生活指望。父母养蚕的唯一动力，就是赚钱；每次养蚕是否成功，唯一的标准就是看蚕茧卖价如何。在我的记忆里，那时与父母一起推车去镇上卖茧，大多是神态沮丧地走回来。我们都不说话，蚕茧的质量没有被蚕茧站的人看好，他们没有给出一个好的价格，而父母又不能不卖，明知吃亏，明知不公平，也只能认了。

我们所能做到的，仅仅是参与了从蚕到茧的成长过程，至于后续的蚕丝加工制作，不在我们的经验范围内，也不是我们所关注的。我们把蚕养成了茧，把茧变卖成了我们所需要的钱，用来过日子和读书。这就是属于我们的全部。"遍身罗绮者，不是养蚕人"，这句诗可以说从小就烂熟于心，我却从没意识到它也与我自己的生活有关，以至于人到中年，当我写作这篇文章的时候,才恍然意识到这一点。我们都是养蚕人。我们陪伴蚕有了一个叫作茧的小小的家,就送走了它们。后面的事,我们不再认为是与我们有关的。这就是我们的认知。当年就是这样的。甚至,一直到今天,我也是这样的。我只是把心思用在做好自己手中的事,很少去想然后该是怎样的。

后来,家里不再养蚕了,桑树被伐掉,桑田改种庄稼。再后来,桑田闲置了几年,送给村人耕种。我不会忘记,站在桑田里采摘桑叶时的那种感觉,极度枯燥和疲劳,没有什么浪漫,也谈不上所谓的审美,只是一种劳动,一种生存的必需。养蚕的经历,教给我如何看待生活,如何看待生活中的我自己。这种影响深深地烙在我的心里。就像蚕茧,把自己紧紧包裹起来。这是一种存在状态。有些东西,只能自己体味,自己懂得。

丝绸是美的。可是丝绸的美,在我的审美经验之外。或者说,对丝绸的审美,在我这里是有养蚕经历作为底色的,这个底色被汗水浸渍,以至于三十多年以后回忆起来的时候,仍然清晰如昨。这必然影响到了我对于美的理解。我更多看到的是美的来之不易,是美的背后所承载的那些负重,这似乎成为我的一种审美习惯。日常生活里,我对丝绸制品的理解,总是与艰辛的劳动紧密相连。我甚至很少消费丝绸,我觉得我的生活和生命不需要这样的东西来点缀,这不符合我的审美,不能契合内心的真正所需。那些丝绸,那些蚕茧,那些艰辛的日子,成为我的写作的一种底色,让我这么多年来,不敢懈怠和轻浮。

母亲说,养蚕一个多月就可以见到钱了。在她的心目中,这个赚钱周期是很快的,可以缓解生活中的太多难处。那个年代农村养一头猪,需要一年的时间,猪杀了,才可见钱,不像现在的猪是吃饲料速成的。养蚕一个多月就可赚到钱,母亲对此很是满足。我对养蚕的日子充满了恐惧。我不是惧怕劳动,只是觉得这种劳动太精细了,对劳动之外的要求太多太高，比如环境消毒，稍有不慎，就会导致蚕茧中毒，功亏一篑。那种累，是有心思的累。我一直觉得养蚕是一种技术活，而这种技术，是我不愿费心耗神去琢磨的。我宁肯推车，刨地，或者去建筑工地打工，只要不需耗神就好。干完了活，把脑筋用到读书和写作上。或许，那个时候我已经开始自觉维护我的写作了，任何想与写作瓜分精力的事，在我的潜意识里都是被拒绝的。

母亲在电话里说，她还想养蚕，没有养够。我说你忘记了当年养蚕是怎么操心上火的。母亲没有回答我，她兀自重复说，还想养蚕。母亲老了。她经常听不完整我说的话，就像我以前也常常听不完整她的话。我总是听一部分，就知道她后面想要说什么，不愿继续听下去。我更多地活在自己的世界里。当我有了足够的耐心听父母说话的时候，爸爸已经永远离我而去了。

记得那时家里养蚕，蚕房里是有温度计和湿度计的，门窗也安装了纱网，防止蚊蝇进入，我们那时埋怨母亲对待桑蚕比对待自己的孩子还用心。她小心翼翼地查看温度和湿度，小心翼翼地开门，生怕惊扰了蚕宝宝。童年记忆里，父母是经常吵架的。养蚕期间，家里不允许大声说话，更不允许吵架拌嘴，大家都变得克制，生怕说了不吉利的话，影响收成。而这收成，关涉到具体的生活，是过日子的希望所在。一晃，三十多年过去了。

## 食与味

　　烟台有道菜叫"鱼锅片片"。所谓"片片"就是我们乡下的玉米饼子，鱼焖在锅里，周围的片片刚好跟焖鱼的汤接触，有一种特别的味道。我喜欢这道菜，是因为我所熟悉的玉米饼子与并不熟悉的海鲜组合在一起，就像大山与大海的约会一样，两种不同的气息相互交融，让人滋生一种既熟悉又陌生的感觉。我在农村长大，对鱼的种类知之甚少，直到现在对吃鱼也没有什么兴致，这可能因为在我的童年味蕾里，几乎没有关于鱼的记忆。据说在更早的年代，乡下老家接待客人，通常会上一道木鱼。这种情况我只是听说过，并未亲见。木鱼上桌，这是一种礼数，是主人心意的表达，客人并不在意是否真的吃到了鱼，他们更看重这种礼数本身所包含的东西，其实这也是一种最朴素的饮食文化。

　　鱼在席上是一道特殊的菜，寓意年年有余。吃鱼是颇多讲究的。头朝北，肚朝客；吃鱼前，要先把杯中酒斟满，一饮而尽，坐在首席的客人动了筷子，其他人才可开吃。在一些更讲究的场合，通常第一筷由主人动手，他把鱼鳃上的肉夹给最尊贵的客人，鱼头尊贵，鱼鳃上的那一点肉就显得格外尊贵。

对待鱼的态度，也可看出人的内心世界。生活在海边，每年进了休渔期，有人还会偷偷下海打鱼，对此我是很不理解的。在莱州，我曾看到一个垂钓者，他把一条从身边水桶里蹿出来的鱼，随手抛回大海。在他的潜意识里，虽然这条鱼已经被钓了上来，被放入水桶，但它自己蹿了出来，说明它不该属于这个水桶，它的天地应该在海里。这个垂钓者顺势而为，不纵容自己也不难为一条鱼，他的内心是有敬畏和悲悯的。这是一种处世态度，也是一种人生境界。

再说鱼锅片片。我觉得这世间的很多事，其实正如"鱼锅片片"，是可以炖到一起的。原本不相关的事物，因为搭配融合到了一起，成为另外一种更为美好的事物。就像生活本身，在日常中并不是泾渭分明的，很多东西掺杂在一起，苦中作乐，忙里偷闲，安静的表情下面隐藏着汹涌的心态。那些混沌的、混杂的，甚至混乱的，更像生活的本来样子，它们被塑形，被赋予某种意味。烟台有道家常菜叫"全家福"，喜宴必上，逢年过节、家里来客一般也上这道菜，各种原料凑成一锅，包括海参、对虾、花鱼、鱿鱼、干贝，还有羊肉、牛肉、猪肉、大白菜、冻豆腐、宽粉和菠菜等，一锅里炖熟，别有滋味。在招远乡间，过年团圆饭必吃"拌合菜"，主料是龙口粉丝和白菜心、胡萝卜丝等，这种合菜缠绕在一起，象征着全家同心，一起过日子；若是操办婚事，男方托人到女方家提亲，除了常规礼品之外，还要带去红纸包好的二斤粉丝，粉丝越长越好，喻指两人感情长长久久。在沿海渔村，渔民对大蒜的称呼，从来不说"蒜头"，也不说"蒜瓣"，他们称之为"义和菜"。这是因为，渔民出海打鱼，大多是合伙买卖，一方有船，另一方有网，双方脾气相投，联手合作。他们忌讳"散"的谐音，称大蒜为"义和菜"，也是对契约精神的一份看重。即使在贫寒的岁月里，他们吃饭也不会只图填饱肚子，他们知道什么该吃，什么不该吃，该怎么吃。或者说，他们在饮食中寄寓了某种信仰和规则，吃不再仅仅是吃，而成为一件有禁忌有要求的事了。

　　福山是鲁菜发源地，传说当地厨师兜里随身装有粉末状的东西，炒菜的时候偷偷撒上一点，所以鲁菜味道鲜美，让人惊艳。食客以为这种材料有多么神秘和深奥，其实不过是把海肠子磨成了粉末。我觉得人生也该是这样的，一种取自日常的东西，以自己的方式加工，然后不经意地撒一把，就可以制造出让人意想不到的味道。这是一个智者的所为，也是一个可爱的行为。生活有时候就需要撒这么一把。用最常见的东西，制造出不常见的效果，这是真本事。

　　我对饮食一直不甚讲究，总觉得能够填饱肚子就可以了。但是与吃有关的记忆，却是难忘的，童年中印象最深的，几乎都是与吃有关的。那时日子过得贫穷，稍有滋味，就会铭记在心。平日里，我经常去吃福山大面或蓬莱小面，一个人去吃，仅仅是为了方便和实惠，把一顿饭快速地解决，就像完成某个任务。不管福山大面还是蓬莱小面，都是声名远播的。可是在我，它们不如海阳摔面，更不如母亲做的手擀面。每次回家，母亲都会给我们准备一些手擀面，带回来放在冰箱里冷冻保存，随时煮了吃。这种最原始的手艺，有筋道，有嚼头，有味道。

　　一碗热气腾腾的面，就是整个冬天里最温暖最值得回味的场景。小时候，在镇上的大集，人来人往，常有人在摔面铺子那里驻足或徘徊。我也曾是其中的一人，磨蹭在人群中，看大师傅把手里的一团面抻开，在面板上摔得啪啪响，声音清脆，在集市的嘈杂声中格外悦耳。眨眼间，大师傅手中的面团，已被摔成了匀称的面条，他朝身边的汤锅一丢，面条就在沸水中翻滚起来。众目睽睽之下，吃上一碗摔面，这在那个年代是有点奢侈的享受。我读初中时，母亲赶集摆地摊，卖点纽扣之类的日用品。冬天，母亲在集市的摊点，守株待兔似的等候买主，一枚又一枚的纽扣，换作一些零钱。我们全家的生活,几乎就是靠这点零钱来支撑的。有时候,卖得不错,收成挺好的,母亲会犒劳自己一下,在集市的街头吃一碗热腾腾的摔面。有时候集市散了,她的纽扣一枚也没有卖掉,她像跟自己赌气似的去吃一碗摔面,回家后跟我们念叨今天没有赚到钱,还吃了碗面,赔了本。她像是自己跟自己过不去似的,又像是自己在给自己鼓劲。更多的时候,母亲会饿着肚子骑车回家,不管收成如何,她都舍不得花钱吃一碗面。

定居烟台后,我在天天渔港北面的小胡同吃过一次海阳摔面,感觉丝毫没有了童年的那种味道。那种味道,看来只能永远留在记忆里了。

吃海阳摔面的地方,被烟台人称为丹桂街,街很短,始建于1850年前后,始称一面子街,后更名为丹桂街。二十世纪八十年代,这条街拆掉了,改名午台街。老烟台人是知道的,丹桂街曾是烟台最繁华的地段,店铺一个挨着一个,街上有各种式样的胶东小吃,整日说唱声、鼓乐声不断,入夜更是灯火通明,连小贩的扁担上都挂着一盏小马灯。这条街,被誉为烟台饮食的"清明上河图"。丹桂街上有家火烧铺,杠子头火烧最好,外皮酥脆,内瓤松软,当时从烟台乘船去东北的旅客,都到这里买一串杠子头火烧,用铁丝一穿,套在脖子上,再买些咸菜,一路的饭食就算是备好了。我曾接待过一位台湾学者,他说杠子头是他童年的味道,当地朋友特意买了一箱送他。过安检的时候,机场年轻的工作人员颇是犹疑了一阵子,这么硬的食品,在当下已经很少见了。

丹桂街上有个"丹桂戏院",很多京剧名家都曾在这里登台献艺,烟台成为声名远播的"京剧码头"。定居外地的老烟台人,见了乡亲,几乎都会问道:"丹桂还在吗?"京剧艺术家马少波最后一次返乡时,遥对"丹桂"虔诚地三鞠躬,泪流满面。

这条承载着美食记忆的街道荒芜了。更多的街道热闹起来。走在城市街头，我总感觉失落了一些什么。

这种感觉就像对童年味道的回忆一样。很多事，是以味道的方式留存下来的。比如大葱蘸酱，在我的眼里就是美食。这是南方朋友很难理解的。在胶东乡下，大葱是田间地头的常见之物。以前家家户户都自己做酱，什么面酱、豆酱、辣酱，沿海的还有虾酱、蟹酱、鱼酱。乡下人在庄稼地里劳作一天，回到家，大葱蘸酱，大口吃饭。这是他们的生活。俗话说，大葱蘸酱，越吃越壮。这里面既有物质贫乏的原因，也有胶东人性格豪爽的因素。我参加工作后，朋友们聚餐，菜上齐了，酒席临近尾声，主人会让餐馆给上一盘"老板菜"，主要就是黄瓜、萝卜和大葱，蘸着面酱吃，吃的就是这种感觉。吃上这样的"老板菜"，我才觉得这餐饭可以结束了。

记得费孝通先生曾经写到，人在他乡，带一点老家锅底的灰，冲水喝，可以治疗水土不服引发的症状。这些年来，我的行囊中始终带着一小把"锅灰"，茫然无措的时候，我会喝一点，然后继续赶路。

## 匠心与规矩

在我的老家,有句俗语:海阳木匠讲规矩。这里说的"规矩",并不是墨守成规,而是一份郑重,对于所做之事的用心和尽力。对海阳木匠来说,什么样的活儿该接,不同的活儿该干到什么程度,都有不成文的规矩。比如,不抢别人的生意,如果因为竞争影响到了别人,大多也会考虑给同行留口饭吃,凡事不做绝,留有余地。包括饮食习惯,也是有讲究的,比如不到收工不吃鱼。以前的生活太穷了,家里请来木匠,主人自然是拿最好的饭菜招待客人,而木匠通常只吃其中的普通菜,对好菜是不动筷子的,特别是鱼类,那个年代属于稀缺物,一般是推到收工那天才肯吃掉。他们这样做,是不想让东家犯难,不想让东家再去张罗买鱼。这是一种换位思考,是贫寒岁月里的相互体恤。再如,木匠对工具摆放也是有规矩的,锯齿一律朝内,不许"亮牙"。他们有句口头禅:"亮着个牙,一看就不怀好意。"这是他们对锯齿朝外的危险性的形象描述。年轻的学徒工,倘若一时疏忽让锯齿"亮牙"了,会遭到木匠师傅最严厉的责骂。除了"亮牙",海阳木匠还有一句话:"木匠的腿有一锛。"这其实是一种安全隐患意识。常年用锛，难免伤及自己，他们把这样的伤害理解成了不可避免的职业遭遇。这句话，既是一份自我提醒，也是一种自我安慰，就像那些无法预知也无法摆脱的命运，除了面对，别无选择。

如今，这些规矩大多时过境迁，吃饭不再成为一个问题，关于吃鱼的讲究也就不存在了。木匠的机械化程度越来越高，锛几乎已被淘汰，自然也就不必担忧"木匠的腿早晚有那一锛"了。甚至，就连木匠这个职业角色，也越来越少。

我是在进入中年以后，才从木匠的"规矩"中品味到了更多东西，这些从劳动中得出的教训，素朴，有力，散发温润的光泽。父母当年对我的职业期望，是希望我有一技之长，有个养家糊口的本领。更具体地说，他们希望我成为一个木匠，希望弟弟成为瓦匠。在农村，木匠和瓦匠都属技术活，一个家庭若是有了木匠和瓦匠，也就有了自己盖起一栋房子的底气，很多活计都可以自己动手来做，不必求助于人，这意味着可以省下一大笔开销。乡下人不缺力气，也不怕出力，我的两个表哥在这方面给我们树立了榜样，他们靠自己的双手，采石，填地基，砌墙，上梁封顶，盖起两栋大瓦房，然后抹墙，做家具，结婚成家，了却家长的一桩心事。我至今还记得当年上梁的情景，他们兄弟俩，一个木匠，一个瓦匠，在村人的热望中攀上房顶，放了鞭炮，然后开始扬饽饽。我夹杂在哄抢呼叫的孩子堆里，仰脸看着端坐房梁之上的表哥，眼神中充满向往，似乎体味到了做木匠的那种职业荣誉感。

我开始留意木匠这个行当。俗话说，长木匠，短铁匠。意思是铁器如果短了，可以再抻一抻；木头若不留有余地，就很容易被动。后来，木匠开始用上了电刨，不再需要拉锯。村里有个木匠，被电刨飞脱的砂轮击中一只眼，成为一个独眼人。木匠这个职业从此在我的心里蒙上了阴影，我觉得这是一个高危职业，并不适合走路做事都惯于走神的我。我不再想当木匠了。

我的耽于幻想的秉性，让我离木匠这个理想越来越远。后来到县城上班，做过短暂的维修工，可是我却完全无感，对于机械的任何故障都敬而远之，任何一个略有技术含量的手工活，都会让我陷入束手无策的尴尬状态。在海阳老家，我从小就被灌输了一种观念，人活在世上，要么出苦力种地，要么靠手艺养家。我是兼有这两种意识的，但是学手艺又不懂得触类旁通举一反三，一直在用出苦力的方式去做手艺活，所以在很多场合显得格格不入。文学似乎是个例外。文学特别适合我这种一边沉溺于现实，一边又耽于想象的行为习惯。我找到了另一条路，我把自己逼到除了文学，任何事情都不想做也做不成的份儿上。我时常这样安慰自己，你生来就是属于文学的，要像老家的木匠那样对待自己的手艺，讲规矩，舍得下笨功夫，精打细磨，把活儿做好。

木匠越来越少，我的关于手艺活的情结却是越来越重。新居装修时，好不容易才找到一个老木匠，家具交由他来做，既可保证真材实料，还能绕避市场上那些混乱的潜规则。

那个老木匠住在城乡接合部，一辈子坚守自己的木工手艺，对家具厂的机械作业很是不以为然。可是现实中，并没有太多人理会他的"事业"。他的家具制作生意这么多年来不咸也不淡地经营着。新居安装衣柜那天，他埋头干活，我就在一边不时地感叹和叫好，我的言不由衷的话，他却格外受用，越发地认真和仔细起来，一边干活，一边给我讲解为什么要这么做，以及这么做与机械流水线下来的家具有啥不同，他说得口沫飞溅，到最后却终于在家具尺寸上出现失误，应验了家具厂那个推销员说过的话："如今工厂下料，都是数控机床来操作，在电脑里输入数据，就可以毫无偏差。手艺再高的木匠，也不可能做到这么精准。"

我却愿意接受这种不够精准的制作。我理解老木匠，他的同行越来越少了，而他又必须接受工业化标准的衡量。他是多么孤独。我熟悉这份孤独。在我的身上，其实一直也潜存着这样的一份孤独。在我看来，流水线上的产品，终究是缺少了一点什么的。

缺少了质感。这种质感，源自越来越稀缺的带有体温的手艺。我们都习惯了按流程做事，冰冷地做事，缺少一种情怀，一种温度。

《海阳县志》记载了一个故事，有个石匠在收工回家的路上遇到两只狼，于是躲到路边的一块巨石之上，狼想要往上冲，他就用随身携带的锤子和錾子敲打巨石，迸溅的火花把狼吓住了，不敢靠前。石匠累了，停歇的时候，狼就来了精神，想要伺机进攻。石匠索性不再停歇，不停地用锤子和錾子敲击石头，直到天蒙蒙亮，两只狼悻悻离去，石匠才拖着疲惫的身子回了家。附近村民路过此地，发现他们每天经过的那块大石头，竟然一夜之间变成一尊佛像。十里八乡都觉得这是神来之笔。那个石匠根本就没有想到，自己为了驱逐恶狼的一番敲石动作，竟然雕刻出来一尊栩栩如生的佛像。

这个传说，是情急之下的一次技艺爆发，那个石匠对此并不自知也不自觉，他以为自己只是胡乱錾了一通。正是这随意的胡乱一錾，錾出了世人眼中的佛像。这对于从事艺术创作的人来说，亦有很深的启迪意义。艺术的最高境界是无技巧。在匠心与规矩，以及"佛像"之间，确实是有一些潜在关联，而打通和成就这种关联的，是那个匠人。他的技艺在年复一年的劳动中得到积累和提升，一切都是在不自觉和无意识中发生的，在孤注一掷的时刻，不经意的动作，成就了最好的艺术品。

技艺到了一定份儿上，创造就随时具备可能性。这件事被当地人传为奇谈。我从中体味到的，是对于匠心和技艺的另一种阐释。

我最终还是成了一个"木匠"，一个在纸上构筑虚拟世界的人；或者也可以说是一个"瓦匠"，一个在想象里建造房屋的人。我有一个庞大的施工计划，想要建筑属于自己的文学大厦，但从设计师到民工到瓦匠和木匠，只有我自己一个人。这是一份只能由自己来完成的工作。而我所建造的"房屋"，无论是否宏伟，是否有效，除了可以栖息我自己的灵魂，也希望能够安抚他人的心灵。

　　作为一个纸上的"木匠"，我以自己的方式铭刻下了一些"规矩"，那就是什么是可以做的，什么是不可以做的，对自己有所要求，不投机，不钻营，永远怀着一颗敬畏之心。

## 大秧歌

在我的故乡海阳有个说法,"没有秧歌不叫年"。我从小是不喜欢看秧歌的,觉得那种表演太闹腾,太程序化,不符合我的心性,自然也就没有什么兴趣。这个看法的被改变,是在离开故乡若干年之后,当我在外面经历了一些事,看过了各种"表演",我才对海阳大秧歌这种表演形式有了真正的理解。

很多已经消失的乡村事物,在大秧歌里保留下来。看似随意张扬的秧歌队伍,却有着严整的内在秩序,排在最前列的是执事部分,其次是乐队,随后是舞队。乐大夫是秧歌队的核心,这是一个最难扮演的角色,不仅要有很强的掌控能力,还得能够即兴编出合口押韵又讨喜的词儿。乐大夫唱罢,锣鼓点紧密起来,秧歌队开始绕场跑阵势,或单队或双队或多队,连续跑出巧妙变换、多姿多式的阵势。接下来,轮到歌舞角色出场了……

有一年春节,我在秧歌场上看到了我的邻居。在我的印象里,他是一个不苟言笑,甚至略显呆板的人,没想到他在秧歌场上表现得那么"放纵"。他扮演的是货郎,穿街走巷的角色,与翠花是一对搭档,两人讨价还价,打情骂俏，演得惟妙惟肖。那个邻居在秧歌场上像是变成了另一个人，再加上化了浓妆，我当时没有认出是他，只觉得因为他的在场，因为他的动作的夸张和洒脱，整场秧歌都变得生动起来。整个村庄都变得生动起来。整个春节都变得生动起来。

我把他的在田间劳动的表情和扭秧歌时的表情，联系到了一起来看，心中很是感动。

海阳人通常愿说"扭秧歌"。一个"扭"字，神态百出。当然也有别的一些说法，比如演秧歌、跳秧歌。相比而言，"扭"是最为生动和形象的。简单的动作，素朴的表达，他们就地取材，自编自导，以最朴素的方式，传达一些最朴素的信念。即使在当下，在各种表达方式几乎已被穷尽的当下，这样一种表达依然有着震撼人心的力量。每年正月初一，扭秧歌的队伍浩浩荡荡，把乡间道路装点得热闹非凡，仪仗前导，鼓乐交响，演员边舞边行，以两路纵队为基本队形，节奏时快时慢，队形不断变换，若遇松门、牌坊、神驾、寺庙、祠堂，均行三拜九叩礼。若是两支秧歌队相逢，那就更热闹了，双方的乐大夫要大幅度地参拜，两支队伍更要尽情斗舞，腾挪弹跳，各家都拿出自己的看家本事，这种时候整条街都沸腾了，直到舞得尽兴，双方才来一番大礼互拜，就此别过。

这是一种大众语言。是一种来自民间，也被民间所懂得和接受的方式。他们把此刻的生活，艺术化了。

关于艺术，眼下可谓流派纷呈，一茬又一茬的所谓试验、先锋，以不同姿态登场。而大秧歌，是朴拙的艺术，它所表达的是最简单的快乐，却有一种撼人心魄的力量。我这样想，不仅仅是因为大秧歌这种艺术形式诞生和兴盛于我的故乡海阳，更因为它与普通百姓的日常生活有关，是他们超越日常生活的一种娱乐形式。我从中看到的，是农民对于自身命运的表达，他们没有悲天悯人，他们自己给自己鼓劲加压，为自己的丰收庆典，为日常生活而歌舞，夸张的动作与拘谨的性格形成了强烈反差。在秧歌场上，他们真正释放了自己，打开了自己。我由此体味到一种来自民间的力量。我在后来对大秧歌的这种所谓理解，与农民的那种来自本能的理解，大约是接近的。而我年少时在老家的所思与所想，如今看来有些刻意，也不够真诚，缺少一种扎根的状态。这是我若干年后才省悟的一点体会。

相传清朝有个叫作李性的人，在江西担任知县，退休后告老还乡，把江西的闹花灯与海阳的大秧歌结合起来，创造出了"跑灯官"这种表演形式。一个退休的知县，他在这种自创的表演中寄寓了一种诉求。灯的制作，是很讲究的。先将木料或竹料经过加工和连接，做出彩灯的骨架，再将彩绸缝制于灯架表面，然后根据彩灯要表达的主题剪制剪纸作品，贴于灯上，一盏彩灯便制作完成了。灯的制作过程，既有艺人的技术成分，也有剪纸这样的主题表达，他们把对生活的理解和祈盼融入其中，整个制作过程颇有一种仪式感。到了正月十五这天，家家户户门前挂出彩灯。"跑灯官"的表演形式，大抵包括串街灯、报灯名和耍灯棚，重在一个"跑"字。灯官所到之处，有秧歌锣鼓做伴，他会根据彩灯的样式和寓意，即时编排报灯词，以顺口溜的形式脱口而出，简洁明了。

过完了年，那些扭秧歌的人重新成为田间地头的劳动者。面对土地，他们日出而作，日落而息，是最不善于表达的人。

## 红苹果

曾被问到这样一个问题："你觉得最能代表烟台的是什么？"

我想了一下，说是烟台苹果。这个判断，并没有多么确切的依据，只是一种直觉，一份来自童年的印象。那时的果园归生产队所有。每年生产队收完了苹果，我和小伙伴们会去果园里打扫"战场"。我们仰脸在枝叶间搜寻，偶尔发现被大人遗漏的苹果，就成了属于自己的收获。那时生活贫苦，母亲把仅有的几个苹果放在篮子里，然后挂到房梁下，怕被老鼠啃咬。苹果没有被老鼠啃咬，却被我和弟弟一直惦记着。整个冬天，家里都飘着淡淡的苹果味道，我和弟弟踩着板凳把苹果从梁上的篮子里拿出来，闻了又闻，实在忍不住就会轻咬一口。那时吃苹果，大人会把一个苹果切成若干份，我从小所接受的关于礼让的教育，就是从如何对待一个苹果开始的，大份的要让给年长的和年少的。

后来村里家家户户都分到了果园。施肥，浇水，打药……父母在果园里忙碌，实在是太累了，他们一边劳动一边拌嘴吵架，让我越发觉得苹果是多么的来之不易。还有剪枝，嫁接，父亲不擅长这类技术，他只肯下笨

243

力气，下的力气比别人多，果园的产量却比别人低很多。父亲为此常受母亲埋怨。

村里最早的副业，就是盖了一个很大的冷库，用来储存苹果，等到来年再以高价卖给外地的商贩。这种商业意识，只有村里极个别的人能想到和做到，他们后来果然就走上了经商之路。那时，几乎所有的果农，只知道把心思用在侍弄苹果上。摘了苹果，进入冬天开始剪枝，把不开花的树枝剪掉，避免浪费养料。剪枝是个技术活，得请专门的果业技术员来做。侍弄苹果年数多了，有的果农就渐渐摸出了经验，可以自己来做这事了。这是父亲的弱项，他不愿琢磨那些费脑筋的技术，所以我家的苹果树大多是请人来修剪的。剪完了枝，还要给果树施肥，把家里喂猪积攒下来的猪粪，用手推车运进果园，埋到果树底下。再后来，授粉、套袋、打药、摘袋、上色、摘果，等等。苹果摘回了家，还要分级，一级果、二级果、三级果，都要用果漏一个一个地挑选，确定下来。整个过程，都是小心翼翼地。对待生活粗枝大叶的村人，对待苹果却做到了格外的细心和小心，因为这关涉到一年的收成，关涉到要过下去的日子。

苹果是用筐装的。树林里的荆条被收割了，先是沉到水湾里沤着，很多日子之后再打捞上来，荆条变得柔软，就可以编筐了。编筐也是技术活，村里有专门的编匠，小时候只觉得编匠那双手真是神奇，谈笑间，一只筐就编成了。编好了的筐，齐整地堆在厢房里，堆得很高。等到第二年，这些筐就派上了用场，里面垫上干草，再装满苹果，齐整地摆在院场里。整个村子都生动起来。

那时的苹果品种主要以香蕉、国光、将军为主。香蕉分为青香蕉和红香蕉。国光分为大国光和小国光。小时候我一直不明白，为什么苹果会起个"香蕉"的名字。后来，邻村培育的"红富士"成了规模，全村人发家致富，成为全国"红富士第一村"。若干年后还会听到村人感慨，说王家山后村的红富士早在九十年代就开过新闻发布会，当天100多万公斤苹果全被卖光。这个新闻的余音，一直绵延了30多年，被村人津津乐道。窝在山沟里的这个小村庄，一下子出名了，这个村里的苹果连续多年获评全国第一，直接出口到国外。对比之下，香蕉和国光这样的老品种价格越来越低，渐渐被淘汰了。我记得当年与父母一起把果园里的苹果树伐掉的情景。村人大多改种红富士了。我家果树砍伐了以后，没有再种别的树，在果园里种起了庄稼。如今，香蕉和国光这样的老品种已成稀有之物。去年春节，亲戚送我一箱小国光苹果，那种味道，让我险些掉下眼泪。确实是童年的味道。童年的味道越来越淡，也越来越浓。童年的味道是如此的悠长，它一直跟随着我。而我，曾经有段时间以为童年被我淡忘了，原来它以味道的方式在我的心里储留下来。

在村里家家户户都分到果树之前，我家是先有了一片果园的。那是二十世纪八十年代初期，实行联产承包责任制，生产队叫行，村头的那片果园被父亲买到了。那些果树早已老化，长的果子并不多，好在可以在果树下的空地种些水果和蔬菜。那两年我几乎是在果园里度过的。哪棵树长的果子最甜，我都很是清楚。小伙伴们围着我转，他们一边跟我玩，一边瞅着不远处的苹果树。通常，我会把最甜的苹果摘给最要好的小伙伴吃。

父亲每天在果树下劳作，那是他一生中可以自给自足的很短暂的一段幸福时光。

阳光在不同的时段能照在哪个苹果上，我都会留意到，这并不是因为小时候心有多细，而是果园里的生活实在无事可做，我经常是半天都在盯着一棵树、一个苹果发呆。记得那时在果园里看护苹果，我躺在用草帘子搭起的屋子里，四处可以看到星星。空气有些潮湿。有小虫子在身边叫着。那时终日与泥土为伴，并不觉得草木可亲，也不以为小虫可爱。每天看护果园，在父母眼里这是一个孩子力所能及的事。晚上是父亲在草棚里住宿。我只是早晚替换一下，父亲去劳动，做更重要的事。记得每天早晨睡眼惺忪地走在去往果园的路上，露水打湿了裤脚，有一种彻骨的凉。我坐在草棚旁边的小马扎上，读书，写诗，太阳一点点地升起来了。

当地有个说法，烟台苹果莱阳梨。苹果和梨是联在一起的，它们的出身却不相同。苹果来源于野苹果。地球上最早的野苹果集中在新疆天山一带，据说现在天山的野苹果林仍然保留着2000万年前的基因密码，是天山上的"植物活化石"。烟台苹果栽培历史可追溯至400年以前，当地人称之为绵苹果。烟台开埠后，传教士倪维思从他的家乡纽约州带来了十几种西洋苹果树苗，他一棵一棵用药水浸泡消毒，再小心翼翼地栽下。数年后，这些果苗结出了与本地苹果迥然不同的果实。当地农民剪下几根枝条，嫁接到自家的果园里，成为后来闻名遐迩的烟台青香蕉苹果。倪维思当年给他的果园起名"广兴果园"，这里面或许是有期待和寓意的。经他从国外引进的苹果，与当地苹果嫁接，成为独具特色的烟台苹果。这跟烟台这个地方的土壤有关。当年，张弼士选择在烟台种植葡萄，开办张裕酿酒公司，想必也是跟这方水土有关的。葡萄对土壤的要求很高，烟台的土壤和气候都很适合它们生长。翻阅史书，烟台这个地方在历史上很少有大的自然灾难。这是一方被上苍眷顾的土地。

莱阳梨确切的栽培时间，可追溯到明朝万历年间。围绕莱阳梨的出处，有诸多传说，其中以移种为主，大抵都是某人在莱阳为官，从外地引入了梨树。后来，经过考证，这些说法仅仅是一种猜测，并无根据。或者说，这些传说，大抵都是关于莱阳梨的一种民间阐释，是百姓对于梨的理解或期待。究竟是先有特性再有阐释，还是这种阐释让事物更为出名并得以流传，这似乎是一个问题。纵观当下旅游景观，似乎都是如此套路。这种故事传说大多是牵强附会，对于景观的更为宽广的推广，在当下信息时代似乎并没有很大说服力，只是作为一种民间记忆存在而已。我个人更多倾向于把这种民间记忆理解成一种民间态度。民间态度中往往隐藏着历史的某种真实。莱阳梨素称"茌梨",也称"慈梨"。"梨"同于"礼","慈"含有仁善祥和之意,莱阳人因此有将梨奉送长辈用来润肺止咳的传统,谓之献慈行孝。现今的研究更倾向于莱阳梨是用本地树种嫁接培育而成的,并非移植。二十世纪六十年代初期,专家在莱阳发现了"梨树王",被鉴定为当时全世界最老的梨树,树龄已达400多年,梨树的主干深埋地下,只露出五条粗大的分支,犹如五龙旋舞,很是壮观。1991年立于"梨树王"旁边的石碑记载:"其主干丈余,其围合抱,积年风沙藏之地下,支干有五,蟠曲行空,犹如玉龙汇聚斗胜,寿高而愈健,年老而不衰。春华秋实,年果万余。"这棵树大到什么份儿上呢?树冠的占地面积就有300多平方米。清朝时被列为皇家贡品。每年都有大批游客慕名来访。一个人,面对一棵400年的树,会有何感想?仅仅是感慨这棵树的壮观和美丽是不够的。莱阳的老梨树,是时光的一种存在状态。这棵树所亲历的,比那些观摩者的所见与所思更多。

梁实秋先生在《雅舍谈吃》中谈及烟台菜时,说到了餐馆一个"堂倌"是烟台人,他每次回老家都带烟台苹果给他,让梁先生对烟台苹果有了好感。本来,梁实秋对苹果是没有好感的,在他的印象里,苹果都是贡品。所谓贡品,在我看来更多的是指珍稀之物。小时候的苹果,经常放得干瘪了,几乎没有了水分,也不舍得吃。那个年代,手里有一个苹果,就是人世间最幸福的事。参加工作后每次出差,妻子都会洗几个苹果给我带上,漫长的旅途因为红彤彤的苹果而具有了别样的味道。如今苹果已经成为日常,没有人觉得苹果背后有这么多的个人心史。我也多年没去过果园了,每日餐桌上都有苹果,却淡忘了果农的辛劳。

前不久,一个摄影家朋友拍了果农丰收的照片,一片红彤彤的苹果装在筐子里,整齐摆放,很是壮观。旁边是一个老农蹲在那里,手里拿一杆旱烟，有隐约的火星。老农的脸上是深深的皱纹，手像龟裂的树皮。这个老农与他的新鲜苹果以这种方式同时出现在了摄影家朋友的作品中，我以为这是和谐的。那个摄影家朋友是真正懂得了他所看见的苹果，也懂得了这个老农，懂得了自己的摄影艺术。他与他的拍风景的同行区别开来。

  这是对生活的态度。我知道苹果以及种苹果的人是如何走过来的，所以我更珍惜这种果实。有一年栖霞举办一个文学笔会，主办方把从外地来的作家朋友们带到果园，他们恍然见到苹果上结了自己的名字，一片惊呼。有心的当地果农，把作家的名字提前贴到了苹果上，利用光照，名字"长"到了苹果上。他们小心翼翼地亲手摘下长有自己名字的苹果，装满箱子，带回各自的城市，摆放在书桌上，不舍得吃。

  朋友托人带来一箱苹果，清脆可口，是老味道。他退休后，承包了一片荒山，带领附近的农民一起种植果树。他说他种的是老味道。童年的味道一直珍藏在他的心里。那种遥远的味道，让他更加懂得和珍惜今天的生活。

## 万松浦

这是一座现代书院，因为坐落在海边的万亩松林之中，且又临近港栾河入海口，故得名"万松浦书院"。

书院是一种高级形态的教育和学术机构，起于唐，盛于宋，止于清末学制改革，历时近千年，曾出现过岳麓书院、白鹿洞书院、嵩阳书院、应天书院四大著名书院。历经岁月的风尘，今天的四大书院中仅有湖南大学的岳麓书院、江西的白鹿洞书院兴学未废，其余都名存实亡，变成一般的旅游景点。在经济全球化浪潮中，维护书院体制的独特性，已经越发显得艰难和珍贵。古书院素有三大要务：一是讲学，二是积书，三是接待游学。万松浦书院将这三大要务一一承续下来，但又不一味拘泥，做到了随缘成事，既有所发挥，又力求坚守根本。

龙口，地处胶东半岛上的一个小小犄角，深入渤海，像是茫茫中的倾听或等待，更像是坚守和沉思。这里，曾是传说中徐福东渡的启航之地，有清代文人墨客在此修建的士乡书院、河滨书院。今天的万松浦书院，既传承古代书院精神，又具备现代品质，自2003年9月29日开坛以来，凡事不求广大，不追虚名，不恋热闹，不借威焰，始终坚持独立的精神立场，发出独特的声音，在国内外文化学术界产生越来越广泛的影响。

万松浦书院大门上左书"和蔼"，右书"安静"。进入大厅，可见著名作家、万松浦书院院长张炜亲笔题写的匾额："这里人人皆诗人。"鲁迅、托尔斯泰、雨果、卡夫卡、福克纳、索尔·贝娄、略萨、马尔克斯、苏珊·桑塔格……走廊上，这些艺术大师的照片和名言，是黑白颜色的，有一种素朴的力量直逼内心。

书院西部是一片黑松林，大约二十多亩，树龄有四五十年了。林中的几条小路，由黑色玄武岩铺就，曲径通幽。松林里的鸟，大约有几十种吧，在晚上，书院人是不轻易到林中散步的。细心的书院人发现，晚上散步，松林中的鸟会被惊飞，在密密匝匝的林木间碰撞，久久不能栖落下来。他们懂得鸟，不会去惊扰它们。这些安静的人，同样懂得安静对于鸟类的重要。在书院里，会随处看到一些人造的鸟窝悬挂在树上，那是书院人为鸟儿准备的，甚至，他们还会时常为鸟儿准备一些食物。鸟与人的和睦相处，让这个院落变得温馨、祥和。常常是在黄昏，一大群的鸟儿栖落树梢，它们快乐地咕咕叫着，书院越发显得幽静。

走在松林中，松针落地的声音，像是松树的微润呼吸。窄窄的林间小路，偶尔可以遇到立在路中央的树。为了不伤害这树，修路的时候，书院人就在石板上凿挖，留出一个洞，留出一圈儿环绕着树根的泥土。张炜在《筑万松浦记》中这样写道："在这儿人是第一宝贵，树是第二宝贵。" 所以也就不难理解，在办公楼前的路中央，为什么会挺立着一棵树？建在书院北端疏林中的行政公寓，为什么墙基不时凹进，以至于简洁的建筑看上去居然有些参差不齐？为了躲避树，为了不伤害哪怕一棵树，树与建筑结成一个整体。书院人对树的迁就，既是一种爱心，也是一种敬畏之心。

书院的做事者有一个公约：书院选址在此，就要爱惜此地自然，绝不能损伤一点动物林草；所有在书院做事营生者，都要做个体力劳动与脑力劳动相结合者，不得终日室内攻读或消闲懒散，而要每天于野外做工，所有劳务凡能自己动手绝不找别人帮助；最好每人学一份手艺，农事、木工、园林、装裱、陶艺，所学必得应用，并在应用中日见精密；无论做学问做日常功夫，都不必受时尚驱使；要心安勿躁，勤勉认真，崇尚真理。

书院人亲自护理草木，栽种庄稼。他们像对待农事一样去从事学术研讨和教育培训工作，朴拙，勤勉，始终如一。书院持守和呈示的，正是这样一种执着耕耘的情怀。

在万松浦书院里，是有一种精神气场的。张承志、韩少功、李敬泽、刘烨园、陈占敏、张新颖……这些当代最优秀的作家和学者，书院留下他们的身影，珍存他们的思考和祝福。

诗性是一个民族的核心隐秘，它不仅体现了人类追求完美的本能，还包含更多的不可思议的能量。万松浦诗歌图书馆是国内首座专业诗歌图书馆，内设现当代部、中国部、外国部、手稿部等，以现场和网络等多种方式向国内外诗歌研究者、爱好者开放，成为一所真正的"诗人之家"。

心性相近的书院人，为了一个共同梦想，在这里默默做事。没有豪言壮语，他们只是在以自己的方式，发出自己的声音。

这里曾是万亩松林。如今松林已被楼群取代，书院陷入商业包围之中。那些高高瘦瘦的松树，成长了几十年，尚不如周围楼房在一夜间的成长高度。书院如今已经置身喧闹之中。或许，这更具时代意味。在喧嚣中保持独立品格，这是对万松浦书院的考验，也是文明传承的现实写照。生命的尊严和价值，正在于这样的固守之中。

越是经济全球化，越是需要珍视自己的个性；越是在信息化的洪流中，越是要刻下自己的"船弦"。在这个迅疾变化的时代里，书院是慢的；在热闹和浮躁之中，书院是静的。这样的慢和静，来自从容，来自洞察世事的自信。书院知道自己该做什么，该怎么去做。它不仅是一处藏书访学和研修之地，更是一种介入社会现实的方式。它是幽静的，但不是闲适的；是边缘的，但不是逃离的。这样的介入现实的方式，沉潜，冷静，始终与现实保持一段审视的距离，一种对话的姿态，并且在这种审视和对话中，凸显着存在的价值，以及需要留待来日评说的意义。

万松浦书院与海相依相伴。海是这个时代的背景。即使大海最为激动的时候，书院仍然是安静的。书院安静地站在那里，注视着大海和海边的一切物事。

# 牟氏庄园

牟氏庄园坐落在"胶东屋脊"栖霞。庄园里有一张画像格外引人注目：四方脸膛，头戴黑色瓜皮帽，浓重的眉毛下，是一双犀利有神的眼睛。这是牟氏庄园的实际创始人牟墨林，人称牟二黑子。他不走仕途，在务农经商方面颇动心劲。据清版《栖霞县志》载，"道光十五、十六年，栖霞大风伤稼，岁大歉，人相食"。牟墨林开始以粮换地，并言明换来的地仍由原户耕种，但要按期缴纳地租。灾年过去，他的土地猛增到3万多亩，遍及栖霞全境。他在周边建了153个佃户村，成为栖霞、胶东乃至全国赫赫有名的大地主。

去过牟氏庄园若干次了，每次都是陪同客人去，浮光掠影，来去匆匆。这次去，我把这座庄园与我心中正在思考的问题对接起来，导游讲解的，以及我所看到的诸多细节，不断触动着我，走在庄园里，我不时地在笔记本上记下一些什么，怕这些模糊的想法稍纵即逝。

在今天，我们谈论这座庄园究竟有什么意义，或者说这座庄园对于当下有什么启迪，把它放到当下的时代背景下考察，我似乎重新认识了这座庄园。它已经不仅仅是作为建筑物的存在，也不仅仅是所谓封建地主的家业，它自身所留存的对规则的建构与维护，以及对未知事物的敬畏，这是我个人更为看重的。作为会客厅的"忠来堂",高悬"犹望公安"的牌匾。公安是他们的故乡。在这里接待的每一位客人,都像来自故乡的人,皆为忠诚之士,或许这是主人待人接物的一份理想。在另一间屋子里,我看到的是写有"赐我百谷"字样的牌匾。作为当年栖霞最大的地主,他并没有坐拥粮仓的幻觉,一个"赐"字,可以看出他对上天,对大自然,对未知的事物,是有一种敬畏心的。有敬畏心,做事情才会遵循基本的规则。把当年的那个"牟二黑子"与当下土豪们的资本积累方式相对比,该得出一个什么样的结论?当下的诸多问题,其实并不是饼大饼小的问题,而是怎么做饼、如何分饼的问题。这座庄园,因为被作为阶级教育基地才在十年浩劫中得以留存下来,餐厅的房梁上依稀可辨"文化大革命"时期的标语,这是高处的留痕,是无法抹去的历史细节。那一刻,我感觉到了历史、此刻与将来共存于这个空间,我纠结于该给这座庄园怎样的一个评价。仅仅做出道德评判是不够的,因为它远远不能概括这个世界的巨大复杂性。或许,评价已经不再重要,重要的是如何面对那些相似的问题,正以不同的形式重新上演。我们正在做的所谓正确的事情,将被后人如何看待,这是一个问题。

庄园里的路,全是用碎石按照某种规则拼接而成。院落里有一株紫藤,据说已经长了二百多年,每年五月先开花,后长叶,我们去的时候,正逢绿叶葳蕤。绿叶掩映下的遒劲枝干,比庄园的色泽还老,枝枝蔓蔓攀爬到了灰色屋瓦上,隐约可以看见嫩绿的触须,不知所去。某个院子的某个角落,有一株百年牡丹,我远远地打量眼前的这一切,遥想当年牡丹花开,主人独立阶前,会看到什么,想到什么。而在另一个角落,地面长满了青苔,这是被阳光忽略的地方。

那天是个阴天,木槿花开得正好,偶回头,我看见一片粉红色的花瓣落了下来。

## 海事

  那个老船长向我们讲述了十多年前捕捉巨龟时的情景。

  那天他在竹山岛附近海域拖了一夜的网，收网时一只海龟突然从鱼虾堆里爬出来，把船上的人吓蒙了。这只海龟展开双翅有两米宽，背上有七条突出的棱角线，全身是青黛色，有白花。海龟的头部受伤了，连它的壳也有伤，血慢慢地淌。在胶东沿海，渔民对海龟是有敬畏之心的，他们亲切地称其为"老爷子""老帅"。船下锚时，渔民先要高喊一声："给——锚——了！"喊过之后，稍停片刻再将锚掀进海里，据说就是怕伤着海龟，叫它避一避。若是撒网误捕到海龟，渔民通常会在船上磕头，念叨一些吉利话，请求宽恕，然后虔诚地把它放回海里。老船长看着眼前的这只巨龟，首先想到的是把它放回海里，但是看它遍体鳞伤，觉得当务之急应该先把巨龟治好。村人都不知该如何施救，他想到了蓬莱海洋极地世界，听说那里有相关的专家。他打电话过去，他们派了两个专家来到渔港码头，经诊断，巨龟确实是病了。村人一齐动手，把巨龟搬到车上，运往蓬莱海洋极地世界治疗，老船长怕在搬运的途中再伤了巨龟，特意到村里的商店买来两套被褥，把巨龟包裹起来。后来，有消息传来，巨龟死了。再以后的事，他就不知道了。

老船长的儿子，当年还是一个正读四年级的小学生，他听说爸爸捕了一只海龟，就想带回家收养，等他急匆匆赶到海边，一下子惊呆了，那只海龟重达千斤，让人既好奇，又恐惧。蓬莱海洋极地世界的车来接巨龟的时候，他跟着去了。如今，当年那个亲见巨龟现场的孩子，已成为一名大学生，他说后来他在蓬莱海洋极地世界见过那只死后的巨龟，它被做成了标本，摆放在一个单独的房间里，有游客向里面投币。他一边回忆当时的情景，一边从网上搜索到了当年媒体报道的消息给我看。看到网上的巨龟，我才恍然想起，若干年前我曾在报纸上看过这则新闻，并且当时收藏了起来，想要留作长篇写作的素材。在我的内心深处，一直以为这类事物是天象，是一种说不清的表达。不曾想，若干年后，我会在渔村见到当年的亲历者。

在蓬莱海洋极地世界，医生对巨龟做了胃镜手术，当时就取出了一块塑料袋。工作人员对其进行了"特级护理"，每天提供上好的食物，但它总也不进食。一个周后，巨龟因饥饿死亡。专家对巨龟进行了病理解剖，在肠内发现大量的尼龙绳、塑料食品袋等异物，其中几段尼龙绳最长的有12厘米，最短的也有6厘米，这些异物随着巨龟肠道的蠕动，逐步被堆积在胃、肠相邻的幽门处，无法被排出，致使巨龟肠梗阻。棱皮龟是活动于大洋深处的动物，正常情况不会到近海，由于肠梗阻造成身体胀气，不能潜入深水，于是随波逐流到了近海。它的死亡原因是海洋污染所致。

据老船长回忆，他捕到巨龟的时候，只有一个想法，就是给它治病，希望它能健康地重回大海。村人一起往车上抬巨龟，却始终抬不动，又放不下，而且很神秘的是，当时海上突然起了大雾。他看到，一颗清亮的泪珠从巨龟的眼睛里滑落出来。村人以为巨龟不愿动，就对着巨龟祷告，说要送它去治病。村里老人说，那只巨龟已经病了，当时放回海里，恐怕很难活下去。他们相信医学，以为医学可以治愈这只巨龟。后来听说巨龟死了，他们心里很难受。

去年，老船长在海上又网了一只龟，当时就放回海里，他觉得无论结局如何，一只龟是该属于大海的。

在胶东渔村，海龟被称作"鼋大爷"，这个称谓，有着渔民的一种亲切态度。"鼋大爷亮宝"的故事，可以说家喻户晓，渔村的人在山上劳作的时候，经常可以看到海里出现光柱，他们据此预测天气要变了。很多老渔民曾经亲历过，船在海上划行，突然砰砰砰一阵声响，几道红光绿光闪电一样齐刷刷从海底打出来，这就是"鼋大爷"在船底下"亮宝"了。"鼋大爷"像是在故意逗你，只管把红光绿光亮出来，绝不会伤害你一丝一毫。老渔民特意向我强调，这是他亲眼见过的情景，不是神话传说。这个"宝"，究竟是怎么打出来的？据说那些红绿相间的光亮，是从龟壳上的珠宝发出来的。在渔民的描述里，因为惊奇，加剧了"亮宝"的速度感和节奏感。

当我第一次听到渔民说出"亮宝"这个词语时，就忍不住为他们的这个描述而感慨，这个词语一下子让整个过程生动和形象起来，有了动感。龟壳上的明珠，渔民眼里的宝物，红光、绿光从海里交错闪现。"鼋大爷"在水里该有多么调皮和任性，才会对着渔民"亮宝"。我从这个传说中，看到了以前的海洋环境，看到人与海的关系。如今不同了。

在另一位老船长的山顶小屋里，我看到了传说中的"鼋大爷"，它的背上有一个地方，是"宝"的所在处。这是一个海龟标本，一个老船长很多年前在海边买下一只病死的海龟，供奉起来。看着龟壳上曾经嵌宝的地方，我被震撼了。这得多么漫长的时间才可以在自己的身上结下"珍珠"？鼋大爷的亮宝，仅仅是别人眼中的"宝"；而在它，所谓的"宝"，已经成为身体的一部分。对于海龟来说，在漫长的时光中，那些附加的东

257

西如何变成了自身的一部分，并且越来越具有了世俗价值？这样的价值，对于它的生命本身来说究竟有什么意义？它会改变它的生活和生命吗？这是我所关心的。我由此想到了具体的人，想到了模糊的人类，他们正在孜孜以求的事物，对他们的生命是有效的吗？面对眼前这个巨大的海龟标本，我几乎看得出它在当年的表情，所谓意义，在此刻变得毫无意义。我只想到了生与死，想到了活着本身，不被附加任何意义地活着，其实就在距离自己最近的地方。

在渔民眼里，"鼋大爷亮宝"是个好兆头。当然那是在驾驶小船的年代。如今渔民用的是机帆船，即使遇到"鼋大爷亮宝"，在机帆船的轰隆声中，也是很难看到和听到的。对比机帆船上的灯火，鼋大爷身上的"宝"的光亮，是不够亮的。这是老船长的说法，我以为这是对灯火的一种理解和描述，就像如今在城市中很难看见星星一样。这个世界太喧哗太热闹了，很多的东西，其实是在安静中才可以看到的。

"现在条件好了。"这是老船长都在说的话。他们是从苦难里走过来的，小时候的记忆里，刮风下雨的日子，经常就看到学校里有孩子哭着回家，他们知道，海上又出事了。那时没有电话，出海遇了风，家人不知道海里的安危，就整日整夜站在渔港码头，对着大海哭，等候亲人平安归来。海对渔民来说没有浪漫，只有残酷的真实。他们知道，在海上是不能任性的，作为一个打鱼为生的人，对大海必须有足够的敬畏。一艘船，意味着漂泊，意味着变幻无常的命运。渔民的日常生活，都系在这样的一条船上，他们对大海的敬畏，是发自内心的。在海上，遇到了鲸鱼，是不能打扰的；拉大网时，一旦把鼋大爷拉了上来，渔民会祷告说您老人家别见怪，大人不记小人过，恭敬地将其送回海里。

在渔村，我听到一位老渔民讲述鲸鱼开会的故事，他说一群鲸鱼在开会，其中一条大鲸鱼在给它们训话。他所说的，正是传说中的"过龙兵"。

所谓"过龙兵",相传是海里的龙王为了捍卫自己的领海,调动龙兵虾将南征北战,发兵的路上浩浩荡荡,场面壮观,可谓翻江倒海。这当然是神话传说。现实生活中,鱼虾成群过海的壮观场面在以前却是常见的。渔民出海,若是遇到"过龙兵"的大鱼群,船老大就要赶紧组织水手一面烧香磕头,向海里抛米撒面,投放食物,乞求龙兵不要伤害自己的船只,一面调帆转舵,避开鱼群,折腾半天才会转危为安。"过龙兵"一般是在三月三,或者九月九,时间挺准的,前后误差不过三五天。每年春天,鱼队浩浩荡荡,从东往西,去到莱州的海庙一带产卵;到了九月九,又会看到同样的场景。初旺渔村的人,在山后种地,一抬头,常常就看见鱼队在海里浩浩荡荡,看不见头尾,露在水面上的鱼背就像是房子的屋脊。鱼队齐整,像是阅兵式,鱼、鳖、虾、蟹等海底生物,在海面排成整齐而威风的队伍,远远看去,只见雪白一片,鱼肚皮上下滚动,煞是好看。有的渔民说,那些鱼是去莱州海庙那一带海域"坐月子"的。也有渔民说那是鱼的阅兵式,它们要去西边的海庙那里"开会"。山有山规,海有海规。这么大的鱼群,遇到了小船,稍有不慎就会把小船碰翻。但是,从来没有听说过被鲸鱼碰翻了船的消息。鲸鱼遇到了渔船,有时会围着渔船转两圈,从没有听说过害人。在渔民心里,鲸鱼纪律严明,从不对他们犯错。过龙兵的鱼队常常是沿着山边走。俗语说,海阔凭鱼跃,它们并不是这样的,它们对自我是有要求和限定的。鲸鱼的嘴唇是白圈,过龙兵时的海上一片白色,渔民说那是鱼队在听鱼领导的"训话"。渔民都这样说,至于最初是谁说的,谁也不知道。现在再也没有人见到过龙兵的场景。在渤海湾,鲸鱼主要是吃黄花鱼,如今这片海域的黄花鱼基本上被渔民捕尽了,鲸鱼已经无食可用。明代残本《渔书》卷三"海大鱼"条的按语曰:"余家海上,与大海通,故大鱼往往见面知之。"在过去,渔民与海里的大鱼,见了面,是互相认识的。如今,即使陌生的大鱼,也很少见了。与过龙兵相类似的，还有大雁南去的现象。小时候经常可见大雁排队向南飞，偶有掉队的大雁，引发了人类的诸多感慨。现在已经多少年没有见到大雁列队南飞了。我时常仰头看天，天空一无所有，没有什么可以给我安慰。

而这些关于海上的传说，我是在一个下午听老渔民讲述的。他讲完了这些故事，点起一支烟，深深地吸了一口。烟雾缭绕。我觉得他所讲述的，更加扑朔迷离了。而讲述者，此刻真实地坐在我的面前，他像一扇门，身后是一个巨大的未知的世界。

与友人在初旺渔村采访一个多月，并没有听到渔民讲到太多的海上传说，他们更关注的是现实生活，或者说，当下的现实已经让他们感到很大程度的满足。在我心里，对这样的采访和写作是不满意的。我积极地介入现实，更期待飞起来的状态，海边的传说故事无疑更容易契合我的这一想象。遗憾的是，这样的状况并没有出现。在写作渔村故事的过程中，我读到了友人的《海怪简史》，那是另一些现实——它们与我所亲见的现实互为映照，让我更真切地理解了大海和它的子民。比如说转心螺，螺壳里的盘旋形状，常常成为渔民的歧路。转心螺一般是在夜间的海滩附近出现，渔民出夜海回来的路上，若是遇到了转心螺，也就注定会迷失回家的路。他们奔走一夜，也无法走出迷宫一样的螺壳，等到天亮了起来，转心螺的作用才会失效，这时的渔民往往已经累死，脚上的鞋子完全磨穿了，回家的路却丝毫没有缩短。这个故事被传说了一代又一代。后来，渔民在夜晚的海边走路，只要迟迟不见光亮，走不到路的尽头，有经验的渔民立刻就会想到，这一定是走进螺壳里去了。倘若手里正好有一只从船上拿下来的橹，把柄朝下，往地上狠劲一戳，转心螺的螺壳就裂缝了，霎时间又见到了满天的星斗月光。再看手里的橹，柄早已断成三截掉在了地上，手里抓着的只剩下一个橹叶。这片橹叶不能丢，还会有转心螺的同伙来报复，有这片橹叶在手里做盾牌，就能安然走完剩下的路。

这个故事，让我理解了海边渔民总喜欢把一支橹扛在肩上的场景。"橹"与"路"是谐音，他们在海上的路，以及在陆地的路，其实都需要"亲手开辟"，或者说握在自己的手里。虽然这样的手，面对残酷的现实，面对无常的大海，常常是无力的。

这样的一种讲述方式，潜隐在我的采访和表达之外。我所写下的，不过是对这些传说的零碎体会而已。

更为巨大的存在，在我的认知之外。

2015年冬天，智利南部海湾沙滩上惊现337头鳁鲸尸体，这些鲸鱼平均重20吨，科学家称这是有史以来出现的最大鲸鱼搁浅群。

337头鲸鱼集体"自杀"！

这背后，究竟有些什么样的秘密？

鲸鱼自杀现象由来已久。远在1783年，曾有18条抹香鲸冲往欧洲易北河口，在那里待死。次年，在法国奥迪艾尼湾又有32条抹香鲸搁浅。1970年美国佛罗里达州皮尔斯堡的沙滩，150多条逆戟鲸不顾死活地冲上海岸。1979年，加拿大欧斯峡海湾，130多条鲸死去。1997年，马尔维纳斯群岛海岸约300头鲸鱼"集体自杀"。18世纪，一些航海家在塔斯发现可怖的鲸鱼坟场，一堆堆的腐尸和白骨散布在海滩上，呈现一片凄惨景象。

一头鲸鱼，或者成群的鲸鱼，游到了海边，拼命地用尾巴拍打水面，发出绝望的号叫。人类试图救援搁浅于海滩的鲸鱼，但多数都不成功。退潮时，鲸鱼因为搁浅在沙滩，被自己的体重压迫而死。

关于鲸鱼自杀的原因，众说纷纭，其中有一条是生态环境的被改变。

《论语·述而》有言："子钓而不网，弋不射宿。"大意是说，孔子一生只钓鱼，不用网捕鱼；打猎时也不用带有绳子的箭去射鸟巢。古人懂得敬畏和节制，不管大自然如何的富有，人只收获可以收获的那一部分，对自己是有要求的。

初旺渔村附近海域的大青虾，无论产量还是质量，都曾远近闻名。二十世纪六十年代，村人在海边用篓子就可以捞到十多斤虾。小船出海，撒三网，即可满载而归。那时渔民通过抓阄，决定在海里捕捞的位置，不逾矩，不乱来，凡事皆有规则。如今，产卵期的虾，渔民也不肯放过。听老渔民讲，大虾产卵之前，通常是找一处避风的"两合水"的地方，用头上的"枪"深深地拱进泥土里。大虾产卵之后，自身的生命也就结束了，只有少数的虾被大风从泥土里颠了出来，会继续存活下去。

我出生和成长在远离大海的地方，童年记忆里，鱼虾属于奢侈食品。姥姥二十世纪八十年代去世前最想吃的，是大对虾。然而我们却没能满足她的这个愿望，那时太穷了，在农村很难买到大对虾。这成为我此后耿耿于怀的一件事。参加工作以后，在应酬场合，每次吃虾，我都会想起姥姥，想起她临终前也没有如愿吃上大对虾，我就觉得我现在吃虾，有一种负疚感。在山清水秀、鱼虾盛产的年代，一个老人的简单心愿，至死也没有实现。三十年过去了，初旺渔村的大青虾，已经基本绝迹。

报载，俄罗斯的海滩上曾经一夜之间有数以万计的沙丁鱼搁浅，当地民众喜出望外，拿上桶、盆去捡鱼，有的甚至开上了小卡车。鱼类专家称，造成大量沙丁鱼搁浅的原因是水温变化所致，鱼被冻僵了，随海浪被冲上海滩。

那则新闻报道的结尾是这样写的："沙丁鱼对于当地人是一种宝藏，这次更成为免费的午餐。专家称这些鱼可以放心食用。"

鱼在海里被冻死了。这个事实改变了我对鱼水关系的理解。

那个老船长的儿子，一个看上去很阳光的90后大学生，他拿出了几块鲨鱼骨给我们观赏，像是精致的工艺品。他用鲨鱼骨做成了手串，戴在身上辟邪。记得老船长说过，他看到一颗清亮的泪珠从巨龟的眼睛里滑落出来。

The
Biography
of
YanTai

# 烟台传

我所写下的，不过是一个人与一座城的相遇，以及一座城与一片海的相处。它们曾经是隐秘的、自我的，甚至是局限和偏狭的。我写下它们，既是对于日常的一种省察，也是探究和认识自我的一个过程。从这个城市中，从这个城市所依傍的大海中，我看到了"我"，也发现了"另一个我"。

城与海　第十章

烟台港

## 海边一棵树

  他在自家院落栽下那棵幼槐，已是若干年前的事情了。在这座工业新城边缘，黄沙漫漫，海风寂寥，没有人留意一棵树在某个院落的成长。几年过去了，这里发生了翻天覆地的变化，高楼林立，人气越来越旺，特别是夏日夜晚，海边栈桥成为这个城市的休闲之地。他把那棵幼槐从自家院落移至海边，栽在距离栈桥不远的地方。移栽当天，他举办了郑重的仪式，我是后来从录像资料中看到当时的情景，隔着时间和屏幕，依然能强烈感受到他的虔敬。这是一个心有敬畏的人，他以这样一种方式表达对于这片土地的深爱。在蓝天与大地之间，在海边，这是一个人的仪式。那天，一只喜鹊停留在树梢上久久不肯离去，像是被眼前这个简朴的仪式所感动。幼槐的周围，是护墙。他没有把一棵树直接推向海边，选择在远离人群的地方，在对风浪有所遮挡的地方，让一棵树安心地扎根成长。成长是一件具体的事情，需要经风历雨也需要关爱呵护，他默默关注这棵树，每天早晨都要去看一看它，绕着树走几圈，在同一个位置亲手给它拍一张照片，不管如何忙碌，这成为他每天的必修课。他不仅仅种下了一棵树，而且每天都牵挂和惦念着这棵树的成长,每天都去看一看它,记录这棵树每一天的成长与变化。我时常在想,在繁忙的现实冗务中,他对一棵树的惦念一定赋予了信仰意味,他的心里一定有某种东西在伴随那棵树一起成长,每天迎着朝阳走向海边,去看望一棵树,他在行走的过程中,精神越发明亮起来。他远远地打量那棵树,有时候走近了抚摸树的枝叶,心里有说不出的感动,海浪声中,他甚至能听到树在拔节的声音,像是与他的心灵对话。他听懂了。一棵树,与大海朝夕相伴,他听到树的身体内部的潮汐,那是生命生生不息的召唤。大海的浪花与树的绿叶遥相呼应,一如他与大海彼岸遥遥相望,这种最沉默的语言,可以诠释世间最浪漫的事。日本诗人谷川俊太郎曾经说过,因为自然的某种状态而唤起的感动,是他创作诗歌最重要的内核,每天早晨他都会到院子里散步,曾经有一整年他在早晨同样的时间、同样的位置,以院子中央的一棵枫树为中心,拍摄院子里的风景,300多张照片做成一个相册,记录下院子里的每一个清晨。作为诗人的谷川俊太郎,在他的取景框里以一棵枫树为参照,对周边风景做出取舍和判断。这也让我想到身在海边的他,对一棵槐树的移栽和关注,他不仅仅是在培植风景,他在关注生命本身,以生命关注生命,在一个人与一棵树之间,存有某种隐秘的精神关联。那棵槐树一天天拔高,渐渐超越围挡,露出葱郁的树冠。它看到了大海,看到永不疲倦的潮汐声的来处。作为一棵树,它的根已经足够扎实,可以独自应对来自大海的所有风暴,它将见证大海所见证的,细密的年轮将会刻满这个区域成长演变的密码。一棵树,以年轮的方式,留存成长的记忆,刻下关于风雨和梦想的印痕。他在这棵树的身上寄予了一种期望,让这种期望在缓慢的成长过程中渐渐实现,这样的寄托方式显然不符合当下急功近利的风气,大家早已习惯了速成,习惯了揠苗助长,恨不得一下子省却所有的过程。他拒绝这样,在一棵树的缓慢成长中渐渐走近心中的梦想。缓慢让他心安,一个懂得速度的人，也深切体味到慢下来的真谛。他注视一棵树，注视它的缓慢成长，这是一种价值观，一种对于社会和人生的独特理解。他并不期望所谓的理解。他只是在做着，按照自己的方式，他相信当这棵树葳蕤蓬勃的那一天，将是他最感欣慰的日子。立村必先植槐，他在这里扎根，把大海当作故乡。他忘不掉故乡村头的大槐树，那是整个童年的记忆，在大槐树的护佑下，他一天天长大。如今村庄的树木越来越少，到处都在上演大树进城的当代寓言，他栽下一棵幼槐，在自家院落，在海边，在异乡，体味整个成长的过程。他把这片居住地当作自己的故乡，亲手栽植一棵槐树，向遥远的故土致意，在日新月异的生活里，这份记挂传统的朴素情怀有着最动人的力量。他是一个沉潜的人，一个对生活对生命有敬畏心的人。这世上，很多的人在忙碌着，很多的人有着这样或那样的想法和抱负，但是心怀敬畏的人委实不多。关于一棵槐树的林林总总，我是在偶然的交谈中获知的，一个人如此郑重地对待一棵树，这让我感动。每次散步路经栈桥，我都会特意走过去看望那棵槐树，在它的身边默默站一会儿。它天天依旧。在天天依旧的状态里，突然有一天，我发觉它长高长粗了。成长是一个缓慢的不可逾越的过程，明白这个过程，并且懂得体味这个过程，才算是彻悟了人生。

我并不懂得人生。我只是一个对生活有追求也有抗拒的人。

我们去参观的规划展览馆被誉为那个江南城市的会客厅。以客人的身份进入会客厅，我被不安感深深攫住，高科技堆积出的幻觉，还有大地上发生的那些事情，完全被虚拟化了。我的眼前所看到的一切，隔着一层说不清的什么，小心翼翼地走在展厅，生怕脚底下一脚踩空。向前三十年，向后三十年，半个多世纪的时光浓缩并展览在这个空间，我有一种想要逃离的念头。那些冰冷的数字化表达方式，它们切割你，将你分成若干份，每一份都有你的影子，每一份都已经看不出一个原本的你。我想回避它们。它们拒绝回避。

从展览馆出来，感觉自己像是从另一个世界回来，恍若隔世，现实的世界不再清晰。南方的冬日并不寒冷，阳光淡淡地照在身上，有些冷意。我在展览馆门前的空旷地带踱步，漫不经心地走来走去，很快就留意到两棵被包围在脚手架里的老树。是两棵香樟树，在这个城市街头随处可见的树种，只是这两棵树看上去更苍老。许是"主人"对树的造型不太满意，他们围着树冠搭起了脚手架，树的枝桠被捆绑被固定在冰冷的钢管框架里，像颓然的囚徒。那些钢管在树身周围密密地交织着，像是对一棵老树的不放心，又像在别出心裁地托举和矫正着某些枝干的形态。我恍然明白，这是两棵被绑架的树，他们希望这两棵树按照他们的设计和要求去成长，最终符合更多人的观赏眼光。远远打量这棵被囚禁的树，冰冷的脚手架让人恍然觉得进入了一个建筑工地，这类建筑工地正在遍地开花。两棵香樟树，被移植到了这个广场的展览馆门前，就像平地拔起的钢筋混凝土建筑物，是冰冷的，没有丝毫温情。

两棵被展览的树。

两棵被绑架的树。

脚手架的存在，是为了让树木按照他们的预设来成长，这让我感到无限悲凉。这样对待一棵树，即使再光鲜再标致又有何用？倘若缺少对生命的起码尊重，所有言行都是经不住追问的。我回过头来，重新打量矗立在眼前的展览馆，它是静默的，在阳光下闪着耀眼的光。

当地的朋友问我："你喜欢这两棵香樟树？"

我摇头，不语。我不喜欢被展览被绑架的树。我所关心的，是一棵树的命运。这些命运被谁决定，凭什么就这样被决定？一棵树也是有生命有尊严的。从一棵树上，我看到了人类的影子。一棵经风历雨的树，自然懂得季节的意义，懂得顺其自然的意味，在常人目力不及之处，它看到了人的未来样子。

后来，我在安徒生童话中，读到了关于树精的描写。安徒生在一百多年前，就预言了当下正在发生的事情，他在《树精》中写道："我们的时代是一个童话的时代。"

这样一个童话时代，总在上演一些真实的故事。

一个依附于栗树的树精，梦想着到豪华富贵的环境中去，每天黄昏，她都朝着巴黎的方向望去。这棵梦想去巴黎的树，终于有一天告别自己脚下的土地，向着日思夜想的城市而去。一个声音，像末日的号角一样响起："你将到那个迷人的城市里去，你将在那儿生根，你将会接触到那儿潺潺的流水、空气和阳光。但是你的生命将会缩短。你在这儿旷野中所能享受到的一连串的岁月，将会缩短为短短的几个季节。可怜的树精啊，这将会是你的灭亡。你的向往将会不断地增大，你的渴望将会一天一天地变得强烈。这棵树将会成为你的一个监牢。你将会离开你的住处，你将会改变你的性格，你将会飞走，跟人类混在一起。那时你的寿命将会缩短，缩短得只有蜉蝣的半生那么长——只能活一夜。你的生命的火焰将会熄灭，这树的叶子将会凋零和被风吹走，永远再也不回来。"

这是对树精的忠告。这个声音在空中回响，丝毫没能改变树精对城市的渴望。作为一棵有根的树，她希望自己像飘浮的云块一样，可以远行到谁也不知道的地方去。许多人带着铁锹来了。这棵树被连根挖起，装到马车上，向巴黎运去。这是快乐的旅程。这是期盼已久的旅程。这棵树的枝叶忍不住颤抖起来。她并不知道，自己爱上了一个虚无。

她被栽到了城市广场上。这里曾经站立过一棵树，一棵被煤烟、炊烟和城里一切足以致命的气味所杀死了的老树，当树精被运抵广场的时候，那棵老树刚被装在马车上拖走了。树精并没有意识到，她所目睹的这一幕，正是自己接下来的命运。

泉水，微风，甚至清新的空气，都离她远去。工业文明像一个蓄谋已久的伤害，等待一棵远道而来的树。钢筋混凝土的世界，以冷漠的方式接纳了这棵树。

"一切跟我所盼望的是一样，但也不完全跟我所盼望的是一样！"树精陷入了矛盾，一种不曾有过的想法开始折磨她。在她的梦想中，既有对人的生活的向往，又有对云块的羡慕。云块是自由的，也是虚无的。树精不得不面对的，是一个被改造的真实世界。回归的不可能，以及生命的枯萎，成为一件注定的事情。"上帝给你一块土地生下根，但你的要求和渴望却使你拔去了你的根。可怜的树精啊，这促使你灭亡。"风琴的调子在空中盘旋着，用歌声说出了这样的话。

十年前，我曾为自己的一本散文集命名《远行之树》。我想像一棵树，既得扎根，又要远行，这是它只能直面的命运，也是它无法解脱的生存悖论。这里面有着一个人的犹疑和抗争。我把这些难以言说的情怀，托付给了一棵远行之树。那时我不曾想到，在若干年后的城市化浪潮中，树的远行会成为一个普遍现实。一双看不见的手，把大树从深山移植到了城里，在钢筋混凝土之间，一座座没有年轮的城市正在迅速成长。大树进城，大树的枝叶上蓬勃生长着的，是人的急功近利。被移植到城里的大树，在城市天空下支撑起另一片天空，这是正在被创造的所谓奇迹，是"揠苗助长"的当代版本。

树的渴望与人的欲望，在漫长的时光中交汇成为一个点。这个点逐渐地扩大，逐渐地有了光环，逐渐地被更多的目光关注，被更多的人提起，成为这个时代的热闹景象。

云块是在高处的一个虚渺存在。树精对云块的向往，让她最终成为地上的一朵残花，被人类的脚踩成尘土。我的那份曾经寄望于远行之树的遥远情怀，已成为某些人急功近利的一个注释。那些风尘仆仆的赶路，究竟是要去往哪里？

有生命的事物，是不该仅仅成为装饰品的。一棵经风历雨的树，被移植在钢筋混凝土之间，成为当代城市的一种点缀。这棵树的枯萎枝叶，把城市天空的倒影分割成了若干碎片。

如今，城市建设者纷纷把目光投向大树，依靠大树进城，快速营造城市的历史感。这是对自然规律的强行改变，是人的急功近利的最真实的表现。一个没有年轮的城市，一个无根的城市，所谓繁茂的枝叶，都不过是短暂假象。季节交替，当风霜雨雪走过，这个城市显露本来的荒凉面相，将是一件必然的事情。

那年冬天，我时常去郊区看望那棵古槐。她的树干已经枯朽，谁也不知道她在村头究竟站了多少年。村庄正在拆除，她依然站在那里，像是一个对世界放心不下、心中怀有牵挂的老人。她站在那里，看着村里的人走出去，看着村外的人走进来，她已经没有可以迎风摇曳的树叶，失去了最真切的语言。她无声地看着眼前的这个村子，这个小小的村子，就是她的整个世界。她的整个世界就要消逝了……

我看到一个老人，站在古槐下，形单影只，像是从古槐身上折下来的一截枯枝。

这棵古槐，对这个村子是有恩泽的。我轻抚她的枯朽的树身，就像握住时光的苍凉的手。那一瞬，我是一个被时光遗弃的人，我比古槐更苍老。

总有一些故事，曾与这棵树发生关联。树是见证者，见证了一些在时光中流逝的事物。

一如此刻的我，是此刻的唯一见证者。

站在山顶俯瞰这个城市，我的心中涌起阵阵疼痛。那些苍茫的岁月，变得如此切近和清晰，我说不出这座城市之于我，以及我之于这座城市，究竟有着怎样的一种关联？我的牵挂，我的悲悯，我的无言的爱，消失在冰冷的钢筋混凝土之间。

做一个有着正常体温的人，如此艰难。

曾经读到某位作家写他如何在树叶上写诗的文章。在树叶上写诗，然后收集飘落的树叶，这究竟是浪漫还是矫情？即使作为对生活的一种理解方式，我也不相信它在现实中的可能性。我更愿意相信的是，一棵站在风雨中的树，它将风雨的洗礼，以及对风雨的理解，内化为生命的年轮，沉积到了根部。这种内在的力量，是一棵树坦然面对成长的资本。那对民工兄弟唱的《春天里》，我在网上一遍又一遍地听，忍不住热泪盈眶。所谓艺术，在此刻并不重要；重要的，是他们对这个世界的理解与热爱，是他们以歌唱的方式呈现出来的一颗心。他们勾起了我对青春岁月的记忆，对当下被遗忘被忽略的现实的关注。我也曾经告别故乡，一个人在城市流浪，心怀梦想，对这个世界付出真诚与热爱。如今麻木多了，看起来我已把生活打理妥当，已经不必再有什么忧虑与牵挂，沉浸在一己情感里，不再拥有更为宽广的情怀。日常生活成了一个巨大的战场，我与若干个我作战，难分胜负，似乎战争才是唯一的选择，缺少一种更大的力，超越和掌控这样一个已经沦为日常的战场。

当我看到大海与广场连为一体，心底涌起一种悲怆感。空间如此辽阔，却不知该把一颗心放在何处？大海不合适，广场也不合适，我是一个海边的流浪者，大海和广场都不能让我停步。我走着，却不知将要走向何处，大海和广场也不知道。抗拒被裹挟，需要多倍的定力。我的方向在脚下，就像扎根，朝着大地的深处挺进；而枝叶，是朝着天空舒展的。

在天空与大地之间，一棵树正在远行。

我所要抵达的，其实仅仅是我自己。

如果一种刻痕，不能给我彻骨的疼痛记忆，当岁月的风沙袭来，我会茫然不知所措。直到有一天，我似乎理解了，他从自家院落移植到海边的一棵槐树，是他在苍茫岁月里的刻舟求剑，他在关注成长本身，遵循自然的规律，摒弃那些所谓的效率和效益，留下生命最真实的刻度。在城市化浪潮中，这个人在用心做着最纯粹的一件事情，一棵树承载他的梦想，迎着风与浪，一天天成长。当有一天，太阳从大槐树繁茂的枝叶背后升起，那样的一个瞬间，作为见证者的大海也将被打动。

我走向你，在一个白雾迷蒙的早晨。我沿着海边一步步走去，看不到栈桥，看不到那些熟悉的建筑群，眼前唯有一片白雾。我走向你，已经不再奢望白雾散尽，我所能做的，就是在太阳升起之前，一个人穿越迷雾，走到栈桥的跟前。在栈桥旁边，有一棵被惦念的成长中的树。

# 老人与海及其他

老船长跟我说起了他与大鲨鱼的往事。他已经88岁了，坐在我的对面，神态安详，声音平静迟缓。他说他14岁就开始出海打鱼，没有死在海上已是万幸。那时渔民用的是摇橹小船，海上若是起了风，小船时常被风刮到现今的烟台开发区海滨，稍不小心，船就翻了，落水的渔民即使拼命爬上了岸，因为那一带荒无人烟，十有八九也会被冻死。直到二十世纪六十年代，渔村开始使用机械船，翻船死人的情况才减少了。就在我住进渔村的那天，这个城市组织乡村老人统一参观市容市貌，老船长也在其中，他目睹开发区海滨翻天覆地的变化，想起昔日这里一片荒凉，想起那么多的渔民死在沿线沙滩上，忍不住流下了眼泪。

这个城市的海滨旧景，我曾在老照片中见过。前几年当地要建规划展馆，策划了一个新旧对比的主题活动，从民间征集了大量图片资料，我从老照片中看到这个地方的青涩从前。我把那些照片端量了很久，不知道日新月异的现实是那些照片的背景，还是那些照片是当下形势变化的背景。我说不清这是一个审美问题还是一个立场问题，不知道该站在哪个角度看待这个问题。我把这些解释不清的东西，归结为"发展"所致。当下太多人已经习惯了用这个词语打包太多说不清的东西，直到我在渔村听到老船长的讲述，在这些照片中介入了生与死的话题，我才恍然彻悟。对于身边的事，对于我所寄身的这个城市，我通常是以审视的眼光打量它们，其实在很多时候，生存才是首要问题，很多因生存而出现的妥协与让步是可以理解的；那些自以为是的评判，既忽略了别人的感受，也在生活认知方面出了问题。

话题很快就转到了那条大鲨鱼上。那年老船长才23岁，他与两个伙计出海打鱼，在海上漂了一天一宿，小船依然是空的，竟然一点收获也没有。回家的路上，他们就遇到那条后来被传说了半个多世纪的大鲨鱼。他记得当时并没有喜悦，而是越发忐忑不安起来，一路上除了恐惧还是恐惧，以至于此后的若干年，当他想起那时的情景，仍然感到后怕，感慨当年没有死在海里已经是万幸的了。

那夜的星星若隐若现，海像是动物的巨大呼吸。小船在夜色里划行，有时剧烈地抖动。他以为浪太大，看看四周，海上却是一片平静，后来他才知道，那是因为网里闯进一条鲨鱼，鲨鱼在网里挣扎，不停地拱动小船，小船晃动的幅度越来越大，随时都有可能侧翻。他们紧张起来，在茫茫的大海上不知如何是好。似乎是很久以后，船突然不动了。老船长突然发现，船不动了；老船长的两个伙计，也突然发现船不动了。老船长拔了拔网，网绳是直上直下的，拔不动，三个人一起用力，总算拔出一部分，却傻眼了，是一条粗壮的鱼尾巴。他们在鱼尾巴上又拴了一根缆绳，试了试，还是拔不动。当时海上漆黑一片。老船长说不要硬拔了，先保持体力，一切等天亮了再说。

天刚蒙蒙亮，他们就开始忙碌起来，网仍然是拔不动的，他们知道打了一条大鱼，却不知道这条鱼究竟有多大。船在海上走，老船长的思想也在激烈斗争着,不知是否该把大鱼放掉。如果那条鱼还活着,他会选择把它放回海里,这条小船哪里经得住这么大一条鱼的折腾?可是,大鱼已经被网缠死了,就此放掉,实在有些不甘心……鱼在网里,他们把网收紧了,用绳子把鱼头和鱼尾两个部位拴在船帮,绑紧了。船平稳了许多,偶尔会抖动一下,又抖动一下,是很深很沉的那种抖动。老船长的心随着船的抖动而不停地收缩。一只小船,拖着一条不知道究竟有多大的鱼在茫茫大海里向着家的方向艰难地漂移。

老船长看不见鱼,却时刻感觉到了小船和大鱼在海水里不停地碰触;每一次碰触,就像碰触到一个危险,又像碰触到一个坚实的依靠。小船与大鱼在海浪里竟然成了一种紧张的依靠与被依靠的关系。

返程中,他们先后遇到了两拨鱼群,可惜的是,网已被这条模糊的大鱼全部占据了。同船的两个伙计望着鱼群,满脸遗憾。老船长安慰他们说:"海这么大,我们不能啥也想要啊。"

短暂沉默。

这短暂的沉默让我珍视。我知道在我们的言说之外有些共同的感受击中了对方。巨大的海,几乎已被穷尽了;人得有多贪婪,才能把大海糟蹋成这个样子啊!老船长叹口气,打破了这沉默。他说当年拖着大鲨鱼回家的路真是漫长,他多么向往有一盏灯,就像传说中的海神娘娘那样,擎一盏灯引领他们回家的路。对一盏灯的向往,成为活下去的信念。这样的一盏灯,并没有出现。

他们三个人轮流摇橹,在海里摸索着走了一天一宿。老船长用绳子拴了秤砣测一下水深,知道已经到了威海。他抬头,西北方向的星星正在不停地眨着眼睛,他的心中咯噔一下,可能要来风了。

风说来就来了。小船在海里飘摇。他们把捆绑大鱼的绳索收束得更紧,让船和鱼更紧密地连为一体,仍然放心不下,三个人又分别检查了一遍绳索，怕有什么意外。在风浪里，大鱼起到了稳固小船的作用。风越来越大。海浪撕扯着小船，撕扯着捆绑大鱼和小船的绳索。他们不时地检查绳索，怕绳结脱扣。老船长对自己系的绳结是从不怀疑的，渔村几乎每个人都会打一手漂亮的"结"，这是渔民必备的基本功。然而此刻，这么大的风浪，他总担心绳结松动，或者绳索被船帮摩擦断了，那样他们除了葬身大海，别无他途。他把生的希望寄托在大鱼身上，却又不够坚定，脑子里不时闪过一个念头：遇风的霉运，是不是跟这条大鱼有关？他甚至动了放掉大鱼的念头。这个念头只是一闪，他就不再深究，因为时间来不及了，容不得他有第二个选择，不管这条闯进网里的大鱼究竟是福是祸，眼下全力应对大风才是最关键的。

　　船随着大鱼在海里晃动。一个浪头拍过来，小船剧烈地摇晃，海水跳进了船舱。又一个浪头拍过来……船舱里的海水越积越多，船开始下沉，下沉……老船长和两个伙计的心也在下沉，他们在船板上跪了下去，一边磕头祷告，一边哭了出来。船在继续下沉，他们不再磕头了，一边哭，一边不停地用锅和盆往外舀海水。风卷着浪，固执地拍打小船。水越积越深。在漆黑的夜里，在茫茫的大海上，他们无处可逃，他们所能做的就是守住这条小船。人在彻底绝望的时候，往往变得比平时更加冷静。他命令两个伙计不要再哭了，稳住船，才是唯一的活路。他们把捆绑小船和大鱼的绳子收束得更紧了，把船和鱼更紧地联结在一起。海浪不停地涌来，拍打着他们的船。巨大的海浪声中，他听得见自己咚咚的心跳。他按住心脏的位置，提醒自己，稳住，一定要活下去。

　　在海上遇到大风，这是渔民最担心的事。一个老练的渔民会在风浪大作的时候把船固定在某个点上，这是他们面对风浪的态度和策略。所谓乘风破浪，其实是不合时宜的。很多人从中读出了执着，读出了挑战，我也曾这般解读风浪，人到中年，心态和理解世事的方式都发生了改变。我渐渐地明白了，在风浪中该如何稳住自己的船。这更像是一个关于时代和人生的隐喻。

　　风终于消停了。据老船长回忆，那阵风如果再刮上一刻钟，船必沉无疑。船里的水，很快就被他们用锅和盆舀回海里。他们坐在船上，缓了半天劲，才开始重新向着家的方向划去。船里已经没有了任何食物。船进水时，他们把所有能丢的东西都丢进了海里，包括准备的食物，还有酒。那一刻，他们只想减轻船的分量，哪怕只是减轻一点点的分量，没有什么比保住船更重要的了。他们只剩下了恐惧，哪里还顾得上饥渴。在茫茫大海上，回家的路，成为一条逃命的路，离家近一步，就离生的希望近了一步；他们拼命摇橹，既是向生靠拢，也是在拼尽全力摆脱死亡的阴影。他们商量是不是该把大鱼卸掉，以逃命为主。老船长有些不甘，也有些不忍。是大鱼救了他们的命，他们与大鱼之间一定有些说不清的关系。犹豫了一番，他决定继续带着大鱼上路。他无法预料，下一刻，是否还会遇到更大的风和浪，至少在刚刚过去的那一刻，是大鱼救了他们。

　　似乎很久之后，海上刮起东风，船顺风漂向老龙山。远远地看到了老龙山，虽说有些模糊，但是那种关于老龙山的感觉是清晰的，老船长叹口气，悬着的心终于落了下来。初旺的渔民出海打鱼，只要看到老龙山，就知道到家了。

　　船在即将靠近初旺村口的时候，风突然转成了东南风，船顺风而下，漂向邻村李家的方向。他们想要逆风划回初旺村口，风越来越大，要下雨的样子，再加上在威海湾死里逃生的遭遇，老船长当机立断，马上在邻村靠岸，先上岸再说。上了岸，他瘫倒在地，忍不住哭了。岸上有人早就看见这条风里的小船，很快就招呼十多个人过来，一齐动手把鱼拖上了岸。他抹一把眼泪，发现那鲨鱼还在喘气，嘴已经不动弹了，眼是睁着的。小船在海里艰难前行的时候，因为不停地与鲨鱼碰触，摩擦，再加上风浪的拍打，摩擦更为剧烈，在海上折腾了一天一宿，等到靠了岸，船帮已被鲨鱼磨掉了一寸多。那是一条长约七米的小船，鲨鱼比船身还要长。老船长踩着鱼背想跳到岸上，结果一不小心掉进了海里，慌乱中，他抓了大鱼一把，才稳住身，那一瞬间他发觉大鱼高度与他的身高差不多。这个细节他记住了。时隔半个多世纪之后，当我们问及那条大鲨鱼究竟有多大的时候，那个细节成为他判断的依据，他说他清楚地记得海水的深度大约到人的脖颈位置，他据此判断那条鲨鱼的高度足有一米多。

他想过是条大鱼，但是没想过会有这么大。等到把鱼拖上了岸，才发觉这鱼的大小远远超过他的想象。在看不到尽头的大海上，他没有想到他的小船拖着的这条鱼竟然会有这么大。多少年来，他梦寐以求的就是捕到大鱼，现在有了大鱼，却让他犯愁了，不知该如何处置这个庞然大物。村人纷纷赶来看热闹，他们从来没有见过这么大的鲨鱼，根本就不相信三个人驾一条小船竟能捕获这么大的一条鲨鱼，而且冒着大风，在海上折腾一天一宿把大鱼拖了回来。村里的老人说，这条鲨鱼是"哈弄"（音同）。我问老船长"哈弄"具体是哪两个字，他也说不出来，就是一直在说"哈弄"。我猜测他所说的"哈弄"，大概意思就是老实，不咬人。在村人看来，如果那条鲨鱼咬人，他们三个人的性命根本就保不住，更别说把鱼拖回来了。老船长觉得村人的看法过于简单，他亲眼看到那条鲨鱼的牙齿很长，是锐利的，怎么可能不会咬人呢？

村人望鱼兴叹，具体到如何处置这鱼，谁也没了主见，束手无策。因为船被迫停靠在邻村，那里的水产公司有意合作处理这条大鱼。老船长想了想，也就同意了。水产公司安排一大帮子人开始动手分割大鱼了。鲨鱼的肝脏、鱼鳍被割下，鱼皮也剥掉了，鱼肝油装了满满的九筐，每筐足有一百多斤。整个水产公司忙碌不堪，空中弥漫着一股说不清的气味。他们把鱼肉切成条状，装了两船，一船送到烟台卖掉了，一船送回初旺腌制加工成鱼片，卖给了掖县（今莱州）。突然捕获了一条大鲨鱼，老船长有些发蒙，水产公司也从没见过这么大的鱼，缺乏处置经验，带着他四处找人推销和交涉。掖县的人骑自行车来过好几次，把鱼片买去了。一条大鲨鱼，共计卖了六百块钱，这个价钱在当时是很高的，比一条船在海上作业两个月的收入还高。他们都很高兴，觉得三个人没死在海上就已经是万幸的了，结果还发了笔小财。

老船长说，如果没有那条大鲨鱼，小船在威海湾必翻无疑。是大鲨鱼在风浪里稳固了小船，救了他们三个人的命。小船的载重量是五千斤，而那条大鲨鱼足有一万多斤。

老船长坐在我的对面，手里摇着一把旧扇子，神态安详。他的女儿在旁边感慨老人已经88岁了，记忆力依然这么好，每次出海经历都记得清清楚楚。老人说怎么忘得了呢，每次都是从阎王鼻子底下爬回来的，想忘也忘不掉。特别是出远海，太危险了，有的人出去了就再也没有回来。那时的船还不是机械化，海上只要遇了大风就凶多吉少，明知有危险，还是要去冒险，日子总得过下去。初旺三面环海，一面朝山，渔民一辈辈过下来，死也是死在海里。

我不曾在大海里见过鲨鱼。我所见的鲨鱼，是在鲸鲨馆。我陪女儿多次去到那里，她对海底世界充满好奇，对鲸鲨馆里的鲨鱼没有丝毫畏惧，她觉得好玩。

若干年过去了。如今老船长与大鲨鱼成为渔村的一段传奇，以至于我在渔村采访时几乎所有受访者都谈到当年老船长捕了一条上万斤的大鲨鱼，包括那些年轻的村人，出海的和不出海的，他们都听说过这段传奇故事。我去采访老船长，他作为当事人的讲述，没有把半个世纪以前的那段传奇更加神秘化，他很认真地反复解释，不是他们捕的鲨鱼，而是鲨鱼自己缠到了网里，越缠越多，越缠越紧，最后动弹不得了。他说自己和鲨鱼之间并没有丝毫的"战斗"，事情的全部经过就是鲨鱼不知为何被网缠住了，然后他们就把鱼拖了回来，一路上什么也不顾，只想着逃命，劝自己不要害怕，离家近一步，就离船毁人亡远了一步。他说没有什么胜利可言，在大海面前，人有什么胜利可言呢？他没有夸大个人努力的成分，他甚至把别人所以为和传说的努力成分，直接从这个传奇故事中剔除了。他说当时都不知道那条大鱼究竟意味着好运还是霉运，他更多感到的，是恐惧。一条大鱼，让他们回家的路充满了恐惧。

海是不可战胜的，人要懂得妥协。老船长坐在我的对面，淡淡地说。

就像穿过一场噩梦，才抵达此后的生活。经历那次劫难之后，老船长再也没有想不通的事了。他向大海妥协了，向生活妥协了，也向自己妥协了。他坐在我的对面，神态安详，像是一个极深的启示。

"这段经历，是值得一辈子回忆的事。"

老船长摇头，苦笑："到现在想起来还是后怕。"

我看着眼前这个老人，他在坦诚地讲述自己的亲身经历，一段在别人看来充满了传奇色彩的往事。时隔半个多世纪，他回想起当年的海上遭遇，依然感到恐惧。恐惧感在他的心里留存了半个多世纪，依然没有消除。

我想起海明威的《老人与海》，他和他笔下的老渔夫都是在回望人生，有一份达观，超越了通常意义上的成败。老渔夫捕的鱼，历尽千辛万苦，却被别的鱼啃得只剩下了鱼骨架，他依然乐观，毫不沮丧。海明威笔下的老渔夫是硬汉形象，他说一个人可以被消灭，但是不能被打败；而我所亲见的这位老船长，他是谦卑的，他说大海是不可战胜的。他一辈子风里来浪里去，没有什么英雄情结，他甚至在时光面前是妥协的，毫不掩饰地向我说起了曾经的恐惧。他说那鱼如果不是被困住了，稍微反抗一下，就会船翻人亡。他这样说着，更像是在反思、检讨，虽然语调是平静的，我依然从中感受到了巨大的不平静。他已经88岁了。岁月在他身上的留痕，就是看不出岁月的痕迹，所有遭遇在他看来都是命定的一部分，他讲述它们，那么平静和安详，即使是那些曾经的汹涌波澜，也被他内心的力量平息了。这位老人，他知道在生命的最后关头该如何面对生命；这位老人，此刻正在温和地回忆当年的惊涛骇浪，他说到了自己的软弱和恐惧，说到了当时只有一个想法就是活命。人再有力量，也是没法战胜大海的。他说他出了一辈子海，打了一辈子鱼，才得出这个结论。面对大海，人要懂得妥协，要有怕。他说到了村里的海会会长，前不久他随同老年参观团从开发区海边走过，睹物思人，他在车上流下了眼泪。当年海会会长就是在那一带遇难的，那天他们一起在海上打鱼，风太大，船有些失控，他的船漂向刘家村口，海会会长的船则靠在开发区的海边，海边没有任何遮挡，结果船被风掀翻，会长遇难了。早在1957年，海会会长带领一支船队去辽宁双台沟打鱼，当时共有10条船，每条船上四个人。从双台沟走到老铁山附近，来风了，渔民都吓哭了，呼天喊地。好在，那阵风很快就过去了，如果再刮一会儿，那支船队必定全部遇难。海会会长躲过了这一劫，三年之后却在开发区海边遇难。那个年代，上级对渔民提的口号是"好天使劲干，坏天坚持干"。海会会长响应上级号召，在坏天气里坚持出海，结果遇了风，送了命。老船长说，那个口号不符合实际，打鱼不同于种地，海上是不能坏天气也坚持干的，大海无情。

老船长站起身，给我倒茶水，他的手有些发抖，他说老了，手都快要拿不住东西了。作为初旺渔村德高望重的老船长，他不修饰也不拔高自己的经历，坦率地说出了恐惧。他是从大风大浪里走出来的人；他所要解决的，是最日常的生活。被别人当作了抒情和想象对象的大海，在他眼里只是生活的保障，是随时都要面临的危险，根本没有什么浪漫可言。

当年与老船长一起打鱼的两个伙计都已经去世了。我问他是否曾经梦到过那条大鲨鱼,他说没有,只是多次梦到水产公司带他四处卖鱼的场景,乱糟糟的,却很清晰。谁也不知道该怎么处置那么大的一条鲨鱼,他已筋疲力尽,只剩下了服从的力气,他只想把这件事尽快地结束,从恐惧和不安中尽快走出来……若干年后,当他老了,他时常梦到当时的情景,他甚至梦想着有一天能把这个梦做到底,让这个梦按照自己的期望延续下去。他后来一直觉得当时因为没有经验,再加上时间太仓促,很多鱼肉都被糟蹋了,如果自己动手慢慢处理,肯定会卖出更高的价格。那么大的一条鱼,才卖了六百块钱,现在想来有点吃亏。老船长的这个答复,是我没有想到的,这引发了我的更多想法。我之所以问他在长达半个多世纪的岁月中是否曾梦到过当年的场景,潜台词其实是想知道他对那样的一条大鲨鱼是否有过歉疚和悔意。然而没有。在我,这是一种典型的文人思维,额外赋予了风浪太多的所谓内涵,当我想要通过老船长的遭遇来印证这些内涵,他给出的却是另外的答案。在老船长那里,生活远比那些所谓想象更无情也更严峻,他说到了自己的身世,说到了早逝的爹娘,也说到了家里的罗锅叔叔。他从小爹妈就不在了,是奶奶把他拉扯长大的。他六岁那年,父亲出海打鱼,在唐山一带被海盗绑了票,爷爷四处借钱,把人赎了回来。父亲回家以后就病倒了,一年后去世。他10岁那年,母亲喝药自杀,撇下他和兄妹三人。妹妹才7岁,就给别人当了童养媳;哥哥到大连投奔舅舅,找了一份差事,挣碗饭吃。他一个人跟着奶奶过日子。奶奶去世后,他与家里的罗锅叔叔相依为命。后来,他见过哥哥一面,也去东北寻找过妹妹。自从当年骨肉分离,兄妹三人再也没有团聚。

　　回顾家族的血泪史,老人一声叹息。

　　人的一生中,曾经有过那样的一次海上遭遇,在村里,甚至在距离村子很远的像我这样的局外人看来,都是有些神秘的。当我见过了老船长,他那么平常,他的讲述也丝毫没有传奇色彩,海只是海,鲨鱼只是鲨鱼，那次海上的遭遇仅仅是一次遭遇，他没有赋予它们任何的象征意义，即使到了老年，关于那次遭遇的所有回忆也依然是停留在生存层面。他所后悔的，是因为没有经验，把鱼肉卖亏了。在别人看来，包括我，也是有些不理解的。这是多么形而下的具体问题。可是，这正是生活和生存的真相——不是老船长太现实，而是我们太矫情了。我从老船长的家里走出来，一路上都在这样想。

海对于渔民来说，不是浪漫，也容不下太多的想象，它们是残酷的存在。与这个残酷存在相对应的，是当年刻骨铭心的饥饿和贫穷。我一直以为自己对于现实生活有着深切的理解，见到这位老船长之后，我才知道我的所谓理解其实多么牵强和肤浅。还有对大海的认知，我曾写下太多关于海的文章，如今看来，我不过是在大海之外一厢情愿地理解大海，在风浪之外浪漫地看待风浪，而老船长们，是在大海里理解大海，在风浪里理解风浪。在渔村，村人向我说起老船长与大鲨鱼的故事，他们只记住一个基层事实，更多的细节被忽略被淡忘了。当我与老船长面对面，多么希望他会穿越时光，恢复半个多世纪之前的那次海上遭遇，哪怕是添加一些想象的成分，在我看来也是合情合理的。然而老船长并没有任何的虚构，他平静地讲述了那次遭遇，不夸大，也不回避，只是平静地讲述。

我原以为，海在老船长的心里会一直涌动着惊涛骇浪；我原以为，隔着这么遥远的时光，老船长对那次传奇遭遇会有更多更丰富的理解；我原以为，我的所谓关于人性的想象，我的关于对未知事物的怕和爱，会在老船长这里得到确认……

他没有更多的阐释。他只向我讲述了真实的过程。这个真实的过程已经在他心里埋藏了60多年，像一粒种子，他拒绝让它生根，发芽，拒绝枝繁叶茂。他把它一直埋在心底，很少主动谈起。

这是他的一个人的秘密。他从这个秘密里看到了大海，也看到了大海后面的比风浪更真实的生活。

老船长有六个子女，五世同堂。他与老伴结婚72年了，两个老人从来没有庆祝过生日，他们不知道自己出生在哪一天。从前年开始，家族所有人都在正月初三这天齐聚老船长家里，权当给老人一起过生日。

老船长不喝酒，两天抽一盒烟，每天上午与几个老人凑到一起，打几圈麻将，严格控制在两小时以内，很规律。他说打了一辈子鱼，没想到晚年可以过上衣食无忧的生活。

老船长坐在我的对面，窗外的光线落到他的脸上，他缓慢地讲述，在我看来有些恍惚，像是隔了一层什么，究竟隔了什么我并不知道，但我知道隔开的绝不仅仅是距离和时光。他的讲述夹杂着太多方言，那是一些在渔民中才能流通和懂得的语言。我只是大概地听懂了。我试图从他的讲述中提炼一个主题，同样是"老人与海"的故事，他不似海明威笔下的"硬汉"，他向我们展示的是人在大海面前的脆弱和妥协。

院子里有几件渔具，我请老船长演示一下使用方式，他格外高兴，有板有眼地演示起来，动作娴熟，妥帖，这让我想到书法家对手中的笔，无须直视，就可感知到每一须毫的变化。我出生在农村，渔民生活对我来说是陌生的，有些看不懂。同行的朋友是海洋文化专家，他一口气提出好多问题，老船长越发来了兴致，耐心地演示手中的渔具。他的脸上漾着慈祥的笑意。看得出，他很久没有动过这些渔具了。

夜色降临，该告别了。我紧握老船长的手，老船长也握紧了我的手，交谈一整天，我从他的讲述中体味到了很多。对于我们的倾听，老船长很是感慨："现在的年轻人，不愿听我们这些老人絮絮叨叨，他们可以不听，但是那些历史，是真的。人是不能修改历史的。"

一位老船长，讲述了他与大海的故事。我只是一个倾听者，并不是记录者，是时光之手，记录了这些。

## 点灯的人

那座灯塔已经废弃很多年了。塔楼还在，若是隔了一段距离看渔村，稍微抬一下目光，就会看到北边老龙山上的那个塔楼；倘若距离再远一些，视域中的塔楼则悬到了渔村上方，跟渔村浑然一体。我站在海边，时常凝望那里，总觉得那里残留了一丝亮光，它不同于渔村灯火，也迥异于遥远的星辰，是一种难以言传的光和亮。后来我才明白，那种光亮，与我静夜写作时桌面的台灯有些相仿，是幽微的，也是透彻的，它在穿越夜色之前，已经直抵某个人的心灵。这个发现让我愕然，让我坐在书桌前有了置身汹涌波涛之上的错觉。

当年在老龙山上修建灯塔，是颇有争议的。老龙山传说是龙住过的地方，龙头之上怎么好弄一盏灯呢？后来，渔村的人在海上出事太多了，在山顶弄个"照头"成为一件刻不容缓的事，争议总算平息下来。山上有一处破旧的岗楼，大约是以前打仗时修筑的防御设施。村里要建灯塔了，更确切地说，是要把老龙山上遗留的岗楼利用起来，改造成灯塔。山上没有路，村人用面袋子装了海滩的沙子，一袋一袋扛到山顶；选用的砖，一块足有8斤重，当时算是最好最结实的材质了。

建一个灯塔，为出海的人，也为等候出海归来的人。

灯塔建好了，渔村专门物色了一个点灯的人。那人叫刘少章，65岁，已从船队退了下来，是个出了名的老实人。每天日落时分，他就拄着拐杖往山上走去，等天色暗下来，灯塔就亮了起来。

一个退休的老渔民在为那些回家的渔船点灯守灯，他们老远看见山顶的一束白光，就知道老龙山到了，家就在不远的地方，船该在哪里停泊才是安全的。在黑咕隆咚的海上，这一丝微弱的灯光，让他们辨明了家的方向。在没有灯塔之前，若是遇到坏天气，船一不小心就偏离了方向，漂到一些没有"海口"的地方，船无法靠岸，一个浪打来，就可能造成沉船事故。

屋外下起了雨。哗啦啦的雨声中，我在听老船长讲述半个多世纪以前的事。他的讲述是缓慢的，就像窗外断断续续的雨；历史是断续的，也像这雨，既断且续。

那个点灯人是在96岁那年去世的，当时是村里年寿最高的人。

那盏灯，经历了太多变迁。最初用的是煤油灯，外面有一个玻璃灯罩。后来改为汽灯，通宵地亮着。再后来，换成了闪光灯，几秒钟就闪烁一下子。遥想那些有风有雨的日子，渔民在海上望着灯塔，家人在村里也望着灯塔，在这世间，也许唯有这灯光是他们同时看到的东西。这样的一盏灯，在我看来是一个关乎渔民生活和命运的大事，而在他们心目中，这盏灯解决的只是他们在海上的具体困境，对于改变他们的命运并没啥根本作用。若干年过去了。现在依然可以看到当年的灯塔，只是灯早已不在了，点灯的人也不在了。而点灯的地方还在，远远看去，那青灰色的灯塔很轻易就可以从山上的树木中分辨出来。我和朋友商定，在离开渔村的时候再去那个灯塔跟前看一看。我说不清，为什么并不急于去看灯塔，以及为什么会做出这样的一个决定。

老船长正在讲述关于灯塔的往事,一位老人走进屋来,他们是牌友,每天凑在一起打几圈麻将。他问道,刘少章点灯是哪年的事?老人说可能是1980年吧。他说不对,应该是1971年,也可能是1968年,或者是1969年,当时已经入社了,肯定是1958年以后的事……两个老人的记忆出了偏差,你一言我一语说了好长时间也无法吻合。他们亲历的往事,已经记不清了。作为后来的我们,将依循一些被考证的史实,来看待和谈论那段历史。越是有矛盾和出入,我越是感觉到了这种探究和书写的必要。我曾想继续寻访点灯人刘少章的后人,想要沿着这条线索,去寻找和呈现更多真实发生过的往事。后来,我又犹豫了,终于没有去做。当年点灯的人,渔村没有几个人还记得,他们本身已经不在意这个事情了,纵然采访他们的后人又有什么意义?隔了这么多的年月,我究竟想要理清一些什么?我也说不清,我甚至无法理解自己的所思与所为。那盏灯,曾经就那样地亮在渔村北面的老龙山上,还需要我的所谓追溯吗?我对灯塔的所谓寻访,不过是想了解一些历史故事,来确认某种现实,抑或与我所期待的现实形成印证。可是,关于灯塔的记忆,却出现了太多的矛盾和出入,那些老船长似乎并不在意那个灯塔,灯塔在他们眼里,仅仅是灯塔,是回家的一个参照。我这才意识到自己其实是先入为主了,在潜意识里赋予了灯塔一些象征的意味。这是所谓知识分子通常的思维习惯,这样的思维习惯在渔民身上是无效的。在当年的渔村,灯塔仅仅是灯塔,这不是象征,也不是细节,这是关涉海上航行的生命,关涉渔民能否安全回家的一件很具体很紧要的事。我需要做的,是努力从象征的思维中跳出来,回到真实的现实,回到事件的现场。

村人对灯塔的记忆,大多淡漠了。甚至几个与灯塔有些关联的老船长,也只是记住了大概情节。时光带走了太多东西。我对灯塔往事的追问，在他们看来也是有些不解的。我试图用我的方式来看待这个渔村，与这个渔村的现在和历史对话。但是事实证明，我与渔村的对话，是不对称的，也是无效的。关于灯塔，在渔村有不同的说法，每个说法都来自亲身的经历。是否需要统一这些说法，这是一个问题。我曾想，把这些问题以分歧的状态留下，留待后人鉴别和评判。太多的史实不都是这样交付给了更为漫长的时光？可是，脱离了特定语境，所谓的鉴别，所谓的评判，所谓的看到和理解，又在多大程度上符合当时的真实状况？

老船长说，他1992年退休的时候，灯塔还在用着。在他身后的墙上，是一张山东地图和世界地图，那是他时常要看的。如今，在地图之上，在巨大的"寿"字两边，挂起了一副对联，那是他八十大寿的时候，亲戚送他的贺礼："福如东海长流水，寿比南山不老松。"大红的对联盖住了墙上的那张旧地图。老船长坐在这样的"背景"之下，讲述关于灯塔的故事。

他一直记着五岁那年的一个秋天傍晚跟随爷爷去山上点灯的情景。天下着雨，他们披着蓑衣，沿着曲曲弯弯的小路向山顶走去。夜色越来越浓，爷爷手中的那盏灯在风雨里或明或暗，发出不服输的光。他跟在爷爷的身后，提着一桶油，那是汽灯备用的油。沿着山路缓慢地挪动了大约有一个小时，才到达山顶，爷爷点上汽灯，遥望海面，长长地叹一口气。下雨天看不清海上，只看到黑乎乎的一片。船头即使悬挂了小汽灯，在山顶也是看不到的。爷孙俩需要在山上住一晚上。小屋里漏雨，根本就无法入睡，他看着那盏汽灯，一直亮着，那个时候他幼小的心灵中并不知道这盏灯对于海上航行的村人意味着什么，若干年后他当了渔民，当了船长，时常会想起五岁那年跟随爷爷在山顶守灯的雨夜，他似乎更深地理解了那盏灯的意义。再后来，大约是到了七十年代，山顶拉上了电灯，不再需要有人每天上山点灯了，在渔村的房屋里，就可通过电闸遥控山顶的那盏灯。

那盏灯，也像其他地方的灯一样，在山顶闪烁，老渔民根据灯的闪烁频率，判断自己到了哪里。灯光作为一种语言，穿越夜色和风雨，被理解和被接受。在海上，两船相遇，也是通过灯来传递信号的，"左红右绿当中白"。他补充说，这是二十世纪七十年代的国际航海规定。

五岁那年陪爷爷上山点灯的他，如今已经六十多岁了。半个多世纪的风风雨雨就这样走过。不管走在哪里，他的心中始终有一盏灯在亮着。我知道，当我写下这个句子，它瞬间被赋予了象征意义，然而对于眼前的这个老船长，一盏灯，是现实中的灯，微弱的光里，有着切肤的迷茫与希望。

"老辈人出海，太苦了，村里很多人都是死在海里的。过去只要遇到了风，技术好的渔民能回来，有的船就顺风漂到了别的地方，最终船翻人亡。"村里新建的房屋，门顶大多贴有"一帆风顺"四个字。这个词语，在我们的惯常使用中，是有隐喻意味的，而在这个渔村，这是最具体的祈愿，不是形而上的，是现实中的正在经历和即将经历的事。后来，每个船上都买了"半导体"，渔民感到很好奇，他们不明白一个小小的机器怎么会说话，而且可以预知天气的好坏。他们把它称为"话匣子"，他们在海上拿着那个小小的机器，反复地端量，觉得这真是一件神奇的事。他们经年累月在海上打鱼，经历了太多的事，再神奇的事都可以在他们或清晰或模糊，或犹疑或坚定的"理论"里得到解释，而现在这个小小的"话匣子"却让他们无论如何也想不通了。这是他们对于科技的最初的态度和记忆……时光转眼到了今天，船上完全是机械化了，先进的仪器，导航，探鱼器，他们都习以为常。是科技，减少了海上的危险，祖祖辈辈出海打鱼的渔民，靠运气和经验在海上作业的渔民，如今可以凭借高科技做出精准判断，实施精准捕捞，海里的资源越来越少。

他说到了小时候提着篓子到海边就可以捡到被海浪打上了岸的鱼，有一种当地人称作"离水烂"的鱼，很快就会捡满篓子，他和他的小伙伴们把这种鱼捡回家，用来喂猪。而如今，所有的鱼都明显"瘦"了。有的渔民在网里再套上一层纱网，让网口变得越发小了，再小的鱼也休想"漏网"，甚至连产卵期的鲅鱼，都被他们捕走了。在休渔期，有人仍在偷偷出海，连鱼苗都捞了上来。我们习惯了说"海阔凭鱼跃"，其实在浩瀚的大海里，鱼类也是讲究"水土"的，哪种鱼在哪种地方产卵生长，都是有规可循的。比如，有一种大青虾，每年都会到渤海湾里产卵，它们钻在海底的沙里，一边产卵一边吃沙，虾籽沾在沙上。春天的鱼，大多是带籽的。这种时节，人是不该打搅它们的，更不该捕获和食用它们。前几年，有外地人把定制工具插在渔村附近海域，那是一种"断子绝孙"式的捕鱼方式，再小的鱼苗也不放过。村里的渔民试图制止他们，却遭到了殴打。周边几个村的渔民自发组织起来，驾着自家的船，足有上百艘，浩浩荡荡地涌向外地人占据的海域讨要说法，直到有关部门出面，这事才算平息下来。

眼前的这位海木匠已经94岁了。他回忆小时候，渔村家家都有小船，家家都有捕虾的网，他的父亲当时在海会工作，每年开始捕虾之前组织渔民抓阄，所有渔船按照抓阄的位置在海上有序排列，互不侵扰。渔船出海归来，橹都统一放在龙王庙以东的小棚里，由专人看护。海木匠目前所住的这栋房子，是44年前盖的，当时房子东面市场处是海，从平房上即可甩竿钓鱼，外面有坝，坝高不足一米，平时海潮一般不会超越，风大的时候，海浪翻过堤坝，撞到墙上，浪花径直溅进了院里。每天的晚上，他都是枕着海的声音入睡的。他说，以前渔灯节送灯是在晚饭后，现在改成了白天；以前每到正月十三这天，渔村海面灯火闪烁，真好看。现在放灯，常常就被船和海上养殖挡住了，根本就放不出去。

这个渔村的"农转非"是在 2008 年 12 月 28 日，海木匠记得特别清楚，他说他的新生活是从那一天开始的。他曾在长春打工做过木匠，回村后出了几年海，1962 年秋天到了渔村船厂工作，成为一名海木匠，主要任务就是造渔船。造渔船又称排渔船，由专门的海木匠施工，开工之日，先铺船底三块板，名为"铺志"，要放鞭炮，念喜歌，宴请工匠；渔船造到船面，举行仪式，称"比量口"，用红布包裹铜钱放入渔船底盘中间；最后的仪式是"上梁面"，安梁时，在船上做一个小洞，内放铜钱，用红布覆盖，再用面梁压住。村里在老龙山上修建灯塔，灯座是由这位海木匠亲手安装的，他和村里的瓦匠一起忙活了一周的时间……老人思维清晰，记忆力很好。我想要继续打听关于灯塔的往事，老人却话锋一转，谈到了他的童年。他说小时候腊月里经常下大雪，雪花飘啊飘，现在再也看不到那么大的雪了，有时候一个冬天也见不到雪花，反而是南方经常下起了大雪。他感慨这个世道的变化。我对这个世界一直是有困惑的，且经常把这种困惑归结为不成熟所致。当我面对这位 94 岁的老人，听他慨叹对世事的困惑，我感到释然。不同的是，老人在困惑之后，更加清楚地知道，唯一的路，就是面对自己的生活。那时候，他过年跟着父亲去邻村赶集，买桃酥，过年拜姥姥和舅舅用。他会赖着父亲买鞭炮，他喜欢放鞭炮。他喜欢过年，因为过年可以收压岁钱，那时的压岁钱是五个小铜板。他喜欢吃糖包，吃甘蔗，那时的甘蔗又长又甜。他喜欢打陀螺，村里的井台底下不小心洒了水，结成冰，男孩就在上面打陀螺，女孩则在屋后荡秋千，秋千是用船上的桅杆架起来的……

　　听这位 94 岁的老人讲述童年往事，像是在听一个遥远的童话。

　　他也说到了以前的大海。那时的冬天很冷，海都结冰了，他经常从船上踩着冰走到岸上。寒冬腊月，鱼冻在冰里，他把冰块打碎，把鱼捡了回去，主要是黑鱼和黄鱼，鱼肉很厚。

"而现在出海的人，把小鱼籽都捕回来了，一网打上几千斤小鱼籽，这叫自己害自己。"从海木匠这里，从太多老船长的言谈中，我听到了太多这样的质问。有的渔民觉得，海是大家共有的，你不拉网别人也会拉网。当缺少一个严格的共同的行为规范时，还有什么是可以依靠的？其实这也是当下所有行业共同面临的一个问题。不管外部环境如何，关键是你究竟做了什么，承担了什么，当我看到一些所谓知识分子在大谈特谈宏大问题，而拒绝从个体生命出发承担那些具体事务的时候，我觉得这是可疑的。

　　眼前这位老人94岁了，一日三餐，日常生活，都是自己打理。我问他，作为一个走过了接近一个世纪的老人，独处时经常会想些什么？

　　老人说，什么也不想。

　　这个回答过于简单和干脆，完全超出了我的预料，我对此有些隐隐的不满和不解。按照我的惯常理解，作为一个年近百岁的老人，经历了那么多的世事，他一定会在独处的时候，逐一回想，感慨万千。这仅仅是我，一个所谓知识分子的思维方式。而在眼前这位老人身上，在很多的人那里，并不是这样看待人生和社会的。我的一些所谓思考，不过是一种想象，我一直在想象我和世界与他人之间的关系。其实这是靠不住的。

　　想到了渔灯。在茫茫大海上，一条船迷失方向的时候，眼前突现一盏灯，这是多么让人激动的事。我曾经以为，这是一个关于生存的隐喻。在渔村听老船长讲述他们的海上遭遇，我明白了这不是隐喻，这是最真切的现实。


　　伍尔夫的小说《到灯塔去》，讲述了一个很简单的故事：拉姆齐先生全家和朋友们到海滨别墅去度暑假。拉姆齐夫人答应六岁的小儿子詹姆斯，如果翌日天晴，可乘船去游览矗立在海中岩礁上的灯塔。由于气候不佳，詹姆斯到灯塔去的愿望在那年夏天始终没有实现。第一次世界大战结束后，拉姆齐先生和子女重游故地，詹姆斯终于如愿以偿，和父亲、姊妹驾了一叶轻舟到灯塔去。但是岁月流逝，物是人非，拉姆齐夫人早已溘然长逝。

在这部小说中，伍尔夫一定有太多想要表达的东西，却无法完整和准确地表达出来。她选择了意识流。

正如此刻，我想写下对于灯塔的印记，却感到力不从心。

在离开渔村的前一天傍晚，我登上老龙山。我想，是该去看一看那个矗立在老龙山顶的灯塔了，不管现实中的灯塔是什么样子，我心目中的那个灯塔都已经无法被改变。通往灯塔的山路有些漫长，渔村安排了专人陪我上山。隐在草木间的灯塔，有些荒凉。此前，我一直是远远地看灯塔，想象灯塔。现在我来到了灯塔跟前，站在灯塔下看海，看海边的那个渔村，我想起了站在海边遥望灯塔的那些夜晚，心中涌起别样感慨。拍照留念。我知道我可能再也不会这么近距离地与灯塔相处了。这样的灯塔，在我看来更适合远眺。远远地望着它，就足够了。

眼前一片荒芜，找不到下山的路。我想象若干年前，渔村的人在山上寻找一条路，只为了点亮灯塔，给迷路的渔船指明回家的路。

回家的路如此漫长。

下了山，这次漫长的寻访可以结束了。在渔村的每一个日子里，我都会遥望那座灯塔，却刻意不走到近前，我更想寻找的，是灯塔在渔民心目中的位置，抑或渔民藏在心底的灯塔究竟是什么样子。此刻，这座废弃的灯塔渐渐变得清晰和明朗了。

## 另一种桥

  我一次次走近又离开那座栈桥。当我试图表达我的感受时，总是欲言又止。终于有一天，我停步，回首，从一个不远也不近的距离打量栈桥，恍然发现它在面对大海遥望彼岸的时候，其实也是一种欲言又止的表情。这个发现，让我备受安慰，让我从此知道一个人与一座桥之间，其实是有诸多相仿之处的。人生的某些际遇，倘若大海给不出答案，或许从栈桥那里可以得到解释。

  栈桥是一个态度。我从它的欲言又止的表情里，看到了一种坚定。置身波涛之中，它并不期望抵达彼岸，也无意于征服什么，它只是固守属于自己的一份命运，这是最诚实的生命态度。

  一个欲言又止的表情，让我的书写和表达变得尴尬。

  在物欲横流的现实之中，如果栈桥也有欲望的话，那么它的欲望则是对于风浪的欲望，它向大海深处的延伸，只为了更真实地看到和体验风浪内部的秘密。在海之上，并不企望征服大海，它停止在一个应当停止的位置，保持了一种理性又节制的姿态，拒绝彼岸的诱惑，拒绝所谓的征服。

它知道，大海是永远不可以用来征服的。海纳百川，当"百川"都成为被人类欲望玷污的伤口，大海别无选择的容纳显得更加悲壮。栈桥甚至拒绝作为桥的所谓使命，在遍地架桥的现实世界，它是另一种桥——不以抵达彼岸为目的。在道路断裂的地方，它承担人类与风浪之间的沟通，接续一些更为重要的东西。

栈桥拒绝连接此岸与彼岸，但我相信栈桥一定连接了一些什么。有些不为人知的消息，从大海深处乘着风浪而来。

看到大海内部的风暴，听懂海浪携带的消息，并且据此明白了彼岸的世界。栈桥向着彼岸保持守望的姿态，这是一种坚持还是一种放弃？

懂得放弃，愿意慢下来，是何其不易的境界。

遇山劈山，逢河架桥。然而这世界并非全是坦途和通途。看不见的裂痕与沟壑，不仅仅是在大地身上，也在人的心上，任何外在的连接其实都是无效的。太多的桥弱不禁风轰然倒塌，通往目的地之路，被一只看不见的手斩断，然后风也平，浪也静。这并不是一个真实的海。

在这个支离破碎的世界，每一块碎片都是一个向往尊严的独立存在。

倘若人心是龟裂的，播种将是一件徒劳的事情，所谓明天也会变得更加遥远和无望。

栈桥的存在让我明白了，局部地观察桥，单独看待一段桥，或许更易于理解漫漫长路。那些所谓完整的宏大意义，常常不过是一个虚空。我们都是道路的奔波者。我们无路可逃。结束或开始，解脱或陷入，每一次选择都悲欣交集。我时常想，是否可以把脚下的漫漫长路分割成为若干份，每一份都视同一段栈桥，以缓慢和从容的心态去走，拒绝风雨兼程。慢下来，才会更清楚地看到沿路的事物。

这座名叫天马栈桥的桥，位于黄海之滨，套子湾畔。夹河在这里浩荡入海，夕阳下可见鸥鸟翔集，波光粼粼。从天马栈桥西行不足百里，是蓬莱仙境，那里可以看到黄海与渤海的交汇处，一条分界线，隔开了两个海。

　　天马栈桥在我所工作与生活的这个工业新城的西部。栈桥向海里探进四百多米，形似一个跳跃的音符。桥身是木板铺就的，脚底下腾起原木的清香与海的气息。岸边有大片葡萄园，被誉为这个城市的"肺"。很多人周末赶到这里，像是奔赴一个约定，又像是在逃离什么。当这种浪漫越来越日常化，天马栈桥被赋予爱的意味，到栈桥上摄影留念几乎成为这个城市婚礼的一个约定俗成的环节。海是背景，栈桥是爱情的见证者，也是浪漫情怀的参与者。在一个追求速度与效益的工业城市，天马栈桥谢绝速度，保有正常温度和客观立场，且以爱的宣言为己任，这样一个建筑作品的诞生，是我心中一个不可忽略的精神事件。我知道，它顺应了这个城市和这个时代深处的精神潜流，就像栈桥深入大海内部洞察了风浪的心思和秘密一样。相对于那些所谓功能意义上的桥，栈桥是"残缺"的，它以自身的不完整，表达某种越来越罕见的自主与健全。

　　像一个巨大的隐喻。

　　海是不可穷尽的。栈桥懂得海的不可穷尽。它让我想到另一种人生态度。拒绝速度，拒绝对彼岸的抵达。并且，它是有爱的，见证爱，宣示爱，滋养爱。

　　几乎每个周末，我都到天马栈桥附近的一个小屋去读书写作和发呆。站在阳台上，整个葡萄园尽收眼底。我对这片葡萄园心存忧虑，就像面对一个精致的工艺品，越发担心它哪一天会跌碎。在别人的不以为然里，我在做着杞人忧天的事情。

　　我一次次陪同外地来的朋友走向栈桥，走向大海深处。初秋的海边有些凉意，海风吹拂，女儿在沙滩上奔跑，她不时地弯腰拾起贝壳，对每一个贝壳都满心好奇。她把贝壳用海水洗净，摆放到盘子里，一双小手就托起一盘七彩世界。我们走走停停，在栈桥的尽头坐下，面朝大海，并不言语。他燃起烟斗，眯缝着眼睛看大海。穿过烟斗上方缭绕的青烟，他一定看到了别人不曾看到的东西。我不问，他也不说，此刻任何语言都是一种打扰。一群年轻人涌了过来，他们面向大海，相互挽着臂膀，放声唱起了张雨生的《大海》。想起我的青年时代，也曾深情且忧伤地唱过这首歌。那些懵懂的激情岁月倏然而逝，一晃二十多年了。他们挽着臂膀面向大海一遍遍地唱，用心，且用力，歌声嘶哑，像是在呐喊，又像是郑重的承诺。看着一张张年轻的脸，眼前浮起了我的远去的青春，还有这帮年轻人终将到来的中年。其实我们处在同一个时代，有着共同的爱与痛，那些不同的体验和认知，并不是用"代沟"这类词语就可以简单解释的。鸥鸟在飞。前方的岛屿若隐若现。站在栈桥尽头，临海听涛，心事苍茫。向东，可以看到这个城市的大致轮廓，它是由钢筋混凝土和松林构筑的；向西，是几个零星的渔村，还有一个巨大的造船厂。我曾无数次陪同参观考察的外地来客去到那家造船厂，钢铁的世界，穿梭的车辆，电焊工冷峻的表情，金属碰撞的刺耳声响，还有长长的波堤……这些凌乱的意象是如何铸就了一个懂得乘风破浪的钢铁空间？那年下了很大的雪，雪把整个造船厂几乎湮没了，几辆巨型铲车轰隆隆地忙碌一整天，才将满院积雪推进了大海。我是听人转述这个情景的。我的心中满是疑惑，一座雪山被推向大海的时候，会是一个什么样的情形？大海是怎样接纳一座雪山的？一座雪山与海水之间，需要怎样的沟通才能达成最终的融合，它们之间是否也存在一座别样形态的"栈桥"？

　　因为彼此之间的默契，天马栈桥成为我内心的一个"结"，它浓缩了一片海，日日夜夜涌动潮汐的声音。当我沉默和徘徊时，总能听到海浪在不停地拍打心扉。它在岸边的喧嚣，以及内在的宁静，是浑然一体的。

在黄昏时分走向天马栈桥，几乎成了我每天的一项功课。从不同的角度看栈桥，或者在栈桥不同的位置看海，都会看出不同的感受；同样的一座栈桥，同样的一片海，还有同样的一个我，彼此呈现了日常中被喧嚣和匆忙遮蔽的那些最真实的部分。驻足栈桥，我看到大海的徘徊，看到滨海路上来来往往的不同人生，回望身后城市的万家灯火，心中涌起一种难言的滋味。我说不清我与这个城市之间是一种怎样的情感，想要挣脱一些事物，却又难以割舍另一些事物。此刻的栈桥，是懂我的。

岸边灯火此起彼伏。栈桥的灯光是朦胧的，越往深处走去，越发显得柔和。薄薄的雾气在海面缭绕，让栈桥显得更加脉脉含情，大海也有了与人类相同的体温。栈桥像是一个历尽世事的人，它体验爱与孤独，它保持沉默，始终不开口说出自己的心事。海在脚底下匀称地呼吸，我走在栈桥上，身影被海浪托举着，像一个小心翼翼的秘密。置身桥头，与海对视久了，蓦然回头，我时常把来路的方向当成彼岸，不知今夕何夕。

天马栈桥旁边的广场时常举办盛大的演出。歌声，掌声，呐喊声，混合着海浪的声音，海成为各种表演的巨大背景。歌舞声中，有人在栈桥上漫步，偶尔驻足，远远地望着海边的表演，不知在想些什么。那个夏季，海边广场的大舞台每天夜里都热闹非凡，他们在评选这个城市的草根明星。那些放下锄头和瓦刀的人，站到自己的舞台上挚情歌舞，掌声从海面涌起。我站在台下，一动也不动地仰望台上，被深深地打动了。从所谓的艺术层面看，他们固然是有局限的，甚至有着不可弥补的缺憾，但是他们真实，真诚，这更让人珍惜和感动。在天马栈桥与葡萄园之间，建起了一片住宅区，楼房错落有致，这片镶嵌在葡萄园与栈桥之间的建筑物，散发着一种让人心安的力量。住宅小区的后续工程正在施工，建筑工人劳作一天，三五成群地踏着夜色走向栈桥，融入桥上的人群。走在栈桥上，生命都是平等的，摘除面具，摒弃速度，生命回归本来的样子，缓慢，自我，不为外界所动。走在栈桥上的人，其实都是满怀心事的人，喜悦的，悲伤的，想要倾诉的，不可言说的……我还留意到，几乎所有来到栈桥的人，他们的行走都是缓慢的。那些沿着海边跑步的人，那些驱车而来的人，步入栈桥，都自觉地减速，保持一种漫步的姿态，像是一个共同的约定，又像是进入了某种"场"，没有理由也不需要理由，一切都是自然的。远方公路上传来车辆疾驰的声音，栈桥以自己的方式呈现了一种不合作的缓慢。在栈桥上，速度是没有意义的。

栈桥的尽头是大海，不是彼岸。其实所有道路的尽头，未必都是预想中的圆满结局。所谓梦想，实现亦即破灭，这样的一份悖论被我们略过了。

一截路，义无反顾地延向大海深处的风浪，而不是相反。临桥而居的人，相同表情下隐藏着不同的想法，大家迈着同等节律的步子，走着同样的一段桥，内心抵达的地方却是不同的。

车在戈壁滩爬行，放眼望去，满目苍凉。同行的人都嫌沿途没有景致，因为单调，所以更觉疲累。我珍惜这样巨大无边的单调和苍凉，它本身即是人世间最不可替代的风景。早晨从敦煌出发，中午抵达嘉峪关，下午就乘坐飞机离开了那里，我没有看到"大漠孤烟直，长河落日圆"的景象。像那些风尘仆仆的当代游客一样，我从一个地方奔赴另一个地方，不知道究竟看到了什么。

我们都是匆匆赶路的人。

登嘉峪关，我并没有雄壮之感。瑞典探险家斯文·赫定曾经这样描述嘉峪关："这个伟大的建筑，像一座复杂古老的工艺品一样，屹立在西部的大地上。"一个关隘，像一个"工艺品"，这是嘉峪关的伟大之所在。塞外的粗风粝雨中，一个关隘除了它的功能作用，在局部细节上居然如此讲究，多么让人心动。与古人相比，当代人的心灵何其粗糙。在嘉峪关，我抚摸城砖，想要感受历史的体温，可惜冰冷一片，很难想象这里曾经凝结了那么多热血男儿的豪情。我更多感受到的，是苍茫——现实的和历史的苍茫。远山静默。我以我的方式与远山对视，我内心的苍茫比眼前看到的更为苍茫。有一种想要落泪的感觉。在嘉峪关的苍茫中，我得到另一种洗礼，获得另一种力量，明白了多年来没有想明白的一个问题。这是否叫作彻悟？

那次大西北之行，是我人生的一段"栈桥"。在那里，面对巨大的苍茫，我终于明白人生并不是所有的抵达都有意义，不浪费生命，不将生命消耗在无谓的事情上，这是对生命的最大负责。其实多年来一直在思考何去何从的问题。我还不够坚定和决绝。同行大西北的一位退休干部，一路上总结自己的职场生涯，叹息一生中最好的年华都用在撒谎上，到了晚年才想到要做一个诚实的真实的自己，但是已经没人愿意听他说话，即使对于他的那些泣血忠告也充耳不闻，他感到悲哀，为自己，更为他们。再匆忙的赶路，也该明辨方向；人生更像一场散步，而不是只顾低头赶路，路的尽头并没有沿途的这些风景。从大西北回到我所工作与生活的城市，我学会了使用"减法"，从俗世的目光和欲望中抽出身来，以放弃的方式固守属于自己的命运。对得住自己这条命，不枉到这世上走一遭，这是活着的意义，哪怕它最终只对我一个人有意义，也是无怨无悔的。我庆幸自己在一个还不算太迟的年龄里，真正坚定了这样的一个想法。那一刻，我觉得第一次真正懂得了身边的这座栈桥。

天马栈桥让我想到了其他的更多的桥，还有它们在现实中充扮的角色。生活空间飞速拓展，心灵空间却变得越来越逼仄。人的内心是最不该忽略，又最容易被忽略的地方。很多人忙着与世界对话，却忘记了倾听自己内心的声音。栈桥告诉我，缓慢是可能的，拒绝是可能的，与自我的对话也是可能的。时间会验证这其中的奥秘。一个不曾被时间穿越的空间，是不具备生命力的。我看到那些来自遥远地方的时光，它们蹒跚着，一步一个天涯。

汹涌的思考。节制的表达。很多时候，现实经不住追问。

诗意的栖居只能沦为一抹回忆了。现实在欲望的怂恿下，一次次宣告诗意栖居的不可能，以及所谓努力的徒劳。有些焦虑，其实正是源自对这种徒劳的不甘。

从人群中走出来，在重新走向人群之前，是栈桥接纳了我，我们。

珍视身边的这座栈桥，它让我以漫步的姿态抵达了这世间所有不可企及的地方。

# 烟台大事记

### 史前
距今约 7000 年前，白石人在烟台沿海生息繁衍，进行渔猎活动。

### 先秦
秦始皇于前 219 年、218 年和 210 年三登之罘。

### 汉朝
前 164 年，汉文帝刘恒封刘雄渠为胶东王。

### 三国
232 年，吴"浮舟百艘"，经东莱海域去辽东。

### 两晋
319 年，东莱郡守与青州刺史生隙，因惧祸，"与乡里千余家浮海"，赴辽东。

### 南北朝
539 年，在长广故城（今海阳发城）复置观阳县。

## 隋朝

611年,"下诏讨高丽。敕幽州总管元弘嗣往东莱海口造船三百艘,官吏督役,昼夜立水中,略不敢息,自腰以下皆生蛆,死者什三四"。

## 唐朝

838年,日本僧人圆仁法师随遣唐使团渡海入唐求法。

## 宋朝

993年,北宋秘书丞直史馆陈靖等人从八角海口搭乘高丽使船,出使高丽。

1041年,朝廷诏令登州沿海船户联户编管,以便控驭。

1046年3月,"登州地震,岠嵎山摧。自是震不已,每震,则海底有声如雷"。同年9月,"登州有巨木浮海而出者三千余"(见《宋史》)。

1061年,重修丹崖山海神庙,并建蓬莱阁。

## 元朝

1280年,开凿胶莱运河。

## 明朝

1398年,福山东北三十里设奇山守御千户所。其后又在北面濒海北山上筑烽火墩。

## 清朝

1861年,烟台开埠。东海关开始征收外籍商船税。

1862年,登莱青道由莱州移驻烟台。

1867年,崆峒岛灯塔建成启用。

1879年，栖霞人郝懿行所著《记海错》刊行。

1899年，福山人王懿荣发现甲骨文字。

1905年，黄县徐镜心在日本东京参加中国同盟会成立大会，被委任为山东主盟人。

1908年，烟台毓璜顶医院筹建，1914年10月落成。

1911年11月12日，辛亥革命烟台举义成功。

**中华民国**

1912年8月20日，孙中山由上海去北京，途中抵烟。在烟台商会演讲，并参观张裕葡萄酿酒公司，题赠"品重醴泉"。

1920年，烟潍公路开建；烟台港东、西防波堤竣工。

1921年，烟台政记、永利轮船公司从日本购进两艘30马力手缲网渔轮，为国内使用机动渔船双拖网之始。

1930年3月，中共烟台市临时委员会成立，4月中旬改为中共烟台市委员会。

1934年，成立烟台特别行政区，直属山东省政府。

1943年，烟台开始人工试养海带，两年后获得成功。

1945年8月24日，烟台解放。成立烟台市人民政府。

1947年，烟台发生"杨禄奎事件"。

**中华人民共和国**

1951年，烟台市政府组织机关、驻军等人员在西沙旺东海岸荒滩上造林固沙。

1953年，内夹河大桥建成。

1957年，烟台渔民开始试养对虾，为全国对虾养殖发端。

1966年，蓬莱客货码头动工兴建。

1981年7月10日，蓬莱阁海面出现"海市蜃楼"持续40分钟。

1982年，《胶东文学》创刊。

1983年，撤销烟台专区，成立地级烟台市。

1984年，烟台成为全国首批14个沿海开放城市之一。烟台大学破土兴建，翌年9月建成并招生。

1987年，从烟台市划出部分区域组建地级威海市。

2019年，中国（山东）自由贸易试验区烟台片区设立。

# 后记

  这场历时两年的写作，到这里就要结束了。

  走上文学创作之路三十年来，我从未想过有一天会写这样的一部《烟台传》。我尚自知，为一个城市立传，远非一人之力所能及。好在《丝路百城传》这套丛书的定位，不求宏大与完整，只需写出丝路视角下的一个人眼中和心中的城市。感谢张炜老师的信任，他向中国外文局推荐我来创作这部城市传记，叮嘱我要借机把胶东人文历史好好研读一下，这也是提升今后文学创作的必备功课。我接下了这个创作任务。办公室堆满关于烟台的文史资料，我像蜗牛爬行一样解读这些史料，这让我更深地理解了脚下的这块土地和身边的大海。以前一直觉得梦想是在别处的，我似乎很少用心注视脚下的土地，未曾真正懂得扎根对于所谓远方和远行的意义。创作《烟台传》的日日夜夜，先前习以为常的观念跟这个城市的历史与现实接轨以后，有了一些改变，对生活和生命的理解似乎变得更开阔也更明朗了。

  烟台三面环海。曾经，秦皇汉武东巡到这里，徐福从这里东渡，东方海上丝绸之路从这里启航，全真道教在这里创立，丘处机、戚继光、王懿荣、张弼士等著名人物与这里有过历史性的"相遇"。大海见证了那些来来往往的船只，它们从这里出发，去往未知之地；抑或从遥远的地方穿过惊涛骇浪，抵达这里。一代又一代的人们生活在这里，与海相伴。

对一座城市的理解，注定是多维的。散步走过城市，开车经过城市，从飞机上俯瞰城市……所见不同，感受也就不同。一个人的经历、气质、学养，以及价值取向，将会决定他对世间万物有着怎样的态度和发现。这部书稿中的烟台，只是写作者一个人所理解的城市，仅此而已。它不完整，甚至有着太多的局限和缺憾。这些看似零散的片段，因为作者本人情感与思考的融入，而具有了某种统一性。

与其说这是一本读城的书，不如说是一本通过城市重新认知和发现自我的书。

写作的过程并不轻松，常有困惑和茫然，一如曾经走过的人生路。光是一点点亮起来的。这样一场耗时两年的劳动，对我有着特殊的意义。

感谢所有关心和关注的目光。烟台市委宣传部和烟台市文联把这本书纳入重点扶持作品，在资料搜集和采访写作过程中给予很多支持。我的工作单位为我创造了一个好的环境，让我得以远离冗务，潜心创作。中国外文局陆彩荣副局长和新星出版社马汝军社长、彭明哲总编，对书稿写作和修改提出了具体的指导意见，责任编辑简以宁老师对交稿日期的一拖再拖给予了理解和宽容，让我按照自己的节奏写完这本书。张炜、张新颖、王兆胜三位老师的倾力推荐，王景文、高松敏先生的内文供图，还有很多师友在书稿的采访、创作和出版诸多环节给予热情帮助，在此一并致谢！

这是一本对我来说具有不可替代意义的书。

这是一本带有必然的缺憾，终将继续生长下去的书。对于烟台这座城市，我知道任何企图概括的语言都是徒劳的，这是由语言自身的局限性，以及大海的不确定性和城市的丰富性共同决定的。

  而我所能做到的，就是在以后的日子里不断地修订这本书。我希望对这本书的修订与续写，会伴随我的一生。

王月鹏<br>2021 年 4 月 6 日，于烟台葡园

图书在版编目（CIP）数据

烟台传：半岛的此在与彼在 / 王月鹏著．——北京：新星出版社，2021.7
（丝路百城传）
ISBN 978-7-5133-4520-0

Ⅰ．①烟… Ⅱ．①王… Ⅲ．①文化史－研究－烟台 Ⅳ．① K295.23

中国版本图书馆 CIP 数据核字（2021）第 107415 号

出版指导：陆彩荣
出版策划：彭明哲　简以宁

**烟台传：半岛的此在与彼在**
王月鹏　著

**责任编辑**：简以宁
**责任校对**：刘　义
**责任印制**：李珊珊
**装帧设计**：冷暖儿　闫　鸽

| 出版发行：新星出版社 |
| 出 版 人：马汝军 |
| 社　　址：北京市西城区车公庄大街丙3号楼　　100044 |
| 网　　址：www.newstarpress.com |
| 电　　话：010-88310888 |
| 传　　真：010-65270449 |

读者服务：010-88310811　　service@newstarpress.com
邮购地址：北京市西城区车公庄大街丙3号楼　　100044

| 印　　刷：天津图文方嘉印刷有限公司 |
| 开　　本：660mm×970mm　　1/16 |
| 印　　张：20.5 |
| 字　　数：255千字 |
| 版　　次：2021年7月第一版　　2021年7月第一次印刷 |
| 书　　号：ISBN 978-7-5133-4520-0 |
| 定　　价：89.00元 |

版权专有，侵权必究；如有质量问题，请与印刷厂联系调换。